AN ACT OF STATE:
THE EXECUTION OF MARTIN LUTHER KING

刺杀

马丁·路德·金

[美] 威廉·F. 佩珀(William F. Pepper) 著

王晓平 译

上海教育出版社
SHANGHAI EDUCATIONAL
PUBLISHING HOUSE

序　言

　　本书讲述了 1999 年有关金博士遇刺的民事审判始末。此次审判搜集到崭新的证据，表明詹姆斯·厄尔·雷并非刺杀马丁·路德·金的真凶。陪审团的裁决证实了这一结果。此次审判，还让我所代理原告——金的家人从此了结此案。

　　审判历经 30 天，记录了 70 多名证人证言。最终，结束了长达 40 年对马丁·路德·金遇刺一案的调查。马丁·路德·金，这位民权主义倡导者，在人生最后一年，与我成为朋友兼同事。这还为我最近一本有关马丁·路德·金刺杀案的书《刺杀金的阴谋》(*The Plot to Kill King*，2016)提供了素材。

　　民事审判后这 18 年里，我们已经得知，此次刺杀事件是多方勾结、严密合作、精心策划的产物。涉案的有 J. 埃德加·胡佛领导的联邦调查局、迪克西黑手党家族集团、孟菲斯警察局、国家和地方两级政府官员。

　　以上这些人，铁了心要置金博士于死地，以免金博士成功带领 50 万民众驻扎到华盛顿哥伦比亚特区抗议示威，反对越战。

　　他们早就选好替死鬼，成功逃脱了罪责。然而，官方历史记录却不小心暴露了真相。

　　金博士中弹后，被送往圣约瑟夫医院。到达急救室的时候，他还活着。《刺杀金的阴谋》中对此进行了详细描述。主治医生用一只枕头捂住金的面孔，导致他窒息而亡。当时，现场有一名手术护士，被勒令离开。出门的时候，她回头一瞥，目睹了凶杀过程。

本书为我们最终揭露金博士悲惨的死亡真相以及美国历史上这一损失奠定了基础。

本书是走近事实真相必不可或缺的第一步。对这些事实真相，美国媒体很可能会一次又一次矢口否认，一次又一次视而不见。

威廉·F. 佩珀博士

2017 年 10 月

目 录

上 篇

第一章
引　言

　　1966 年春，美国对越南实施地毯式轰炸，凝固汽油弹如同雨点，从天上纷纷落下，无助的农民血流成河。轰炸系统摧毁了南越以农村为基础的古老乡村文化。当时，我还是个自由撰稿记者，目睹并详细记录了这惨绝人寰的一幕。1967 年初，我把我的记录展示给马丁·路德·金博士。早在两年前，他已获得诺贝尔和平奖。

　　我跟金博士讨论了战争对平民的影响，对越南人民古老乡村道路文化的影响。当时他就表示要正式宣布自己对越战的态度。金博士之前曾说，越南看起来只是发生了内战，国民运动试图推翻受西方经济利益扶持的南部寡头政权对国家的掌控。美国对越南的干预与日俱增，让人忧心忡忡。

　　我想，对于美国政府打着反对恐怖组织旗号，单边干预世界各地民族主义革命活动的行为，今天金博士很可能还会做出同样的反应，坚决反对。

　　河内历史博物馆中挂有一块匾额，上书："人人生而平等，造物主赋予他们若干不可让与的权利，其中包括生命权、自由权和追求幸福的权利。"胡志明说，1945 年 9 月 2 日，自己以这些选自美国《独立宣言》的话语和亲美精神为支撑，宣布成立越南民主共和国。

　　胡志明对杰斐逊、林肯和他理想化的美国民主尊崇有加，这使他成为统一后越南国父的不二人选。金博士没忘记这一点。1967年4月4日，金博士正式宣布，反对越南境内日渐嚣张的野蛮行径。1967年7月，越战如火如荼。此时的美国，除了外忧还有内患，国内种族关系紧张，不满民生而累积的愤怒情绪致使骚乱不时发生。

1967年4月15日，纽约举行了"停止越战春天动员大会"。大会上，当着25万情绪激昂、反复高呼的美国公民，我提议让金博士代替林登·约翰逊成为总统候选人后，金博士向政府发出了"停止轰炸行为"的呼吁。

美国和平运动和民权运动不断高涨，二者联合起来显示出了巨大的威力，为后来的"新政治"奠定了基础。金博士逐渐成为两场运动的关键人物。为了在全国范围内发动群众，新政治国民会议成立，我受邀担任执行理事。金博士计划通过这个平台介入主流政治，与本杰明·斯波克医生搭档，成为有竞争力的总统候选人，以凸显他反贫困、反战的斗争目的。金博士呼吁良心上的反对①、开展政治活动和价值观革命，摒弃实利主义，拥抱人本主义。因此，他遭到越来越多的攻击。

第二次世界大战期间，胡志明参加了美国战略情报局的一个分支，在日军敌后，为"越盟"军队空降补给。直到美国站到胡志明领导的越南民族主义反法殖民运动的对立面，他才开始向别处求援。最终，众所周知，在胡志明眼中与欧洲截然不同的美国，他眼中的反殖民主义共和国美国，代替法国，开始亲自努力尝试控制和

---

① 良心上的反对，即出于道义原因而拒服兵役，在整个越战期间，共有约17万名美国青年成为"良心反对者"。——译者注

统治越南。

美国没有得逞,灰头土脸地以失败告终。然而,越战期间,美国派往越南的陆军部队规模空前,投下的炸弹总重创下世界战争史新高,导致数百万人背井离乡、流离失所。美军狂轰滥炸,并使用化学武器,严重破坏和改变了地表自然环境和基因结构,将世界最美不胜收和植被最为丰富的土地化为焦炭。超过 130 万人丧生(我在 1967 年估计的数字是超过 100 万),另外还有许多人落下终身残疾,其中包括 58 022 名美国人。

截至 1970 年,化学武器已经开始导致越南新生儿出现畸形。他们天生没有眼睛,或者心脏畸形,或者该长腿的地方只有一段残肢。越战期间,投放到越南人民身上的有毒化学品高达人均 6 磅。这就是里根总统所说的"高尚事业"。

1967 年我见到金博士,跟他说起美国将凝固汽油弹和白磷弹投向越南那片古老的土地上的老老少少,造成了毁灭性后果。在强烈良知的驱使下,金博士不仅正式宣布反对越战,而且还积极行动,在美国各个角落,只要他所到之处,积极组织反战活动。

金博士在美国黑人中威望最高。他以自己的正直不阿、道德权威和国际威望全力以赴地与美国的强权势力、不道德行为做斗争,并将美国称为"地球上最恶劣的施暴者"。这让当权者寝食难安。

金博士正式宣布反对越战,谴责美国政府,这让美国一些一流大公司董事们惴惴不安。这些大公司从越战中攫取了巨额利益。其中有军火商、飞机制造商、化学制品公司,还有受政府青睐、获得了几十亿美元合同的建筑公司(比如得克萨斯公司以及林登·约翰逊总统自己的布朗-路特合资公司)、石油公司等。其中石油公司里又有得克萨斯人约翰逊以及埃德加·胡佛亲密朋友 H. L. 亨特和克林特·默奇森的身影。[1]如今金博士加入反战行列,公共政策有了新的变数,这对石油大亨们的威胁简直不啻约翰·肯尼迪当年结束石油企业享受的 27.5% 收入免税。当然,这一串名单上怎么能缺了跨国银行的身影? 这些银行为以上大公司提供资金服务,通过银团贷款和租赁合同获取丰厚利润。另外,受影响的还有大型律师事务所,他们为每一笔交易、每一份合同、每一单租赁、每一宗买卖提供全方位法律服务。

细细分析这一大批私营、非政府、具有公共机构特征的企业,明显可以做出以下推断:那些政府的决策者不得不对这些公司唯命是从、庇护有加,并为其统一利益服务。一旦企业众口一词,正如马丁·路德·金站到他们对立面时他们一致坚持进行越战并标榜越南内战对美国威胁极大那样,相关政府部门及官员就沦为巨大经济利益集团的走卒。任何一场战争中首当其冲的是军队、情报机关和执法机关。站在它们背后不远的是负责批准必要行动的行政、立法和司法机关。此外还有传媒集团。传媒集团披着民众独立发声机构的外衣,实际充当的却是政府政策宣传者的角色。在关涉大企业重大利益的重要国家安全事件上,他们不遗余力地支持和维护官方政策。

大众传媒几乎众口一词谴责金博士的反战立场。而站在暗地里操纵的是这些媒体所服务的势力集团。

了解这一时代背景和时代特点,就不难理解,三十多年前,马丁·路德·金开始讨伐战争,在美国经济势力集团心里投下了多么巨大的阴影。他们心惊胆战也就不足为奇了。金博士所作所为可能切断他们的滚滚财源。一旦美国民众要求结束越战,一旦越战真的结束,损失是他们不能接受的。

也许,仅仅以上原因就足以导致有人要除掉金博士。

假如这个理由不足以让他们除掉金博士,那么金博士还给这些强大的势力集团提供了另外一个理由。金博士长期以来一直为解决经济不公而努力抗争。他说,获得了能够在原来实施种族隔离的餐厅里就餐的民权是一回事,能买得起单却是另外一回事。在资本主义社会,后者是实现自由和平等的下一个必备步骤,是社会公正运动的核心。越战让经济不公雪上加霜。黑人战士被派到万里之外、参加越战充当炮灰的比例比白人大得多。另外随着战争投入的增加,对黑人社区必要社会服务和项目的投入越来越多地遭到削减。穷人比任何人都更清楚约翰逊总统"大炮加黄油"的许诺不可能兑现。实际上,"向贫穷宣战"计划已经名存实亡。

因此,对于马丁·路德·金,反对向具有悠久历史文化的贫苦非白人民族发动战争,与国内反对压迫、反对剥夺基本自由和基础服务的民权斗争是并行不悖的,前者是后者的自然延伸。

到 1967 年中期,金博士开始制定策略,解决不断扩大的贫富差距问题。计划逐渐发展,超出了原来简单的游行,演化成了广泛的"穷人的运动"和动员,最终在华盛顿纪念碑下扎营。这项运动计划为全国最贫困、最边缘化的 50 万名公民建立一座帐篷城,这些公民定期就一系列社会经济立法问题对当选官员进行游说。国会不采取相应行动,这些人就决不撤离。

一旦全国上下经济富裕、掌握权力的利益集团无法忍受金博士不断升级的反越战活动,他动员 50 万贫穷人口围攻国会的计划便只能招致愤怒和恐惧。

他们知道,国会不可能满足金博士领导的众多穷人和边缘美国人提出的要求。他们相信,如果这些要求持续得不到满足,就会发生暴力事件。出现这种情况,如果没有足够的部队控制民众,首都可能会被占领。有爆发革命的可能。这种情况绝不允许发生,马丁·路德·金领导的反战活动也不得继续。

劳动节那个周末,举行了新政治国民会议。我们许多人都相信美国重生的日子近在咫尺。然而一小撮激进分子敦促每位与会黑人代表参加一个显然是精心策划的国会黑人核心小组,这个小组曾一度威胁要扣押金博士作人质。金博士发表了激情四溢的演讲,号召大家团结一致,采取行动。演说结束后,出于安全考虑,我只能安排金博士由保镖陪同迅速撤离主席台。国会黑人核心小组代表进行了集体投票。现场有人愤然退出,敌对行为此起彼伏,难以达成一致。尽管当时谁也不愿承认,新政治国民会议作为一股政治力量还是在那个周末彻底消亡了。我们尚未明白的是,我们所对抗的势力如此强大,他们蓄意分裂正在出现的团结局面,渗透并控制运动组织。

金博士加紧了反战步伐,全心投入,致力于壮大"穷人运动"。运动计划在 1968 年春聚集几千万美国贫苦黑人、拉丁裔美国人、白人和知识分子到华盛顿。当然,金博士没活着看到那一天。

孟菲斯环卫工人大部分都是黑人非工会成员,他们经受的苦难是美国人生活困境的缩影。因此,金博士在他们举行罢工期间给予鼎力支持。1968 年 3 月 18 日,他在梅森教堂举行的会议上发表演说,呼吁孟菲斯全面罢工。金博士同意会重返孟菲斯,领导一次游行,并于 3 月 28 日兑现了承诺。然而,游行中出现混乱,游行被迫中断。由于金博士坚持要领导一次和平游行,游行改期到 4 月 5 日继续进行。4 月 3 日,他重返孟菲斯,住进洛林汽车旅馆306房间。第二天傍晚六点零一分,金博士在旅馆阳台上被子弹击中,不幸身亡。

联邦调查局根据线索,在孟菲斯某房间一张亚特兰大地图上提取到一些指纹,该房间的租客自称艾瑞克·S.高尔特。联邦调查局发现该指纹与密苏里监狱一名越狱犯詹姆斯·厄尔·雷的指纹相吻合。雷逃窜到了英国,但最终于6月10日星期六在希思罗机场被捕,引渡回美。

1969年3月10日星期一,詹姆斯·厄尔·雷进行了认罪答辩,因此并未出庭受审。随后,雷被判处99年有期徒刑,押往田纳西州监狱服刑。入狱三天后,雷致信法庭,要求撤销认罪答辩,进行审判。

每干掉一位进步领袖,就拿一名独行刺客搪塞,我对此所有的不满都变成了内心的悲伤痛苦和对所有政治活动的深恶痛绝。

接下来九年时间里,我没再涉足任何民权或反战运动。没有金博士的非凡领导,我对国家重构没有信心。金博士的密友拉尔夫·阿伯内西接替金成为南方基督教领袖会议(SCLC)主席。1976年,约瑟夫·洛厄里牧师又接替了阿伯内西。1977年年末,阿伯内西告诉我,金博士刺杀案的官方解释始终不能令他完全信服。他希望能和所谓刺客当面交流。尽管他的想法让我始料不及,我还是告诉他,我觉得雷就是真凶,我还坦言自己对案件知之甚少。如果要我助他一臂之力,得给我时间整理下相关事实。

未经审判,就将检方说法作为定论公之于众,加之各色宣传人员著书立说,媒体报道又一路助威。如此一来,在广大民众心里,雷成了一个被种族仇恨冲昏头脑、追求青史留名的独行刺客。

官方说,3月17日那个周末,雷开始在洛杉矶跟踪金博士。4

月 3 日，他携作案武器抵达孟菲斯，登记入住了位于吉姆烧烤店楼上的一间破旧出租房。房内有个洗手间恰好能俯瞰洛林汽车旅馆的阳台，金博士遇刺之际就站在那个阳台上。据官方说法，雷将自己反锁在房间里，朝金博士开了致命一枪。

然后，匆忙之中，他忘记倒出用过的弹夹。紧接着，他收拾了几件行李，从前面的楼梯跑下。据说这都被出租房里另一名租客查尔斯·斯蒂芬斯看在眼里，斯蒂芬斯成为公开的主要控方证人。据说，雷见一辆警车停在消防站人行道边，便将行李丢在位于南主街的卡尼佩娱乐公司门前，那里非常隐蔽。然后跳进自己的白色野马汽车，逃往亚特兰大。在亚特兰大，弃车逃跑，去了加拿大。警方在扔掉的包裹里发现了枪支、瞄准镜、望远镜、啤酒罐以及一份《孟菲斯商业诉求报》。以上物品上均有他的指纹。

在此期间，众议院刺杀调查专责委员会组建，调查肯尼迪总统和金博士遇刺案。在阿伯内西的请求下，我开始翻阅所有能读到的金博士遇刺案材料。同期即 1977 年 6 月初，詹姆斯·厄尔·雷越狱失败，被押回田纳西州立监狱牢房。

1978 年 10 月 17 日，在拉尔夫·阿伯内西以及一名肢体语言专家在场的情况下，我终于得以与雷会面。雷跟我们倾诉说，自己遭人陷害，牵扯进刺杀案都是一个名叫劳尔的人幕后指挥的结果。雷在逃期间，同劳尔于 1967 年 8 月在蒙特利尔的海王星酒吧见过面，商议离开北美的办法。

面谈结束的时候，我与阿伯内西一致认为雷不是开枪杀死马丁·路德·金的真凶。走出监狱，拉尔夫·阿伯内西告诉等候在外的记者，雷给他的答案让他比任何时候都更加坚信金遇害是多方串谋的结果，雷应该出庭受审。这次访谈让我意识到詹姆斯·

厄尔·雷的公众形象和我们访谈时看到的形象大相径庭，另外我还意识到该案存在众多未解之谜，这让我久久不能平静。越是思虑整个事件，我的忧虑就越加深一分。我下定决心默默调查官方给出的答案。我的调查，从那一刻开始，整整持续了不下四分之一个世纪，最终将美国政府的阴暗面、军队和情报机构的秘密行动、他们对大企业利益集团的唯命是从以及他们有组织的犯罪活动昭告天下。

众议院刺杀调查专责委员会

1979 年 1 月，众议院刺杀调查专责委员会发布了约翰·F. 肯尼迪和马丁·路德·金的遇刺案最终调查报告。报告称没发现中央情报局、联邦调查局或任何其他政府机构参与刺杀马丁·路德·金的证据，也没发现他们在此事件中存在串谋。报告总结说，雷属于单独作案。劳尔这个人物纯属编造，因此雷并非受人摆布的替罪羔羊（尽管种族歧视不是作案动机）。报告本身得到了广泛传播，但支撑该报告的另外十三卷文档的传播范围却十分有限。只有对此事有兴趣、为数不多的人才知道，隐藏在另外十三卷文档里的信息与报告本身结论相左之处比比皆是。

这十三卷文档详细描述了金博士遇刺前后联邦调查局大范围进行的合法以及不合法的共产主义渗透与反谍计划和活动意在诋毁金博士。

早在 1957 年，南方基督教领袖会议成立之初，联邦调查局部门主管 J. K. 凯利就在一份备忘录中指出，须将该组织列为"潜在渗透对象"。随着南方基督教领袖会议对种族隔离和否认南方黑人投票权的攻击越发高调,联邦调查局开始加紧对其大小会议进行渗透。

1962年10月23日,胡佛发出一个备忘录,授权亚特兰大和纽约办事处对南方基督教领袖会议开展一般性共产主义渗透调查,并要求新奥尔良办事处研究共产主义渗透的可能性。1962年10月末,反谍计划专门针对金博士实施行动。1977年,一份司法部报告表明,联邦调查局的活动涉嫌一系列重大犯罪。以上在众议院刺杀调查专责委员会的报告中都未列出。

1963年12月,约翰·F.肯尼迪遇刺后不到一个月,联邦调查局官员在华盛顿召开会议,研究如何"使金高效黑人领袖的身份失效"。会议的焦点是如何"既不让联邦调查局难堪,又能取得最佳结果"。官员们一致赞同在金博士旅程中所订宾馆房间安装窃听设备,搜集他婚外情的证据,搞臭金的名声甚至对他实施敲诈。因此,1963年底到1965年底,全国上下无数旅馆惨遭窃听。

文件显示,1963年10月到1966年6月21日,南方基督教领袖会议亚特兰大办公室遭到窃听。1963年11月8日到1965年4月,从金博士搬入新家那天,就被监控。1966年,联邦调查局局长胡佛害怕国会过问电子监控一事,命令中断对金博士的监控。金博士和南方基督教领袖会议把视线转到越南以及"穷人运动"上的时候,有人提交报告要求重新开启电话监控,遭到司法部长拉姆奇·克拉克拒绝。我们后面会发现,其实监控从未停止。

联邦调查局还针对金博士和南方基督教领袖会议展开了秘密行动,甚至入室盗窃。据众议院刺杀调查专责委员会估计,1959到1964年共发生了20起此类活动。联邦调查局坚持说金博士1967年底或者1968年初才成为反谍计划的正式目标。而事实是，1964年开始，针对金博士的大规模活动就在进行中了。他们通过卑鄙龌龊的手段以及左右媒体，不遗余力地诋毁金博士。

众议院刺杀调查专责委员会揭露，联邦调查局通过一项"黑人探子"行动，对南方基督教领袖会议进行渗透。前联邦探员阿瑟·默塔1967到1968年间曾被分配在亚特兰大办事处工作，他做证说，办事处主要线人是一名南方基督教领袖会议执委会成员，该人受联邦探员阿尔·森缇奈拉指挥。默塔还说，这名线人侵吞了南方基督教领袖会议的组织基金。金遇刺前，该线人一直向联邦探员提供南方基督教领袖会议的情报，包括金博士的日程安排和旅行计划。

联邦调查局指出，雷是个种族主义分子，这也是他刺杀金博士的原因，但被众议院刺杀调查专责委员会坚决驳回。不过众议院刺杀调查专责委员会的说法也令人费解，他们称雷刺杀金博士的目的是从两名圣路易斯种族主义分子那里获得酬劳，而这两人在委员会发布报告的时候都已身故。

报告采纳了遗弃行李里的指纹证据，但也指出旅馆那间出租房里有许多未经辨认的指纹，雷的白色野马车上同样如此。

孟菲斯市工程技术人员对射中金博士的子弹弹道轨迹进行了分析，但是无法断定子弹发射地点，是吉姆烧烤店楼上的旅馆出租房洗手间窗口，还是旅馆后面的灌木丛。不过，众议院刺杀调查专责委员会否定了后者的可能，因此得出结论，称子弹由洗手间射出。他们忽视了目击证人证言，其中包括金博士在孟菲斯的司机所罗门·琼斯，他们的证言称子弹来自灌木丛。所罗门说枪响之后，他看到灌木丛有人。委员会却认为，即便灌木丛中有人，那也应该是一名早就在现场反应迅速的孟菲斯警察。他们还得出结论,刺杀案后,灌木丛没有被破坏的痕迹。可是,他们并没有问詹姆斯·奥林奇牧师。奥林奇说,枪响后几秒钟,他眼见"消防站边上的灌木丛中升起了"烟雾。

孟菲斯警察局卧底探员马雷尔·麦科洛说,金博士在阳台中弹后,自己就是那个跪下来查看金博士的神秘人。马雷尔打入一个力求解决孟菲斯当地问题、名为"闯入者"的黑人团体,为孟菲斯警察局情报机构主管伊莱·阿金警官定期提供情报。由于马雷尔后来在活动中告密,"闯入者"成员被定罪并获刑。但马雷尔从未承认,自己 1967 年 6 月 11 日被召回军队服役,并由第 111 军事情报组分配到孟菲斯警察局,我也是几年后才获悉此事。

文档还谈到多个密谋串通理论,有的牵扯到黑手党,但众议院刺杀调查专责委员会的报告并未提及。这日益坚定了我的想法,金博士的死亡真相并未大白于天下。这些前后矛盾之处同时还给我提供了线索。

1979 年初,我来到孟菲斯,继续调查众议院刺杀调查专责委员会提及的一些事情。1968 年的民权运动领导人约翰·麦克弗林最后告诉我说,他听到孟菲斯的利贝托-拉奇农产品公司总裁弗兰克·利贝托在金博士遇刺那天下午对着电话大喊大叫。麦克弗林当时在商店后面,听到利贝托说:"我告诉过你,别往这儿打电话找我。狗娘养的走上阳台,就一枪崩了他。"还告诉电话那头,酬金到新奥尔良自己兄弟那里取,谈话中还提到了 5 000 美元。麦克弗林听说利贝托有黑社会关系。一小时后,听说马丁·路德·金遇刺,他震惊不已。

麦克弗林把听到的一切告诉田纳西州人权委员会执行主任巴克斯顿·布赖恩特。布赖恩特坚持让他向联邦调查局报告。起初，麦克弗林并不愿意，直到布赖恩特许诺说不会透露他的名字，并保护他和家人。4月8日凌晨，在皮博迪酒店，麦克弗林又把听到的一切复述给孟菲斯警察局局长兼消防局局长弗兰克·霍洛曼、孟菲斯警察局凶杀案部门主管 N.E. 扎卡里以及联邦调查局探员 O.B. 约翰逊。这些人将麦克弗林的叙述录了音，让他勾勒出当时的场景，并许诺一定彻查。三天后，布赖恩特被告知联邦调查局坚信即便麦克弗林真的听到了这通电话，其内容也与凶杀无关。这让麦克弗林感觉自己反而像个罪犯。

众议院刺杀调查专责委员会同样拒绝考虑路易维尔警察克利夫顿·贝尔德的说法。贝尔德说从一个有名有姓、与联邦探员合作的路易维尔警察口中得知，1965 年曾有人试图刺杀金博士。贝尔德有录音为证。录音中提及一份 50 万美元的合同，任务就是刺杀金博士。众议院刺杀调查专责委员会并未据此顺藤摸瓜，抓到真凶。这个失误和前面的一样，触目惊心。金博士时常去路易维尔走动，因为自己的兄弟 A.D. 住那里。贝尔德和我在一个灯光昏暗的酒吧见了面，促膝长谈中，他跟我分享了他的证据。贝尔德身为警察，诚实正直，勇气可嘉，让我十分敬佩。

搬家后继续调查

1981 年，我搬到英格兰，从事国际法方面的业务。在此期间，尽管我还接手了别的案子，但主要精力都放在研究詹姆斯·厄尔·雷身上，如果真的涉案，他扮演了什么角色。我一心想查明金遇刺案的真相。詹姆斯·厄尔·雷想尽办法希望获得审判机会，但孟菲斯联邦地区法院法官驳回了他举行证据听证会的要求，他又把希望寄托在联邦第六巡回上诉法院上。休·斯坦顿是雷的辩护律师，后来却被指派为本案控方主要证人查尔斯·斯蒂芬斯进行辩护，当时田纳西州试图对斯蒂芬斯进行保护性监禁。斯蒂芬斯还曾申请获得指认雷的公开悬赏。这就是说，被告人的辩护律师竟然在六个月之内，在同一案件中，代理主要控方证人，证明他曾经代理过的被告人有罪。如果想有效辩护，斯坦顿显然要对斯蒂芬斯进行有力的交叉询问。斯蒂芬斯作为斯坦顿的被代理人，有保守自己秘密的权利，因此斯坦顿根本就不能对斯蒂芬斯进行交叉询问，这意味着此案不能进入审判程序，雷不能与指证他的人当面对质。这似乎公然剥夺了雷根据美国宪法第六修正案所应享有的独立律师权及与控方证人对质的权利。1988年，雷的律师决定放弃代理此案。因为我已相信雷纯属冤枉，所以虽不情愿，还是做了他的代理律师。这样一来，我陷入了尴尬的境地，因为我要为已经公开认定的杀害了我朋友兼同事马丁·路德·金的凶手辩护。1988年10月，我正式为雷提交了上诉申请，同时马不停蹄，继续调查。

我找到当年的出租车司机詹姆斯·麦克劳。刺杀案发生前，他曾拒载醉醺醺的查尔斯·斯蒂芬斯。麦克劳向我讲述了那一天下午6点前，他如何到达指定地点去接斯蒂芬斯，然后发现一辆厢式送货车，还有两辆相距不足50码的白色野马车，一辆停在吉姆烧烤店门前，一辆停在卡尼佩娱乐公司南侧。

麦克劳走进斯蒂芬斯的房间，见斯蒂芬斯醉倒在床。客厅通往洗手间的门敞开着，从他进屋到离开，显然卫生间都没有人。麦克劳驾车离开后不久，就听到收音机里播报说发生了枪案，让大家避开市区。

这个重大发现令我兴奋不已。如果麦克劳所言不虚,那么孟菲斯警察局、联邦调查局、众议院刺杀调查专责委员会得出的结论,即子弹由洗手间发射,就不攻自破了。这还证明斯蒂芬斯在金博士遇刺前不久,仍处于醉酒状态,同时洗手间里空无一人。两者都说明雷声称自己不在房间并非撒谎,反而是官方的解释出了纰漏。

在俄亥俄州哥伦布市,我约见了迈伦·比耶。比耶 20 世纪 60 年代常为黑帮头目山姆·吉阿卡纳开车,他向我讲述了黑帮与联邦政府之间的合作关系,听得我不寒而栗。1968 年 1 月,吉阿卡纳带领匪徒卡罗·甘比诺、约翰·罗塞利在纽约的阿巴拉钦与三名联邦调查局探员会面。其中一名探员称,有人愿出 100 万美元买金博士性命。吉阿卡纳当即回答"绝对不行",严词拒绝卷入此事。众议院刺杀调查专责委员会同样没有考虑比耶的陈述。我慢慢开始相信比耶所说的黑帮与联邦政府令人大跌眼镜的合作确有此事。

孟菲斯警察局的调查结论是,刺杀现场附近只有一辆白色野马车,众议院刺杀调查专责委员会隐含的意思也是如此。从我获得的一手资料来看,他们结论有误。查尔斯·赫尔利告诉我,他 4 月 4 日 4 点 45 分左右,开车去接妻子。妻子公司正对着旅馆那个出租房。据赫尔利记忆,他自己恰好把车停在一辆白色野马车后面,那辆车位于旅馆出租房前,卡尼佩娱乐公司南侧,挂的是阿肯色州车牌,车里坐着一位年轻黑发男子。而雷的野马,自然挂的是亚拉巴马州车牌,而且雷当天下午穿的是深色西装、白色衬衫,系着黑色领带。雷自始至终坚持说,自己离开前都没动过停在吉姆烧烤店(卡尼佩娱乐公司北侧)门外的白色野马。

我听说南方基督教领袖会议执委会那个被收买的告密者名叫詹姆斯·哈里森，1964 年进入委员会。哈里森从 1965 年秋开始向亚特兰大办事处的阿尔·森缇奈拉探员汇报，金博士遇刺那天他还在向此人汇报。那天，森缇奈拉也在孟菲斯，到的时候，他去当天值班的孟菲斯联邦调查局特工詹森那里报到。

　　1989 年，英国广播公司针对金博士遇刺案制作了一部纪录片，其中有对厄尔·考德威尔的采访。1968 年时考德威尔还是名年轻记者，为《纽约时报》报道金博士的活动情况。4 月 4 日，考德威尔也住在洛林汽车旅馆。据他说，自己看见一名白人趴在吉姆烧烤店和楼上旅馆出租房后面的灌木丛里。联邦调查局、孟菲斯警察局、众议院刺杀调查专责委员会甚至从未尝试同考德威尔交谈。考德威尔的话再次给出佐证，官方所谓子弹由洗手间窗口射出的说法存在重大疑点。

　　纪录片中的调查人员发现了另一条关键线索。出租车司机詹姆斯·麦克劳无意中提起，金博士遇刺前后，吉姆烧烤店里出现过一杆枪。麦克劳后来告诉我，金博士遇刺后接近中午的时候，烧烤店店主劳埃德·乔尔斯从柜台下货架上拿出一个盒子，从中取出一杆枪给他看。乔尔斯还说，枪是刺杀案发生后在"房后"发现的，他打算交给警察。我听了这事大吃一惊。是不是这杆枪才是作案工具呢？如果乔尔斯跟麦克劳说了真话，那就更加显而易见了，子弹是从灌木丛而不是楼上旅馆出租房射出来的。警察几分钟内就涌入刺杀现场，为什么没发现这杆枪？之前我和乔尔斯有过多次接触，却从未听他提及此事。为什么众议院刺杀调查专责委员会也没有在报告中提及？我开始着手调查这个疑点。

　　与此同时，联邦第六巡回上诉法院拒绝了由我代理当事人詹姆斯·厄尔·雷提交的上诉申请。我们已走投无路。1989 年 6 月 19 日,我只能放手最后一搏,向美国最高法院提交请愿书,仍然遭到驳回。詹姆斯·厄尔·雷期盼已久的审判似乎和以前一样,遥遥无期。

第二章

詹姆斯·厄尔·雷的电视审判

　　我只能另辟蹊径，选择把此案疑点公之于众。我开始策划一场即兴电视审判，使用真实物证、人证、法官和律师，当着独立陪审团的面进行审判，以加强效果。一切将严格按照田纳西州法律和刑事诉讼程序进行。雷一开始就对我的提议表示赞成，尽管他知道无法获得联邦政府已经封存的物证为他辩护，但他相信如果自己有机会向独立陪审团讲述一切，自证清白的胜算很大。

　　1992 年，我与伦敦泰晤士电视台签订合约。前联邦检察官希克曼·尤因同意担任控方律师；曾任联邦地区法庭法官、如今在纽约做律师的马尔温·E. 弗兰克尔同意充当法官。我担任辩方律师。陪审团首先由顾问研究团从一组美国公民名单中选取，最后再由希克曼和我从中选取十二人，另外再选出两人候补。为更好推进本案，我们决定不停留在对刺杀案表象的种种分析，而要展现该案中掩盖犯罪的行为及其严重程度。

　　新发现的证据佐证了先前的发现，并将各项证据串联起来。确凿无疑，首先，控方主要证人当年处于醉酒状态；其次，金博士在洛林汽车旅馆的住处从地形隐蔽的带院子的一楼换到了一个私密性很差、带有阳台的房间。

　　几名目击证人，包括金博士在孟菲斯的汽车司机所罗门·琼斯、南方基督教领袖会议现场组织人詹姆斯·奥林奇、记者厄尔·考德威尔，都说子弹来自灌木丛而非洗手间。记者凯·布莱克和詹姆斯·奥林奇一致指出灌木丛在刺杀案后次日清晨遭到修剪清理，其中可能还包括一节碍手碍脚的树枝。1968 年我就曾听孟菲斯公共工程部副理事梅纳德·斯泰尔斯说，4 月 5 日一大早，他们接到孟菲斯警察局出工要求，在黎明前完成一项清理工作。

经证实有若干可疑事件发生。第一，仅有的两名黑人消防员在刺杀案发生前一晚接到命令，要求他们第二天不要到岗，他们执勤地点 2 号消防站恰好俯视洛林汽车旅馆。第二，黑人警探埃德·雷迪特在刺杀案发生前一小时从监视岗位上被撤走。第三，孟菲斯警察局没有一如既往为金博士配备黑人警探安保队。几个紧急特警支援小组撤离，特警 10 分队从洛林汽车旅馆调往了消防站。

有证据显示，将警察视线引向孟菲斯东北、使用民用波段广播电台发出的虚假报道的信号来自市中心，靠近暗杀现场。前联邦调查局探员证实联邦调查局曾对金博士进行过骚扰和监控。孟菲斯警察局特情部警官吉姆·史密斯也证实，金博士常住的瑞蒙特假日宾馆套房也处在联邦探员的电子监控之下。

越来越多的迹象表明，孟菲斯和新奥尔良的利贝托家族与刺杀有关。吉姆烧烤店店主劳埃德·乔尔斯也可能涉案。出租车司机詹姆斯·麦克劳前面说，乔尔斯从烧烤店柜台下面拿出一把来复枪展示给他看，这得到了烧烤店女服务员贝蒂·斯帕茨的确认。贝蒂和前老板乔尔斯有过恋爱关系。她承认听到一声类似枪响的声音后，见乔尔斯手持一杆来复枪从灌木丛跑进厨房。贝蒂的妹妹博比说，第二天早上，乔尔斯开车接她上班时承认在屋后捡到一杆来复枪。博比还指出刺杀案发生当日,乔尔斯嘱咐她不要把食物端到楼上给在那里疗养的格雷丝·沃尔登。格雷丝和查尔斯·斯蒂芬斯存在事实婚姻。这让博比觉得楼上在进行不可告人的恶行。《时代周刊》特约记者兼调查记者比尔·萨特,1971年死于谋杀,已被证实。当时萨特正在调查马尔切洛/利贝托有组织犯罪与金博士刺杀案的关系。

在审判中,控方揪住雷"种族主义分子"和所谓跟踪金博士这两点不放,大做文章。我方大量证人缺席,贝蒂·斯帕茨和妹妹都心怀恐惧,不敢做证,约翰·麦克弗林临阵脱逃。结案陈词中,我指出,控方没能提供一丁点儿有关作案动机的证据,并一一列举了控方诸多不堪一击的漏洞:第一,证据中的弹头与现场发现的枪支不匹配;第二,旅馆出租房中一枚雷的指纹也没有;第三,控方主要证人当天处于醉酒状态,洗手间直至刺杀案马上要发生时还空无一人;第四,三名目击证人发现灌木丛有异动,两名证人看见雷的白色野马车在刺杀案发生前就驶离了出租房。

然后,我列举了围绕案件的一系列奇怪的事件。首先,证据中的弹头明显被做过手脚;其次,灌木丛和树木被砍伐修剪;再次,金博士换旅馆、换房间;最后,撤离安保人员,黑人警察一个也没配备。雷单枪匹马能完成以上任务吗?1993年4月4日,金博士遇刺二十五周年纪念日当天,电视审判播出。陪审团做出决定,雷无罪。

各路媒体对此缄口不言,装聋作哑。没有一家主流媒体报道裁决结果。尽管如此,我还是觉得电视审判大获成功,史无前例地为重启此案赢得了机会。

第三章

继续调查：劳埃德·乔尔斯涉案情况

电视审判后，我开始集中精力调查劳埃德·乔尔斯，力图找到办法将我们发现他涉案的证据写入卷宗。我觉得这将足以证明雷实属冤枉。为了万无一失，帮雷摆脱监狱之苦，我们需要尽可能了解乔尔斯掌握的事实，才能对在孟菲斯进行的罪恶勾当一查到底。

韦恩·查斯顿 1968 年是《孟菲斯弯刀午报》记者，后在孟菲斯做了律师。他认识乔尔斯的律师刘易斯·加里森。两人经常讨论金博士遇刺案。加里森是个具有强烈良知的人，他告诉查斯顿，自己的被代理人乔尔斯曾暗示，他对 4 月 4 日发生的事情比任何人都了如指掌，似乎正在寻找途径一吐为快。

孟菲斯私家侦探肯·赫尔曼和约翰·比林斯在电视审判中曾为我工作。如今，他俩开始单独行动。赫尔曼找到加里森，探寻乔尔斯涉案一事。加里森以某种方式得知我们已挖掘到了乔尔斯涉案的证据，因此建议乔尔斯在得到豁免权之前守口如瓶。为此，他还代表乔尔斯以及乔尔斯的伙伴"大块头"威利·埃金斯、贝蒂·斯帕茨、博比·史密斯、詹姆斯·麦克找到地方检察长洽谈。除了乔尔斯，我无法看出以上几人会以任何罪名被起诉，但法定追诉期对罪案发生后的所有行为一视同仁。

比林斯找到自己邻居、黑人法官兼国家民权博物馆建立者达米·贝利,请他代自己私下请求检察长对以上几人即将提交的豁免权申请给予考虑。赫尔曼和比林斯在未获得我指令的情况下贸然行事,让我十分不快。他们为雷的辩护出过力,我又是雷的律师,因此他们对雷仍然肩负法律和道德责任。他们的行为间接向乔尔斯和埃金斯透露了我们掌握的证据,而且可能已经置惊恐万状的关键证人于危险境地。一旦贝蒂同博比知道乔尔斯和埃金斯已经获悉她们姐妹正与我们合作,那么我们说服两人以及进一步合作的机会就变得十分渺茫。

检察长皮耶罗蒂和他管辖的当地司法部长期以来与官方对刺杀案的"解决方案"密切相关,所以我没期待他会批准这几个人的豁免权。加里森递交的豁免申请与我毫无关系,但是我急不可待,希望找出本案真相。然而,乔尔斯不获得某种让他满意的豁免权或者申诉协议,就不会开口,这也显而易见。

起诉人和加里森可以通过多种渠道获得辩诉交易。我已发现,除了获得豁免权这一途径,一条鲜为人知的田纳西法律条款可以帮助我们绕过当地检察长办公室,直接向大陪审团提出申请,让大陪审团对该案举行听证。不过,加里森坚持采用常规途径,认为案件重大,皮耶罗蒂一定不敢贸然拒绝。

1993 年 6 月 3 日,加里森面见皮耶罗蒂,提出豁免权申请。加里森指出,自己的匿名被代理人愿意为马丁·路德·金遇刺案提供具体证据,换取州和联邦政府两级刑事犯罪豁免权。皮耶罗蒂请加里森简明扼要描述了证据。1993 年 6 月 22 日,加里森提交正式书面豁免权申请。

与此同时,乔尔斯和埃金斯一些零零碎碎的故事开始传到了我耳朵里。这些故事大部分是韦恩·查斯顿告诉我的。赫尔曼会跟查斯顿谈起案件，后来加里森也会跟查斯顿谈。据说，负责从卡车上卸载农产品的黑人装卸工弗兰克·霍尔特受雇实施了刺杀。我们希望霍尔特能在审判前的调查中成为我方证人，但赫尔曼遍寻不到此人行踪。乔尔斯也告诉加里森，说弗兰克·利贝托将刺杀金博士的活包给了他，作为独立证据，这显然能够证明约翰·麦克弗林的叙述没错。

很明显，乔尔斯曾承认，4 月 4 日看见雷在吉姆烧烤店里与一名黑发拉丁裔坐在一张桌旁。这与刺杀案案发下午雷与劳尔见面的说法不谋而合。乔尔斯还指出合同约定的酬金由 M.E. 卡特农产品公司卡车从新奥尔良运到孟菲斯。赫尔曼说乔尔斯证实了贝蒂关于 4 月 4 日发生事件的各个细节描述。

合同来自哪里，出自何人，还不得而知。乔尔斯可能只知道孟菲斯当地有关刺杀案的细节，豁免权下发前，他还会有所保留。我们发现埃金斯是金博士遇害一年后才同乔尔斯扯上的关系。乔尔斯可能跟他透露过相关信息，但刺杀案发生之时，二人并不相识。

加里森同皮耶罗蒂见面两个半月以后，仍然没有迹象表明皮耶罗蒂要授予豁免权，或要认真考虑加里森的请求。因此，我开始想办法对他施压。

8 月 16 日（我生日那天），我致信皮耶罗蒂，告诉他我得知加里森递交了豁免权申请，望他批准或者与乔尔斯等人达成辩诉交易。我指出批准可能产生的影响：其一，有利于真相大白；其二，能让被囚近二十五年的雷沉冤得雪。9 月 8 日，皮耶罗蒂抱着敷衍的态度回信说，没得到"排除合理怀疑的证据，让我们确信无疑"之前，不能考虑授予豁免。9 月 15 日，他甚至完全拒绝考虑此事，并说即便我们做了此申请，他也没接到任何涉及此案、正式提出豁免权的文件，也没收到任何证据小结，显然他不想考虑豁免的请求。

10月4日，应刘易斯·加里森和肯·赫尔曼要求，韦恩·查斯顿在加里森办公室与这两人见面。加里森给了查斯顿一份6月22日他递交皮耶罗蒂的申请信副本。尽管皮耶罗蒂9月15日给我回信声称自己从未接到任何申请，但这封申请信的的确确是一份请求豁免权的文件，而且还附上了支撑申请的证据小结。

信中说，刺杀案发生前，有人找到乔尔斯（信中化名"证人格林"），付钱请他找个刺客刺杀金博士，酬金将由其他城市经一名或几名当地人交给他。乔尔斯与孟菲斯警察局一些警察有密切联系，有人告诉乔尔斯，说他配合行动具有地理上的优势，还说金博士将于某日下榻洛林汽车旅馆。届时将有人为他提供武器。乔尔斯找到一名刺客。刺杀行动还没开始，乔尔斯就收到了成捆的大额现钞酬金。刺杀当日，乔尔斯被安排到离刺客不远的地方。开枪后，作案枪支转移给乔尔斯，由他负责拆卸、包裹枪支。其他参与密谋的人告诉乔尔斯，刺杀发生后，会有人声东击西，进行掩护。

贝蒂·斯帕茨（信中化名"乔尔斯的密友证人布朗"）将做证说"枪响的地方，离我就几英尺远"。枪刚响，她就见到了手持一杆来复枪的乔尔斯。之前贝蒂还看到乔尔斯收到大量现金，全是大额纸钞。麦克劳（化名"证人布莱克"）说刺杀发生后的一天，乔尔斯给他看过一杆枪，并告诉他枪是用来刺杀金博士的。威利·埃金斯（化名"证人怀特"）将做证说刺杀案发生后，乔尔斯让他处理一些"知道太多"的人。乔尔斯还跟他说，刺杀发生后，真正的刺客把枪给了自己。

博比·史密斯（化名"证人格蕾"）会做证说自己知道乔尔斯在

刺杀案前收到一大笔酬金,另外她还知道有关刺杀案的其他细节。申请结尾处是为以上五人提供豁免权的正式请求。

根据加里森总结的乔尔斯的情况(后来告诉了查斯顿),乔尔斯在农产品商弗兰克·利贝托要求下雇用杀手在金博士最后一次到访孟菲斯时行刺。乔尔斯将他收到的 10 万美元酬金付给了刺客。

即便有了以上证据,我仍然确信无论我们做什么,检察长皮耶罗蒂还是会从中作梗。因此,我开始代表雷采取以下行动。首先,我请查斯顿出面,以当地法律顾问身份,代表雷去见大陪审团。希望大陪审团能向加里森律师发出传票。如此,加里森就可以为几名被代理人申请豁免权,换取他们出庭做证。然后,我还正式请州长的法律顾问告诉州长即将有新证据出现,请不要颁布裁定书阻碍我们为雷平反。我暗示州长如果他一意孤行,阻碍此事,等新证据出现在大众面前时,他会非常难堪。

我们没立即提出申请,希望利用这段时间,让陪审团成员尽最大可能认真对待我们的申请。我们分头行动,开始对美国某些大众传媒记者透露风声。

到了 12 月初,我的挫败感越来越强。之前提出的豁免申请没有一点动静,媒体也不愿旧案重提,我们希望获得的民众压力相应落了空。12 月 7 日,周二傍晚,我让查斯顿向大陪审团提出申请。

根据安排,查斯顿将于第二天递交申请信和宣誓口供。他一刻也没耽搁,并在未同我们商议的情况下,附上了需要传唤证人的姓名和地址。我对把证人姓名提供给皮耶罗蒂之事一直心怀担忧,并提醒他在大陪审团房间之外与这些证人有任何接触都可能受到严格审查。之前,贝蒂·斯帕茨就曾想方设法挺身而出,说出真相，为雷洗脱罪名。结果陌生人找到她家。记录显示，这之后她才被正式传唤和问询。这件事让贝蒂吓破了胆，二十年来都不敢再过问此事。

我致电伦敦《观察家报》的安德鲁·比伦。这家报纸是英国历史最悠久、最有声望的严肃报纸之一。比伦报道过电视审判，对此案了解颇多，但是一开始他表示怀疑。我说服他之后，他很激动，编辑也同样激动，我知道没有哪家美国媒体会率先报道此案，因此将报道权交给了《观察家报》。

杰克·索尔特曼是泰晤士电视台当年《詹姆斯·厄尔·雷的审判》电视节目制作人，我听有消息说，索尔特曼曾跟多人谈起该案，试图爆料并泄露证人姓名。我从一开始就明确规定，证人名字必须严加保密。他的所作所为让我无比震惊。肯·赫尔曼和索尔特曼明显合作已久，并达成了什么协议。我曾以为索尔特曼值得信赖，把找到了五名"秘密"证人的消息告诉他，并告知了他证言性质。我确信，索尔特曼辜负了我的信任。消息曝光也许会吓走所有证人，雷可能做一辈子替死鬼了。

我找到赫尔曼，与他当面对质。电视审判以来，我俩关系始终紧张，如今彻底毁了。我要求查斯顿把肯·赫尔曼和杰克·索尔特曼两人加入传唤名单。第二天，即12月9日，周四，查斯顿直接将传唤名单递交给大陪审团房间门口一名服务人员，然后在门口等待。但无人理睬他。周五，检察长和他的二把手同时参加了长时间秘密会议，当地联邦调查局特工负责人也来参加了多个会议。他们对查斯顿要求大陪审团听证的申请紧张万分。对方的压力正在累积。

接着，我得到确切消息，说赫尔曼和约翰·比林斯采取流氓手段寻找弗兰克·霍尔特,我越发担心。有人提过霍尔特的名字,他可能就是刺客。我们都觉得霍尔特当时应该住在奥兰多地区。我跟赫尔曼与比林斯说过,如果找到霍尔特,我要亲自去奥兰多采访他。另外,我也正式向他们二人发出通知,告诉他们作为雷的代理律师,对他们知道的所有有关本案的信息和获得的证据,我都拥有优先权。

周六晚十点左右,《观察家报》相关报道发表。几个小时内,我接到若干电话,并进行了巧妙应答。深夜两点左右,查斯顿打来电话,说伦敦《星期日泰晤士报》和《孟菲斯商业诉求报》分别致电给他。《孟菲斯商业诉求报》引用皮耶罗蒂的话严厉谴责了我和加里森,称整个故事不是"捏造"就是"骗局"。清晨,《观察家报》发行至各个报摊。而此时,我也拿着巴克·布坎南给我提供的霍尔特的住址,乘上了飞往奥兰多的飞机。布坎南是我们雇佣调查霍尔特行踪的奥兰多当地私家侦探。

孟菲斯侦查员克利夫·达慈同我在奥兰多见面,一起去了北特里街32号。这是一栋短租房。赫尔曼和比林斯也在追查霍尔特,我们到的时候发现他们已捷足先登。后来,我们驾车在周围转,见一辆灰色卡迪拉克迎面而来,达慈与我都认出后座上坐着赫尔曼,他一侧坐着一名黑人,头戴棒球帽,另一侧坐着比林斯。我已经听说杰克·索尔特曼把案件重要线索及法律顾问服务卖给了美国广播公司《黄金时间现场》制片人,因此接下来两天里(12月14日和15日),我忙于和《黄金时间现场》制片人讨价还价,试图把影响降到最低,把寻找弗兰克·霍尔特的事耽搁下来。

我觉得《黄金时间现场》可能会给雷的案子带来转机,但又担心制作方泄露证人名字。一旦不经贝蒂和博比同意,出庭前就泄露两人名字,她们可能否认先前提供的证言,或者对此事退避三舍。这些都有前车之鉴。

我联系到美国广播公司制片人。他们最终承诺,不会提及节目中没采访过的证人名字。1993年12月16日周四,该节目在全美播出。劳埃德·乔尔斯为詹姆斯·厄尔·雷洗刷了罪名。乔尔斯说,雷没有杀死金博士。孟菲斯农产品商弗兰克·利贝托付了10万美元,要乔尔斯帮忙实施刺杀。后来,乔尔斯雇了一名杀手。乔尔斯还说,有个叫劳尔的人找过自己,送来一杆来复枪,让他保存,直到完成刺杀。

乔尔斯的"接盘人"埃金斯证实,自己奉命杀死"刺客",不过刺客姓甚名谁他一概不知,自己还没能"崩"了刺客,刺客就逃往佛罗里达了。

然而,《黄金时间现场》的承诺一文不值。他们偷拍了从单位走出的贝蒂。虽然画面不清,但还是能看出贝蒂的样子,贝蒂的名字也被曝光。

第二天,我让克利夫·达慈联系贝蒂。贝蒂非常痛心,极不友善,不停埋怨我。她不知道八个月前,赫尔曼和索尔特曼就不再为我工作。贝蒂不愿与我交谈,我只能通过写信向她解释来龙去脉。

《黄金时间现场》播出后的第二天上午,没任何一家新闻报道前一晚的这档节目;甚至连美国广播公司自己也没报道。《今日美国》与《华盛顿邮报》稍有提及,主要是说皮耶罗蒂态度有了转变,虽然他仍旧不同意重审,但同意进一步调查。有人在黄金时段电视节目上承认参与刺杀了马丁·路德·金,对这一美国历史上最令人发指的重大犯罪,美国大众传媒却几乎只字不提。

我觉得州长不会认真考虑豁免权动议。由于调查中出现了新证据,同时劳埃德·乔尔斯公开承认参与此案,产生了耸人听闻的新闻效果,因此我代表雷提出申请,要求审判。电视节目播出当晚,当初并没把话说绝的约翰·比林斯打电话跟我说,他们还没找到霍尔特。如果他们找到,一定首先通知我。我并没当真。那天清晨,我听说霍尔特涉嫌刺杀的消息已经传遍了孟菲斯大街小巷。

我原计划12月17日周五飞回伦敦。就在飞机起飞前大约一小时,我得知《纳什维尔田纳西人报》的德怀特·刘易斯给我办公室电话留言:他们已找到弗兰克·霍尔特,想知道我对霍尔特的话持什么态度。我的心跳几乎停止,立即给刘易斯回了电话。刘易斯告诉我当天《田纳西人报》两名记者和一名摄影师在奥兰多中央大街流浪汉之家找到了霍尔特,那星期早些时候我也去过同一个地方。因为无论哪个收容所都不让长住,所以霍尔特一直在各个收容所之间辗转。霍尔特清楚地说自己4月4日下午在吉姆烧烤店逗留过,但对刺杀毫不知情。《田纳西人报》已带他飞到纳什维尔,在那里接受并通过了测谎实验。

12月19日周日,《田纳西人报》发表了一期对弗兰克·霍尔特的专访。那天上午,我得知刘易斯去机场送霍尔特回奥兰多,于是让巴克·布坎南去机场接霍尔特,并给他找个可靠的临时住所。尽管《田纳西人报》专访中并没登出霍尔特的住址,但霍尔特的名字和大致方位已经公之于众,另外霍尔特已公开否认自己是刺客。我觉得他很可能有生命危险。

布坎南成功接到弗兰克·霍尔特,霍尔特也同意在我周三到达对他进行采访前,接受我们的保护及临时食宿安排。布坎南前一个礼拜四处搜寻霍尔特的时候给流浪汉之家留过自己的名字,

《田纳西人报》和谢尔比县当局因此得知他对本案感兴趣。周二，《田纳西人报》和皮耶罗蒂检察长办公室调查人员就联系了他。

皮耶罗蒂检察长从得到五名证人名单到现在，已长达六个月之久，却从未过问。如今《田纳西人报》专访才发表两天，他就派出人马，把布坎南从另外一个州挖了出来。用他的话说，目的就是把劳埃德·乔尔斯的叙述"驳斥得体无完肤"。

12月23日周三，我一到奥兰多，就见到布坎南，并一起带霍尔特外出用餐。霍尔特总体情绪稳定，几乎面无表情，担心自己的安全，表示希望能离开奥兰多一带。第二天，我在自己入住的汽车旅馆采访了霍尔特。采访持续了四个小时。尽管我反复追问，霍尔特的答案却始终保持一致。他说自己老家在密西西比达令小镇。20世纪50年代，他离开老家，到了第二故乡杰克逊维尔地区。20世纪60年代初，他去了孟菲斯，最终在M.E.卡特农产品公司成了一名司机助手，往阿肯色和密西西比各城镇送货。有时，也去新奥尔良把农产品运回孟菲斯。1968年刺杀案发生的时候，他干的就是这个工作。

在他记忆中，弗兰克·利贝托自己开农产品公司（名叫"LL&L"），也持有M.E.卡特公司股份。有时霍尔特无意中会听到利贝托与M.E.卡特公司"大人物"的对话。有一次，环卫工人罢工期间，他听利贝托说"金净制造麻烦，把他除掉就安生了"。

霍尔特说自己每周都会到吉姆烧烤店喝两三次啤酒。他记得与两位朋友——"肥臀"和"准将"——经常到楼上出租房串门、喝啤酒。"肥臀"在M.E.卡特公司仓库干活。最后一次去楼上出租房，他记得是在"准将"搬家前，刺杀案还没发生的时候。从他对房间位置描述来看，"准将"似乎住在5B，就是雷4月4日用化名"约翰·威拉德"租住的房间。

霍尔特还说,刺杀案发生前一天,他去了密西西比很远一个地点送货,不是接近晌午就是第二天午后才返回孟菲斯。到孟菲斯后,他逛了几家酒吧,傍晚来到最后一站吉姆烧烤店。他认真想了想,刺杀案发生的时候,他正好在店里,但不明白为什么联邦调查局报告里会写他当时在去公司路上,而且恰好经过烧烤店。霍尔特不记得接受过警察或联邦调查局问话。也许霍尔特记忆出现了偏差,也许因为时间太过久远,当然也可能是长期酗酒致使他记忆受到了损伤。

我们问他劳埃德·乔尔斯为什么说他是刺客,霍尔特自己也摸不到头脑,然后说:"他可能以为我死了。"1969 年末,霍尔特离开孟菲斯。他对出风头不感兴趣,也讨厌与刺杀案扯上关系。在我看来,霍尔特不像在说谎。他一点儿也不像刺客。当天下午,他又接受了一次测谎,还接受了催眠。测谎专家和催眠师一致认为,弗兰克·霍尔特没有参与刺杀。12 月 23 日傍晚,我与弗兰克·霍尔特握手道别。我告诉他,这一次他进一步帮自己摆脱了恶名。

回到英格兰的时候,我已确信乔尔斯对霍尔特参与刺杀的言论纯属一派胡言,不是为了掩盖他自己就是刺客的事实,就是声东击西力图保护其他什么人。就连他所说的 1974 年找埃金斯帮他找到并除掉霍尔特也不可信,因为截至 1974 年,霍尔特离开孟菲斯已有五年之久。

1994 年,正值雷的人身保护令听证即将进行之际,乔尔斯为了自保又胡编乱造了一套说辞。快二十六年了,每当这个案子有什么风吹草动,威胁到乔尔斯,他总是编造出这样那样的说辞[2]。我们需要花时间找出原因。

1994 年 1 月—4 月 15 日,取得突破

1994 年 1 月 7 日,接受《田纳西人报》采访的时候,皮耶罗蒂检察长说,他打算让大陪审团举行听证,看看查斯顿有什么可说。陪审团主席赫伯特·罗宾逊说即便查斯顿让他们"如鲠在喉",等到 1 月 18 日新的大陪审团组成后,他们也要听听他的高见。然而,1995 年整整一年,查斯顿也没收到通知。在我看来,这太不像话了。1969 年 3 月 10 日,雷认罪伏法,卡纳莱检察长在听证书面记录上宣誓说:"假如任何证据表明刺杀并非雷一人所为,而是串谋的结果,他将果断采取行动,立即彻查,收回判决……"

幸运的是,我们已经决定提交请愿书,要求审判。我飞到纳什维尔见了雷。雷精神不错,对于我们立即请愿以成功获得相关档案、文件和报告解密权的提议,他兴趣盎然。

1 月 10 日,周一,查斯顿提交了请愿书要求审判,同时递交的还有五卷文本证据附件以及两个视频证据附件。之后,我们驱车前往詹姆斯·劳森牧师的古老教堂——卫理公会百年堂,计划在那里举行一场新闻发布会,呼吁开展独立大陪审团调查。到达时,那里已经来了许多与会人员,其中就有从洛杉矶飞过来的劳森牧师。来宾中有不少著名教会领袖(包括我心目中美国最能言善辩的牧师威廉·斯隆·科芬)。我向大家简要介绍了情况,并回答了来宾提问。发布会持续了两个小时,主要围绕我们的如下决心展开:要让大陪审团在自己的陪审团团长领导下独立对金博士遇害案展开调查,调查中的独立检察官必须与谢尔比县地方检察长皮耶罗蒂毫无瓜葛。大家一致认为,皮耶罗蒂在调查中不够客观

公正。

发布会结束后,我们精神百倍。当天晚些时候,有消息传来,乔·布朗法官的法庭已收到请愿书,计划第二天上午举行听证。我们到达刑事司法中心的时候,电视摄像机已经就位。简短的听证会上,法官提问:先前已经对一些问题,尤其与推翻认罪相关的问题做出了判决,此次是否能够以请愿书为准?我们回答:先前的裁决是在新证据出现之前做出的,我们正努力取得的这些新证据将证明雷的清白。布朗法官要求控辩双方准备好这个问题的法律意见书,并定于金博士遇刺二十六周年纪念日,即 4 月 4 日举行听证。

当天午后,我们见到了约翰·麦克弗林。1968 年 4 月 4 日,麦克弗林无意听到弗兰克·利贝托提议让金在阳台上被射杀,并许诺这次不再"临阵退缩"。麦克弗林记得一个叫汤米·赖特的当地人说每周六上午,在费耶特县利贝托的律师事务所,利贝托总与一名田纳西高官会面。这不能不让人疑窦丛生。雷从墨西哥越境到加州之前,在他白色野马车里捡到一张政府名片,名片后面歪歪扭扭写着兰迪·罗森松。野马车是劳尔买的,所以除了雷,劳尔也留了一把钥匙。名片上的兰迪·罗森松始终说,1978 年,众议院刺杀调查专责委员会工作人员问询他之前,这名田纳西高官已经拜访过他,想让罗森松做证自己认识詹姆斯·厄尔·雷。如果罗森松认识雷,雷车上装有名片的香烟盒就可能是罗森松自己丢的。如果不认识,就是别人丢的。雷一再坚称名片与劳尔有关。州当局和众议院刺杀调查专责委员会都认为劳尔并不存在,所以一旦有证据表明并非如此,他们的解释就不攻自破了。

利贝托和高官之间存在的所谓关系可以解释为什么有人向罗

森松施压，要他宣称自己认识雷。麦克弗林说还有一个消息来源，是自己的田纳西州杰克逊县律师 H. 里甘先生。几年前，里甘悄悄对麦克弗林说前文提到的这位高官"处理了"一些事务，并为田纳西州有组织犯罪利益集团望风报信。孟菲斯警察局退休队长托马斯·史密斯称早在 1968 年，该警局就有多名高级警官经常贪赃枉法，但他并不清楚细节，始终是个局外人。他还说，去联邦调查局学院培训的警官，N.E. 扎卡里、罗伯特·科克伦、格林·金等，形成了一个特别的小团体。

1 月末，贝蒂·斯帕茨终于愿意再次与我交谈。她说乔尔斯、埃金斯一帮人有兴趣把刺杀案做成书或电影，让她改口说刺杀案刚发生，就见一名黑人在厨房门口把来复枪交给乔尔斯。威利·埃金斯拿来一台录音机让她听，说要帮她把故事说圆。贝蒂拒绝跟他们同流合污。埃金斯指责她"断了大家财路"，假如她合作，愿意与她瓜分 30 万美元。

贝蒂全盘驳斥了弗兰克·霍尔特参与谋杀的说法，同时，她和以前一样坚称自己看到乔尔斯跑向吉姆烧烤店厨房后门的时候，自始至终都是一个人。1 月中旬，贝蒂告诉我田纳西调查局给她打了电话，要和她面谈。我建议她同意见面，如实回答问题。1 月最后一个周末，约翰·比林斯告诉我，他风闻皮耶罗蒂已经请田纳西调查局出面对乔尔斯的新证据进行调查，目前已找麦克劳谈过，麦克劳的陈述始终如一。比林斯主动要求为田纳西调查局提供情况。肯·赫尔曼也是。比林斯得到的反馈是这要得到检察长首肯，这让比林斯感觉田纳西调查局不会给两人机会。他觉得皮耶罗蒂让田纳西调查局插手此案，达到了双重目的：既能控制调查进程，又能不直接为调查承担责任。结果，田纳西调查局果真从未找两人面谈。

我写信给皮耶罗蒂,表示愿意为联邦调查局调查新证据提供合理帮助。我表明雷只想尽快出狱,对找出真凶不感兴趣。如果被释放,雷希望离开美国,只要他还待在监狱一天,为他平反的调查活动就不会停止。

3月7、8、9日三天,我和贝蒂·斯帕茨共处了十三个小时。贝蒂答应把知道的一切和盘托出,并会竭尽所能回忆1968年4月4日目睹的一切。见面地点在她家,罗兰大街一所十分昏暗的房子。贝蒂将自己怎么认识乔尔斯,怎么到吉姆烧烤店工作的经过娓娓道来,跟以前的说法并无出入,但多出了许多细节。她口中1968年4月4日当天发生的事情还是有好几处让我吃惊不小。

这次,贝蒂记得当日临近中午时,自己到达吉姆烧烤店,并没发现乔尔斯的身影。她跟乔尔斯间的跨种族婚外情让她始终缺乏安全感。她疑心重重地来到后厨找乔尔斯。厨房门虚掩着。贝蒂刚进厨房,就见乔尔斯手持一杆来复枪从后门进来。枪托呈淡棕色,枪管与一般来复枪长短并无不同,另外她不记得枪上安有瞄准镜。她说乔尔斯看起来不慌不忙,也不像肩负压力,表情几乎有些漫不经心。贝蒂吃了一惊问:"你拿枪做什么?"乔尔斯半开玩笑地回答说:"让我看到你跟哪个黑鬼混在一起,就拿这枪崩了你。"贝蒂说"你知道我不会的"。乔尔斯称自己只是说笑,还说贝蒂知道自己永远不会伤害她。

乔尔斯把枪放在一桶啤酒边。不过似乎又反悔了,当着贝蒂的面拿起枪,大卸八块。然后,他拿着拆散的零件穿过吉姆烧烤店,走出正门左拐,走到几十英尺外他停放棕色旧旅行车的地方。贝蒂透过窗户见他一边四顾张望,查看是否有人,一边将拆散的来复枪放到后座。之后便回到吉姆烧烤店。贝蒂证实自己那天下午有些时间并不在吉姆烧烤店。乔尔斯太太周四会来，所以乔尔斯始终不让贝蒂周四来店。但那个周四，乔尔斯貌似比平时更紧张不安，一个劲儿赶贝蒂走。这让贝蒂格外不安，怀疑乔尔斯移情别恋。乔尔斯太太下午四点前后来的时候，贝蒂还在。乔尔斯太太径直走到贝蒂面前，恶语相向，让她滚出烧烤店。乔尔斯赶来拉架，一边带贝蒂躲到柜台后面，一边让妻子滚出去。乔尔斯太太一言不发、黑着脸走了。

过了一会儿，大概下午六点不到，贝蒂又穿过大街，回吉姆烧烤店找乔尔斯。她相信博比应该还没走。不过，贝蒂并没在店里看见乔尔斯。走出大堂，贝蒂发现后厨大门紧闭，有些反常。贝蒂一边想着，一边走了进去。厨房通往后院的门虚掩着。片刻之后，就听到仿佛放鞭炮般一声巨响。几秒钟后贝蒂探头向外查看，见乔尔斯从灌木丛方向跑进门里，手中拿着另外一杆来复枪。刚看到乔尔斯的时候，乔尔斯大概距离门口 10 到 15 英尺，气喘吁吁，面如死灰，头发凌乱，看起来还在潮湿的草地或者灌木丛中跪过一样，裤子膝盖位置湿答答地沾着泥巴。

等气喘匀了，乔尔斯并没面露怒色，而是忧郁地问："你永远不会伤害我，是吗？"贝蒂回答："当然不会了，劳埃德。"乔尔斯二话没说，快步走向通往大堂的门。从门出去，左边就是柜台。他提着枪，一个箭步，跨到柜台后面。贝蒂见他拆散枪，用布包了起来，放到柜台下面一个架子上，往里推了推。

贝蒂记得这杆来复枪非常独特。枪托深红棕色，带瞄准镜，枪管很短，就像玩具一样。枪管上套了个什么东西，像是拧上去的，加大了枪管的直径。

这回,贝蒂首次指出,乔尔斯曾两次从厨房后面灌木丛带回枪支。贝蒂竟然此时才告诉我们有两杆枪存在。真让人捏一把汗。另一方面,贝蒂的叙述证实了麦克劳关于乔尔斯给自己看过柜台下面枪支的陈述。

贝蒂继续说,1968 年刺杀案发生几个月后,有三个人来找过她。她觉得那些人都是政府官员。三个人中有一个黑人、一个白人,另外一个似乎是拉丁裔。三人提出,为保护贝蒂和她妹妹,可以给她们安排新身份、新住处,另外还可以给她们一笔钱。贝蒂和妹妹拒绝了,母亲也支持她们的决定,于是那三人离开了。五年后,三人中的两人又来找她(应该是雷在联邦法庭举行证据听证的时候),开出相同条件,贝蒂和妹妹仍然没有接受。

乔尔斯的朋友威利·埃金斯对贝蒂进行了人身威胁。有一次他朝她和两个儿子开了一枪,一次朝她沙发开了三枪,都没打中。贝蒂深信埃金斯使出浑身解数的目的是吓唬自己,而非真想要自己性命。贝蒂签署了详细的宣誓证明书,证明以上一切属实。我们将贝蒂的主要宣誓证明书呈给法庭,同时《田纳西人报》也发表了宣誓证明书内容。不久后,皮耶罗蒂检察长透漏了田纳西调查局 1 月 25 日的一份声明,内容让我们沮丧万分。声明中贝蒂否认下午六点见过乔尔斯带着枪,同时还否认自己知道任何能帮雷摆脱罪名的信息。据说,该声明也进行过宣誓证明[3]。我向贝蒂求证此事,贝蒂不记得自己说过这些话,而且说田纳西调查局只是针对自己对肯·赫尔曼的一份声明的具体细节进行了询问。

然而,事实证明似乎贝蒂的确签署过田纳西调查局的那份声明。我也拿到了一份副本。那是份手写声明,签署日期是 1994年 1 月 25 日。内容与 1994 年 3 月 8 日给我的那份宣誓证明书显得前后矛盾。不过,贝蒂说当时她眼镜碎了,没有阅读文件内容,是别人读给她听的。调查人员一边问她问题,一边写下这份声明,还告诉她别的什么也不用说,只要回答问题就行。贝蒂说皮耶罗蒂检察长办公室工作人员以及田纳西调查局的人都让她心生恐惧。贝蒂一再向我保证,自己如今愿意做证,有人蓄意说她撒谎,她要为自己正名。

原定于 4 月 4 日举行的听证会推迟到 4 月 15 日才真正举行。尽管听证会的焦点是判决问题,但我还是通过极力详述和援引事实,证明判决存在瑕疵。这让我得以将一长串以前被掩盖的事实证据和事实间的差异记录在案。自然,也是为了让法官及当日坐在陪审团席位上的媒体听到。

皮耶罗蒂做了十五分钟陈述。他情绪激昂,极力反驳。最后,布朗法官表扬了控辩双方,一边看着冗长的记录,一边说尽管田纳西州可能技术上没有犯错,他可以驳回请愿,但他还是允许我们呈上证据。这些证据记录在案无论对上诉法院还是对历史都是一个交代。他慷慨激昂地赞扬了金博士的历史贡献,然后说,为了尊重历史,他必须要在他法庭的主持下让公众得到尽可能多的真相。田纳西州政府代表当场瞠目结舌。布朗法官表示在全部证据提交之前,他不会给出任何结论。我们激动万分。

结果太出乎意料了。布朗法官的裁定出奇制胜。如果他明确偏向我们,直接允许我们进行审判,或者举行正式证据听证,田纳西州政府就会上诉。考虑到上诉法院以及最高法院可能的倾向性,布朗法官的决定就有被推翻的可能。两种情况无论出现哪一种,我们都不能上诉。然而,如果不给予裁定,布朗法官就能让案子留在他的法庭,我们就得以请证人出庭做证,提交证据。例如,我们计划提交动议要求检测已经作为证据保留的那杆来复枪及子弹。基于我们掌握的证据,法官是否会同意举行审判还是未知数。

我最后决定开辟另外一个法律战场,代表雷起诉劳埃德·乔尔斯。毕竟乔尔斯在《黄金时间现场》节目中承认自己在金博士刺杀案中扮演了关键角色,导致雷忍受了二十五年冤狱之苦。乔尔斯还公开承认雷是替死鬼,对案件一无所知。他的行为和他二十五年间的沉默是雷含冤受屈的源头。

1994 年 8 月 25 日周四,我们递交了民事诉状,起诉劳埃德·乔尔斯、劳尔以及其他未知的涉案人士和组织。我们指控乔尔斯参与了串谋侵权,导致雷丧失人身自由,遭受冤狱。加上最近才被认可的附带精神侵权,这个事件本身以及导致的多年冤狱无疑给雷造成了不可弥补的精神损失。提出的损害赔偿要求是 650 万美元,其中包括实际的损害赔偿和补偿性损害赔偿,另外还要求 3 950 万美元的惩罚性赔偿。

早前,我们已对乔尔斯进行庭外采证,采证共持续了九个半钟头。乔尔斯随身带了一张打印好的法律条款,条款表明他随时可以启用第五修正案保护自己。九个钟头过去了,他始终没使用该修正案。采证过程中,我们放慢节奏,首先请乔尔斯谈谈童年。乔尔斯说,小时候自己住在乡下,兄弟姐妹众多。1946 到 1948 年做过一段时间警察。之后,便成立了退伍军人出租车公司。开始,所有雇员都是"二战"退伍老兵。当警察的时候,不是 1946 年就是 1947 年,他结识了孟菲斯农产品交易商弗兰克·C. 利贝托。乔尔斯说,1946 年他就认识了巡警 N.E. 扎卡里和山姆·埃文斯。乔尔斯还跟我们讲述了他自己六次婚姻的细节(其中三次是跟同一个女人)。

乔尔斯记得,20世纪40年代末,利贝托的农产品公司开在市中心靠近警察总局的市场里,生意红火。后来,市场搬到斯科特街,利贝托的公司也跟着搬了过去。[4]乔尔斯称"弗兰克"的确帮自己从他市场里介绍了一些出租车业务,但否认自己非常了解弗兰克·利贝托。

乔尔斯说直到1965年才又见到利贝托,不过不承认跟他有任何生意往来。1966年,乔尔斯离开退伍军人出租车公司,做起了黄色出租车公司调度员。1967年,乔尔斯开了一家叫契克奥夫的饭店。夏天又开了吉姆烧烤店。乔尔斯不承认契克奥夫是个赌窝。

吉姆烧烤店开张后,他雇用了贝蒂·斯帕茨和她妹妹艾达·梅·华盛顿以及博比·史密斯。他从M.E.卡特那里进新鲜蔬菜,每天都有货送来。他说楼上出租房后门用木板封住了。我给他看刺杀案发生后警察拍摄的照片,后门看似敞开着,他无法理解。

乔尔斯说,4月4日,自己开白色卡迪拉克上班。博比·史密斯上午正常出勤,不过下午四点左右就走了。贝蒂·斯帕茨那天则因为孩子生病,压根没上班。至于大块头莱娜和罗茜·李,早在好几个月前就不干了,所以乔尔斯只能亲自上阵,给那个点了"鸡蛋加香肠"的男顾客端去早餐。庭外采证前,我已找到了罗茜·李·达布尼。罗茜说自己4月4日下午去吉姆烧烤店当班,刺杀案发生当日下午和第二天早晨,为一个陌生人端了鸡蛋加香肠。这和一份孟菲斯警察局的报告记录完全吻合。

查斯顿说以前乔尔斯认出过照片上的杰克·扬布拉德,然而这次问询中乔尔斯没认出此人。扬布拉德是一名特工兼雇佣兵,就是那个吃鸡蛋加香肠的客人。

乔尔斯称，听到枪响的时候，自己正往大啤酒罐里装啤酒。他十分肯定后院灌木丛被修剪过，他还画了一条线，这条线距他烧烤店的距离十分近。线后就是灌木丛。他说可能女服务员们的确给格雷丝·沃尔登送了饭，但他否认 4 月 4 日早上不让博比给格雷丝送饭。

同时他说 4 月 5 日他没开车接博比上班。刺杀案后第二天早晨也没去过后院，甚至看都没看一眼。难以置信的是，乔尔斯完全否认跟贝蒂·斯帕茨有任何恋爱关系。但他的确承认 1993 年 12 月 13 日《黄金时间现场》拍摄那天晚上和贝蒂谈过，并警告她有记者往她家来了。

我给乔尔斯看了美国广播公司《黄金时间现场》节目的稿件拷贝。看后，他认为叙述都很准确。我将此纳入起诉证据。我就他在节目中的陈述向他提问，没想到乔尔斯这时启用了第五修正案。我指出需要记录在案的是，他已承认节目稿件内容无误，该拷贝已然纳入证据，因此第五修正案不再适用。然后，加里森同意写下"对于询问的问题，乔尔斯先生给出如下的回答"（电视节目中给出的回答）。

乔尔斯经常觍着脸扯谎，他的话或者明显与其他证据相违背，或者与他之前的说辞自相矛盾。此次证言意义非凡。乔尔斯坚持应该对贝蒂·斯帕茨进行庭外采证，至于原因只有他自己和他的律师最清楚。刘易斯·加里森给贝蒂送了传票。贝蒂来的时候怒气冲冲。采证前，我把她拉到一旁，跟她解释她被传唤是因为乔尔斯坚持让她来，而且乔尔斯不承认跟她有任何恋爱关系。贝蒂渐渐转换了态度，愿意合作，再次确认前面写给我的宣誓证明书内容完全属实。

我们也对威利·埃金斯进行了庭外采证。他说刺杀发生后的几年里,乔尔斯承认自己参与了刺杀。乔尔斯描述了与劳尔的会面,说劳尔到吉姆烧烤店把枪送给他。弗兰克·利贝托在一次常规送货中,将一大笔钱夹带在一个装农产品的盒子里送了过来。看见埃金斯,乔尔斯诚挚地问候了他。接着,埃金斯刚刚宣完誓就把他的老友乔尔斯牵扯进刺杀案,坚持说,刺杀案发生后几年里,乔尔斯一直让自己去对弗兰克·霍尔特杀人灭口。采证结束,两人竟叙着旧走了。这场景着实令人大跌眼镜。

被传唤的还有贝蒂的妹妹博比·史密斯,她是 12 月 22 日来的。宣誓后,博比确认两年前,即 1992 年 12 月 18 日那次非正式面谈时告诉我的话千真万确。乔尔斯 4 月 4 日告诉她不要给楼上的格雷丝·沃尔登送早餐。往常她都在上午十点到十点半之间早餐高峰过后,每周上楼送两次早餐。我始终觉得这个信息举足轻重,因为这意味着那天中午之前,就在雷入住前四个小时多一点,楼上一定有不同寻常的事发生。博比还说,4 月 4 日和 5 日早上,乔尔斯一如往常开着他的棕色旅行车来接自己上班,就是那辆以前停在烧烤店北侧、百货大楼前面的车。

4 月 5 日来烧烤店途中,乔尔斯跟博比说起刺杀案发生后从后院捡的来复枪。博比还确认,1969 年她与母亲和贝蒂住在名叫橡景的房子里。乔尔斯常在那过夜。那时,乔尔斯和贝蒂保持了长期婚外情。最后,博比说自己跟田纳西调查局以及皮耶罗蒂检察长派来的调查人员做了一模一样的叙述。博比不明白为什么他们说她一无所知,还让她撤回证言,并要求她不与任何人讨论此事。

1995 年 3 月 11 日,周六,刘易斯·加里森律师在劳埃德·乔尔斯在场的情况下,在河湾监狱一间小会议室里对雷进行了庭外采证。整个过程,乔尔斯专心聆听。雷被问到的是他回答了成千上万遍的问题,他的答案始终如一。下午离开监狱的时候,乔尔斯一反常态,竟然非常配合,透露了一些细节,我相信这些细节将最终为雷洗刷罪名。

　　乔尔斯同意通过自己的律师回答与刺杀案相关但更加敏感的问题。我们不会记录他的证言,后续问题交由刘易斯·加里森律师进行询问。1995 年 3 月 14 日,在加里森北主街 400 号的办公室里,乔尔斯为刺杀案提供了一些新的细节。他叙述中的大部分内容与之前贝蒂·斯帕茨、贝蒂的妹妹博比·史密斯以及出租车司机詹姆斯·麦克劳的证言相吻合。

　　一开始,加里森强调,霍尔特其人其事并不是由乔尔斯杜撰的,但他不得不承认,的确有段时间,乔尔斯经常牵扯到这个人。加里森不知道谁把这个人塞入了乔尔斯的脑子,据他猜测可能是威利·埃金斯和肯·赫尔曼。

　　乔尔斯声称,1968 年 3 月,首先来找自己的不是利贝托,而是一个做证券和债券生意的本地商人,是自己与利贝托在赌博时认识的。此人告诉乔尔斯,由于吉姆烧烤店地理位置有利,有人需要他在刺杀马丁·路德·金的行动中给予一臂之力,报酬丰厚。

　　那次对话后,3 月 18 日到 28 日之间的某天,农产品商弗兰克·C. 利贝托亲自找到乔尔斯。当时乔尔斯欠利贝托一大笔债务。我一度以为这是乔尔斯欠下的赌债。最近,我开始察觉更为阴险的真相:贝蒂同一个墨西哥人被乔尔斯捉奸在床,乔尔斯杀死墨西哥人,找利贝托帮忙处理尸体,于是欠下债务。如果乔尔斯肯在刺杀中出力,这笔债不但会一笔勾销,而且还能得到一大笔酬金。确切地说,利贝托说会在 M.E. 卡特蔬菜产品盒子底部放 10 万美元现金送过来。现金以及刺杀金博士的合同都来自新奥尔良,另外:

- 有人会来找乔尔斯,给他一杆来复枪,于某时放于某处让他去取。(思考再三,这是否是作案工具,并不清楚。)
- 会安排个替死鬼或诱饵转移视线。
- 现场不会有警察,部分警察也参与了刺杀。

乔尔斯应承下来。利贝托没有食言,确实来了个人。乔尔斯记得那人自称"劳尔"或"罗亚尔",貌似拉丁或者印度裔。身高约 5 英尺 9 英寸,体重约 145 到 155 磅,深色头发,35 到 40 岁上下。

他们讨论了刺杀计划。劳尔告诉乔尔斯,刺杀当天,乔尔斯负责接收和保存枪支,直到有人来取。开枪之后,乔尔斯还要负责处理并藏匿真正的作案工具。整个过程,乔尔斯都要把员工支开。乔尔斯证实自己的确告诉博比不要像往常一样给楼上的格雷丝·沃尔登送饭。

4 月 4 日上午,大约十一点,早上用餐高峰过后,根据计划,劳尔来到吉姆烧烤店,带来一杆来复枪,藏在盒子里,交给乔尔斯保管。乔尔斯说,劳尔告诉自己下午晚些时候回来取枪。乔尔斯便把枪放在柜台下边,继续干活。下午一点左右,或一点之后,用午餐的顾客陆续离店,乔尔斯便走开稍作休息。下午三点半前后他回店工作。过了一阵,劳尔从他这拿走枪,往后厨方向走了。乔尔斯说,自己不确定劳尔后来一直待在大堂后面,还是从后面楼梯上了楼。(据雷回忆,那天下午,劳尔时而在楼上,时而不在。所以,劳尔似乎更有可能拿枪走进楼上 5B 房间,把枪藏在了那里。)

乔尔斯说,下午六点前某个时候,他到灌木丛找了另一个人。他没提供其他细节,只是说枪击后他捡起地上的来复枪,在烧烤店后门和贝蒂撞个正着。然后拆枪、包枪,把枪放到柜台下面,正如贝蒂所说,当时贝蒂就在他身侧。乔尔斯最后确认,贝蒂的叙述基本准确。另外他还承认,第二天上午十点到十一点的时候,他给出租车司机詹姆斯·麦克劳看了柜台下面放在盒子里的来复枪,证明麦克劳所说无误。临近中午,劳尔又来了烧烤店,把枪拿走了。乔尔斯从此再没见过那杆来复枪,也不知道枪去了哪儿,现在下落何处。文过饰非,乔尔斯这席话与他在庭外采证中所说的完全不符,许多细节发生了变化。几年后,乔尔斯向我们透露了更多细节,让我们进一步了解 1968 年 4 月 4 日,刺杀事件一步步策划和实施的前后经过。

第四章

新案情背后

H.L. 亨特

亿万富翁石油大亨 H.L. 亨特 1974 年逝世。随着案情进一步明朗,我们发现他与涉嫌串谋刺杀金博士的关键人员和机构有着千丝万缕的联系。

我找到 H.L. 亨特生前的首席助理约翰·卡灵顿。卡灵顿提供了许多新的证据,表明亨特与联邦调查局以及黑手党关系紧密。卡灵顿为亨特石油公司工作了十五年,其中的十三年都是为 H.L. 亨特个人工作。卡灵顿的办公室就在亨特隔壁。一周工作七天、一天工作十八个小时对他来说是家常便饭,另外他还经常陪同亨特出差。

按照卡灵顿的说法,他就是亨特的"全天候"保姆。他不遗余力,尽职尽忠。虽然没有直接参与非法勾当,但在亨特先生的要求下,卡灵顿会做相应安排。根据我雇用的一名调查者得来的信息,人们一度称卡灵顿为亨特的"送钱人"。为了支持右翼分子各项活动,他拎着现金(有时数额巨大)给许多地方、组织和个人送过。有些钱就是为一些特定的行动买单。

卡灵顿向我们详细讲述了不少非法活动,其中很多他都有参与。这个人出奇地坦率。时年六十七岁的得克萨斯人卡灵顿一边不断提及棕色老皮箱里的文件，一边跟我们确认他前老板与联邦调查局局长 J. 埃德加·胡佛的关系比公众知道的要亲密得多。亨特办公桌抽屉里甚至有一部与胡佛联系的直线红色电话。二人的合作从 20 世纪 50 年代就开始了。显然，他们多年来一直是牌友，虽然性取向不同，但都支持右翼政见，这让他们结成同盟。胡佛甚至钦点联邦调查局心腹保罗·罗瑟梅尔给亨特做安保队长。罗瑟梅尔 1954 年年末从联邦调查局辞职，1955 年加入亨特石油公司。

胡佛与亨特多次讨论马丁·路德·金时，卡灵顿都在场。通常，胡佛会来老亨特旅馆的房间。他俩都不喜欢金博士，但胡佛对金博士恨得更加咬牙切齿、耿耿于怀，私人成分也更多些。胡佛定期为亨特提供大量文件和材料，以便在亨特拥有的极端右翼、每天在全国多家电台广播的《生命线》节目中对金博士进行攻击。众所周知，金博士是《生命线》日常最喜欢攻击的靶子。

卡灵顿回忆起 1967 年 6 月亨特和胡佛在亨特旅馆房间的一次会面。亨特告诉胡佛，如果坚持每天在广播里炮轰金，就能置金于死地。胡佛回答说，那没用，并说阻止金唯一的办法就是让他"永远闭嘴"。金遇刺后，亨特告诉卡灵顿，胡佛说得没错。

1968 年 4 月，《生命线》制作了一档 15 分钟的日常节目，在全美 398 个城市、429 个电台播出，每周播出 6 次。1967 到 1968 年间，单单这个节目就花了亨特近 200 万美元。卡灵顿爆料说，这一切以及其他暗中进行、极其隐蔽的政治活动，都是通过 H.L.H. 制造公司，由亨特出钱支持的。

卡灵顿管理这家制造公司，公司就是为这种政治活动提供资金设的门面。[5]卡灵顿还说亨特与胡佛有许多共同的朋友,包括多个犯罪组织的头目。亨特跟赌棍弗兰克·埃里克森(有次欠了他40万美元)、雷·瑞安(也欠他很多钱)有密切来往,还与弗兰克·科斯特洛有交往。科斯特洛是黑帮与胡佛的中间人。亨特交往的高层黑帮人员还有卡洛斯·马尔切洛以及达拉斯黑帮老大奇韦洛。

卡灵顿指出,在政治上,前众议院发言人山姆·雷伯恩和他的弟子林登·约翰逊都是与亨特先生终生关系紧密的政治人脉。他还说,H.L. 亨特与林登·约翰逊总统在政治方面的日常联系人是前联邦调查局特工布思·穆尼。穆尼与约翰逊总统私交很深。穆尼不仅在两人之间传递口信,《生命线》广播一半以上的文稿也出自穆尼之手,其中就包括许多攻击金博士的文稿。

4月5日,金博士遇刺第二天,亨特吩咐卡灵顿,为自己(亨特)与太太安排一次旅行,入住得克萨斯州艾尔帕索市假日度假酒店。无论出于什么原因,反正亨特先生在金博士遇刺后都想远离是非之地,不被他人打扰。卡灵顿说,刺杀案发生当天傍晚,胡佛致电亨特,建议他取消反对金博士的各种《生命线》广播节目。按计划当晚及4月5日上午这些节目就会播出。卡灵顿随即被召到亨特家里,奉命召集一批秘书,给各地电台打电话。

访谈结束的时候,我的总体印象是,虽然二十五年过去了,但约翰·卡灵顿看起来仍然对亨特先生充满敬畏。按照卡灵顿的说法,"我们其余人"和亨特先生全然不在一个层次。

雷的最后一次假释听证

雷的假释听证定于1994年5月25日举行。这是雷首次出现在假释委员会面前。假释听证主要参照犯人服刑期间整体表现，不考虑有罪无罪。我深信听证将完全根据政治立场做出决定，而且决定早已做好。鉴于此，我们决定在此次听证会上把焦点放在为雷喊冤上。

我向假释委员会提出异议，呼吁委员会应做出独立决断，不要受任命委员会成员的州长影响。州长已经公开宣称，希望假释委员会不要同意假释申请，不要承认该委员会前执行理事以前做出的声明。该执行理事曾声明，雷只有认罪，才可以被假释。最后，雷的假释申请没有通过，并被告知五年后，坐满三十年牢，才可以再次申请假释。

听证会后举行的新闻发布会上，有人提出来复枪的鉴定问题。皮耶罗蒂语出惊人，他说自己不知道雷是否有罪，也没有必要证明他是否有罪。看来我们要求检察官把公平正义作为首要关注点的提法纯属浪费口舌。

至此，我越发觉得布朗法官的法庭是我们唯一的希望。布朗法官近来一直敦促我们提交一份检测留存证据中来复枪和子弹的草拟令。我觉得即便布朗法官同意我们的要求，州政府也可能会驳回他的决定，提出延迟处理。不出所料，1995 年 5 月 8 日，刑事上诉法院做出了跟我预想一模一样的判决。

怀特洛克一家与利贝托

1994 年 6 月 4 日晚十点半左右，我收到孟菲斯出租车司机内森·怀特洛克的电话。怀特洛克 20 世纪 70 年代就认识弗兰克·利贝托。我听说怀特洛克曾听到利贝托亲口说自己出钱做掉了金。怀特洛克一般晚上都开出租车,但与我见面那晚,他开了一辆加长豪华轿车。为了方便说话,我上了他的车,听他跟我讲述了大概十六年前利贝托同他的谈话。怀特洛克说他母亲拉瓦达经营一家餐馆,就在利贝托家到 LL&L 农产品公司的路上。几乎每天清晨,利贝托都会在去公司的路上到这家餐馆吃早餐,下午回家路上还会来这里喝上几杯。怀特洛克说利贝托几杯酒下肚,跟拉瓦达无话不说。此时,拉瓦达一般会从她工作的吧台后面走出来,找张桌子坐下,同利贝托唠唠。一天,在餐馆,电视里正在报道众议院刺杀调查专责委员会的工作情况,利贝托告诉拉瓦达自己安排人做掉了马丁·路德·金。怀特洛克说,母亲将这些告诉他的时候,他极度不安,利贝托竟然把他的母亲牵扯到有关这些黑帮内幕的谈话中。

怀特洛克那时候弹吉他,还常到别处演出。不需要往外跑的时候,就在餐馆帮忙,因此常给利贝托端啤酒。怀特洛克说,利贝托在他面前总显得像个大人物。曾在自己面前拿出厚厚一沓钞票还有一枚据说是猫王埃尔维斯·普雷斯利专门送给他的镶嵌了翡翠、钻石和黄金的戒指炫耀。因此怀特洛克和利贝托确有一定交情。

餐馆另一名顾客有次悄悄提醒怀特洛克要提防利贝托,说他是黑手党。怀特洛克当时也就十八岁左右,就去问利贝托是否真是黑手党,黑手党是什么。利贝托回答说,黑手党是一帮替人做事的生意人,还说自己年轻的时候,在新奥尔良常和卡洛斯·马尔切洛一起用手推车运菜。对于怀特洛克来说,当时这些话如同对牛弹琴,他年纪尚轻,根本不知道卡洛斯·马尔切洛是何方神圣。

利贝托与母亲的谈话始终困扰着怀特洛克，他决定当面质问利贝托。1978 年的一个下午，怀特洛克按计划出门旅行前，利贝托走进餐馆点了杯啤酒。怀特洛克直截了当质问 300 磅的大块头利贝托，是不是他杀死了金博士。据怀特洛克回忆，当时，利贝托的脸色难看极了，立即反问怀特洛克是否戴了监听器①。怀特洛克以为利贝托想知道自己是不是吸了毒，他说自己没吸。利贝托回过神来问："和你妈妈谈过了，对吧？"怀特洛克没有隐瞒。利贝托跟他说："我没亲手干掉那个黑鬼，找别人干的。"怀特洛克说："嗯，那个狗娘养的［指雷］说是他干的。"利贝托的回答是："哦，那家伙什么也不是，就是密苏里来的一个惹事鬼。"又说雷是个"冒牌货""替死鬼"。

　　随后，怀特洛克说利贝托转向他说道："你不需要知道这些。"接着，利贝托跃起身来，举起右拳，仿佛要打他，满脸怒气地威胁他："小伙子，口风严点。"只见他跺着脚，晃悠了一会儿，若有所思地问他："你要去加拿大，是不是？"怀特洛克说是的。听到这儿，利贝托安静下来。怀特洛克调头去了餐馆后面处理事情。回来的时候，利贝托的啤酒还在桌上，人却不见了。从此便再也没见过利贝托。1979 年初，怀特洛克出门在外的时候收到母亲来信，说利贝托去世了。6

　　过了些日子，怀特洛克当面向检察长陈述了自己的所见所闻，之后接受了司法部工作人员的询问。怀特洛克说，这些工作人员想证明他的叙述有误，但他坚持一切属实。后来，怀特洛克与母亲都在宣誓过后提供了证言证实约翰·麦克弗林的清白。

---

　　① 　原文用的 wired 这个词，有监听、吸毒后的兴奋状态两个意思。——译者注

1994 年 6 月 5 日，我与韦恩·查斯顿首次共同会见了乔尔斯的老朋友、唱黑脸的威利·埃金斯。会面持续了三个小时，埃金斯讲述了自己认识乔尔斯并得知乔尔斯参与刺杀的经过。埃金斯承认自己对贝蒂用过暴力，但说自己从没奉命取贝蒂性命，也没想过要置她于死地。

乔尔斯也是最近才跟他交流金的案子。英国广播公司纪录片在美国播出的时候，厄尔·考德威尔在节目中曾称看到灌木丛中有人。节目播到这，乔尔斯给埃金斯打来电话。乔尔斯道："大块头 N［乔尔斯总这么叫他，意思是大块头黑鬼①］，你知道那个人说的灌木丛中的人吧，那就是我。"埃金斯说有一次，乔尔斯坦白对自己威胁最大的是那个司机，即长期不见踪迹的所罗门·琼斯。

埃金斯一个劲儿重复自己被雇除掉弗兰克·霍尔特的故事。我感觉埃金斯把一些事件牵强附会地联系在一起，当然也是因为乔尔斯并没有把全部事实告诉他。埃金斯有些话明显是扯谎，不过他提供的信息再次证明乔尔斯与本案脱不了干系。然而，仍然存在的疑问是，只有乔尔斯一人在灌木丛中吗？是乔尔斯亲自扣动了扳机吗？我越来越相信这两个问题的答案都是否定的。

树篱

9 月，我们回到伦敦，在《孟菲斯商业诉求报》的图库中发现一张照片：《我是一个人》。照片中孟菲斯警察局警官路易斯·麦凯

---

① N 代表 Nigger，黑鬼的首字母，是对黑人的蔑称。——译者注

正守着卡尼佩娱乐公司门口发现的包裹,据说包裹是雷丢弃的。照片冲南面消防站方向拍摄,背景右上方有排树篱一直延伸到停车场和消防站之间的人行道。尽管存在那个地点有排树篱的说法,但我们从没见过照片。在司法部办公室检查作为证物的照片时,照片中也没发现过这排树篱。后来,我看到了一张照片,照片里树篱已被齐根砍伐。如果只看其他照片,我们永远都不会知道那里曾有一排树篱。这张照片意义重大。官方调查人员称,离开出租房后,雷见一辆警车停在人行道边上,惊慌失措,扔掉了包裹。从照片上看,这个位置没有警车。即便有,在树篱遮挡下也看不到。这证明官方说法站不住脚。

照片表明刺杀案发生的时候树篱是真实存在的。不久之后(也许就是第二天清晨砍掉出租房后面灌木丛的时候),这排树篱被砍伐。所有树篱曾存在过的证据全部被毁。电视审判中,希克曼出示了一张照片,清楚显示有辆警车停在人行道旁。[7]那张照片,以及其余类似照片一定都是伪造的,拍摄时间应在现场破坏之后。事实上,伪造照片明显有后来补拍的痕迹,因为第二天广告牌上的广告与刺杀日并不相同。

阿瑟·鲍德温的陈述

1994 年 10 月 15 日,我驱车出城,来到谢尔比郡惩教所,终于见到了阿瑟·W. 鲍德温。鲍德温是政府线人,与马尔切洛在孟菲斯的黑手党组织有密切合作。鲍德温说,自己十分同情雷,并主动跟我爆料据他所知,1977 年 6 月雷的越狱并非个人行为,是有人想借机将他除掉。这让我想到有些事真是亘古不变。鲍德温说,有两伙人想要取雷的性命，这两次行动，他都有所参与。第一次行动是"孟菲斯教父"告诉他的。1977年这位教父告诉鲍德温，新奥尔良有人想让这件事一了百了。本来这些人在孟菲斯就要弄死雷，不过搞砸了。

鲍德温不想卷入此事，又不敢得罪教父。有几次教父与弗兰克·利贝托商讨其他事宜的时候，鲍德温也在场。鲍德温说，他们对利贝托就像对待自己豢养的狗，颐指气使，并说自己后来把杀人任务转包给了蒂姆·柯克。结果并无后文。联邦调查局几个月后也来找他。[8]

按计划，鲍德温要与一名州政府官员携带转狱文件去田纳西州立监狱，以押解雷去纳什维尔为名，把雷接走。他们预计凌晨三点到达监狱将雷接出，并在路上把他干掉，掩埋尸体。既然雷已不归田纳西州立监狱管辖，纳什维尔方面又不知道他即将到来，短时间内不会有人找他。而且稍后就会有人去撤回田纳西州立监狱留下的转狱文件。鲍德温问这事能瞒多久，最后怎么解释，结果无人答复，这让他惴惴不安。他想，不仅是雷，也许自己，甚至一起去的官员也会惨遭灭口。想到这，鲍德温及时收手，没接这单生意。

鲍德温说，这些人声称可以给他终身豁免权，免受起诉。他纳什维尔的上线联邦调查局特工对这项计划也心知肚明，而且他还听到两名特工人员谈起其他试图除掉雷的行动。黑白两道都想干掉雷。他们认为，就因为雷活着，才有人不断想翻案。[9]鲍德温愿意接受测谎，他的坦诚让我大为惊讶。显然，鲍德温受够了政府的摆布。这个爆料让我第一次得知孟菲斯黑手党教父涉案的细节。根据黑手党条约，马尔切洛不可以直接将活包给利贝托这样的地头蛇,必须通过他在孟菲斯的老板。

雷的前任律师杰克·克肖此前曝光说,曾有人通过作家威廉·布拉德福德·休伊提出,只要雷认罪,就可以送一笔钱给雷并同意他的假释申请。休伊与雷的第一任律师阿瑟·韩尼斯有过合作,还给韩尼斯提供过资助。但是,这个提议被雷一口回绝。不久之后,杰里·雷(雷的兄弟)也接到休伊的电话,这次开出的价码比上次大幅增加。电话有录音,内容也进行了转写并被保存了下来。

雷两次拒绝收买之后,就上演了阿瑟·W. 鲍德温所说的夺命连环杀。

马尔切洛的另外一场戏

内森·怀特洛克跟我讲述了他和弗兰克·利贝托的故事后,过了一段时间,又跟我讲,有传言说早前就有人出钱取金性命,田纳西州蒂普顿郡尼克斯家族中有人接了这个任务。怀特洛克说,他知道他们给雷德·尼克斯提供了一辆新车、一杆来复枪,并付他 500 美元一周,追踪并杀死金。如果刺杀成功,他还将得到 5 万美元。怀特洛克觉得买金性命的是弗兰克·利贝托。金博士遇刺后不久,雷德也遇害了。在怀特洛克建议下,我与雷德的兄弟诺里斯和博比·凯泽见了面。兄弟二人在东孟菲斯合伙拥有并经营一家叫作"新月"的夜店。他们证实雷德的确收到过一辆新车并得到一份有薪水的工作。诺里斯称"他在追踪一个人,我不知道是谁"。他们相信雷德的朋友蒂姆·柯克应该知道谁是雷德的雇主,并主动提出帮我问问蒂姆。他们认为蒂姆能让雷重获自由。

听了这些,我惊讶不已,看来我对柯克并不像我想的那样了如指掌。最终,我再次拜访了蒂姆·柯克,向他了解雷德·尼克斯受雇杀人一事。柯克斩钉截铁地说,雇主就是卡洛斯·马尔切洛,而非弗兰克·利贝托。这是 1967 年年中的事了。他说雷德认识马尔切洛,并从他手里接过各式各样的任务。他们的确给雷德配了一辆车。柯克的证言再次直接将马尔切洛与雇凶杀死金博士联系起来。内森·怀特洛克根据经验认为利贝托同样是躲在雷德任务背后的人。柯克不以为然,坚持认为是新奥尔良的卡洛斯·马尔切洛直接雇凶。

如今,证据比以前都更加清楚地表明雇人在孟菲斯杀死金博士的势力来自新奥尔良并指向卡洛斯·马尔切洛的黑手党组织。马尔切洛不仅是串谋杀死金博士的凶手,而且还充当了刽子手,并不止一次将刺杀计划转包出去,最终通过他在孟菲斯的关系,包括孟菲斯黑手党教父和利贝托等人,成功得手。

路易·沃德的叙述

多年来,一直有传言说一名黄色出租车司机在枪响后一瞬,看见有人从墙上一跃而下。1994 年秋,一名司机联系到我。起初,他想把自己所见所闻告诉检察长,但是检察长完全不感兴趣。后来他读到一篇关于本案的报道,与加里森取得联系,加里森把他的电话号码给了我。

1994 年 11 月 5 日,路易·沃德跟我道出了他出于恐惧隐藏了二十六年的秘密。4 月 4 日晚,大概六点前后,沃德把车停在珀金斯街与坎斯街路口。突然,广播里传来调度员的声音,调度员明显在处理一名司机遇到的紧急情况。(出租车司机只能听到调度讲话,听不到别的司机讲话。)只听调度员说,他会派一辆救护车,不知那名司机说了些什么,调度员答道无论如何还是先派一辆救护车过去再说,同时会报警。根据自己听到的消息,沃德意识到紧急情况是指马丁·路德·金遇刺,而那名司机正送一位乘客赶往机场。

沃德立即赶到机场,见到那名司机,听他讲述了发生的一切。沃德已不记得司机的全名,只记得他叫巴迪。巴迪六十岁出头,开 58 号车。巴迪说自己下午六点不到,去了洛林汽车旅馆,接一位携带大量行李的旅客。同乘客在旅馆停车场将行李装上车后,巴迪转头朝旅馆对面茂密的灌木丛和树丛张望了一眼,结果那位乘客为吸引他视线(这是巴迪后来琢磨出来的),在他胳膊上击了一拳说:"往上边看啊——金博士一人站阳台上呢。都说他总在人群里,子弹打不着。瞧他现在的样子。"

说话间,枪声响了,巴迪眼见子弹击中金博士下颚,金博士立刻倒地。巴迪抓起话筒,通知调度员金博士遇刺,调度员说会叫救护车。巴迪告诉调度员恐怕伤势很重,叫救护车可能也无济于事。接着沃德告诉我,巴迪跟他说,枪响之后,他见一名男子赤手空拳从墙上一跃而下,沿马尔伯里路往北跑了一阵,上了一辆黑白相间的孟菲斯警察局交警车,当时那辆车就停在马尔伯里路和赫林路交叉路口。巴迪让调度员通知警方,一队警察拿住了凶手。这时候,巴迪的乘客怒气冲冲地说,他们必须马上出发,不然救护车及其他车辆会把路堵死,他还得去赶飞机。就这样,两人便离开了。

沃德在机场听到巴迪跟三名孟菲斯警察重述了自己的所见所闻。当天傍晚黄色出租车公司办公室又来了一些警察,再次对巴迪进行了问话。那晚过后,沃德说再也没见过开 58 号车的巴迪。

刺杀事件发生几天后,沃德第一次回黄色出租车公司,跟大家打听巴迪的消息。办公室里有三四名司机,他们告诉沃德,4 月 4 日深夜,巴迪从一辆高速行驶的汽车里掉到了 55 号公路孟菲斯-阿肯色桥一侧的路上,不知是他自己掉下来的,还是被人推下去的。[10]

第五章

劳尔与格拉博夫妇

1994 年 10 月 31 日,我打算对格伦达·格拉博进行庭外采证,将其列为针对劳埃德·乔尔斯、劳尔以及涉案的未知人士和组织的民事诉讼的新证据。格伦达 20 世纪 60 年代在得克萨斯休斯敦认识一个叫劳尔的人,并得知他参与了刺杀金博士行动。格伦达读到消息说乔尔斯正在申请豁免权,因此于 1993 年秋与刘易斯·加里森取得联系。1993 年加里森第一次与格伦达见面的时候,还带上了肯·赫尔曼。彼时,格伦达·格拉博和刘易斯·加里森都以为赫尔曼仍受雇于我,是我请的私家侦探。

起初,他们禁止我见格伦达,不过后来刘易斯·加里森终于把她的名字和电话给了我与查斯顿,并说赫尔曼直言不讳,认为格伦达不会接受我的访谈。

我与查斯顿驱车赶往格伦达·格拉博和她丈夫罗伊·格拉博的住所,那里距离孟菲斯有几小时车程。见到我们,他们看起来十分开心。夫妇俩跟我们说,上次在加里森办公室会面后,只有赫尔曼及泰晤士电视台前制作人杰克·索尔特曼找过他们。夫妇二人疑惑不解,他俩站出来是为帮雷洗脱罪名,雷的律师为何迟迟不肯现身。

格伦达向我讲述了她的故事。1962 年,她 14 岁,遇到一个外号叫"达戈"的人。多年后,她听说此人真名叫劳尔(我给劳尔安了个姓:佩雷拉)。格伦达每天上学路上,总会经过一个小加油站,加油站坐落于东黑文路与大学路路口。达戈并不像加油站工作人员,只是在加油站前面坐着。当时,格伦达寄住在姑姑和姑父家,多年来逆来顺受,与他们关系紧张。见达戈对自己十分友好,高高兴兴地和他成了相识。记忆中,达戈身高 5 英尺 9 英寸上下,比较精干,体重 155—160 磅,头发黑里带红,30 多岁的样子。15岁那年,格伦达认识罗伊并嫁给了他。罗伊坦言,那时的自己终日饮酒,常常夜不归宿。

婚后不久,夫妇二人搬到加油站附近一所小房子里,偶尔才能见到达戈。1966 到 1970 年间,他们再也没在那里见过达戈。

不是 1969 年就是 1970 年,格伦达和罗伊结识了一个名叫阿曼多的人。由于罗伊整天不回家,格伦达异常寂寞,和阿曼多及阿曼多的朋友厮混在一起的时间越来越长。这些人似乎总在利用格伦达。阿曼多不开车,常要格伦达开车送他。他们常去的一个地方是费利克斯·托里诺租在 74 街与 L 街路口的房子。格伦达记得 1970 年某天,在托里诺家中再次见到达戈。阿曼多介绍达戈是自己表哥,真名叫劳尔·佩雷拉,从巴西或葡萄牙移民来的美国。[11]

过了一段时间,阿曼多和托里诺先后私下告诉格伦达,劳尔干掉了马丁·路德·金,甚至还跟她讲述了一些细节,提到过出租房后面的灌木丛和树木。他们说,劳尔干这一单的时候,把倚靠的一根树枝压断了。听了这些,格伦达大惊失色。劳尔并不知道格伦达知晓了他刺杀金博士的秘密,阿曼多和托里诺也不想让他知道。

1970 到 1978 年,格伦达与这伙人越来越熟络,并得知他们参与了多项非法活动：走私枪支、伪造护照、拍摄淫秽电影等。她甚至参与了伪造护照和走私枪支。新奥尔良有枪运过来，格伦达就驱车前往休斯敦港航道提货，开进码头，让他们把几个大箱子放到她后备箱里。[12] 她从不多嘴，只是偶尔听这些人提起水路运输枪支比陆路保险。

格伦达的叙述与英国商船海员锡德·卡休在蒙特利尔海王星酒吧的经历不谋而合。锡德·卡休现居英格兰西约克郡，1967到1968年曾在一艘商船上做海员，是北美的常客。在蒙特利尔，他常去商船海员云集、坐落于码头边的海王星酒吧。在那里，他两次遇到一个叫劳尔的人。看了在英国播出的电视审判后，卡休试图联系我，但没有成功。后来他找到伦敦大律师公会，才要到我的地址。卡休说，1967年初，在海王星酒吧，劳尔过来搭话，说自己有批勃朗宁9毫米手枪要出手，但听到卡休只要四把而非四箱，他断然推掉了这笔买卖。锡德·卡休说劳尔身高大约5英尺8英寸，体重约145磅，像地中海人那样肤色黝黑，一头深棕色头发。卡休记得劳尔提到枪是从某个军事基地偷出来的，价格包含供货军士长提成。军士长将亲自把货送到船上，一手交钱一手交货。至此，我简直觉得自己福星高照，这消息来得太巧了。

格伦达说，那段时间，劳尔·佩雷拉居住或至少经常待在航海路靠近75街的一所房子里。他住在二楼的一间公寓，距码头很近。虽然劳尔开车，格伦达还是经常接送他和阿曼多。记得有次是送劳尔到亚拉巴马电影院，劳尔常去那里和洛斯·马尔切洛在休斯敦的同伙碰头。罗伊说马尔切洛在休斯敦经营好几家影院，格伦达则说她觉得亚拉巴马电影院有人在拍摄黄色影片。在休斯敦航海路的水果摊以及隔壁酒吧，格伦达与阿曼多、劳尔还有他们的朋友曾几次见过马尔切洛本人。有一次,他们故意安排格伦达与马尔切洛共处一室。

20世纪70年代初的一天,下午一点左右,格伦达开车送阿曼多到大家经常聚会的托里诺家去。格伦达的车钥匙挂在钥匙圈上,钥匙圈上还挂了个塑料取景器,里面有约翰·F.肯尼迪、罗伯特·F.肯尼迪、马丁·路德·金的微缩照片。格伦达把钥匙放在桌上。有人拿起钥匙把玩取景器,然后抛给劳尔。格伦达说劳尔看了取景器,大发雷霆,她从没见过他那么生气。

格伦达记得劳尔咆哮说"我干掉过那个黑鬼一次,看样是要再干掉一次了"。说着就把钥匙摔到地上,拿脚使劲儿踹塑料取景器。踹完,劳尔扯过格伦达,拿枪指着她的头,胁迫她走进一间卧室,强奸了她。格伦达下午从托里诺家出来,一路恍惚。虽然丈夫一再追问,格伦达怕他做出令二人后悔的事,因此对这事绝口不提。

从此,尽管格伦达还和这伙人有联系,但尽量与劳尔保持距离。劳尔则一副什么事也没发生过的样子。格伦达记得1978到1979年,罗伊的两位兄弟惹上了官司,遭到起诉。格伦达和罗伊请休斯敦的律师珀西·福尔曼为两兄弟辩护,结果福尔曼喜欢上了格伦达,还在自己的律师事务所给她安排了份工作。福尔曼想方设法在格伦达面前表现自己,还送她一张自画像素描,亲笔签名,落款时间为1979年6月22日。

过了一阵,格伦达听说福尔曼曾做过詹姆斯·厄尔·雷的律师。福尔曼跟她说过,终有一天,美国白人会知道,为了他们的福祉,雷充当了"牺牲品"或者不得不"被牺牲"。他甚至还跟她说,他知道雷纯属冤枉,但这不影响什么。听到这些,格伦达向福尔曼道出了长久以来压抑在心中的可怕秘密,告诉他自己相信劳尔就是杀害金博士的真凶。不久后,福尔曼告诉格伦达,自己已经与劳尔·佩雷拉谈过。让格伦达心生恐惧的是,福尔曼似乎与劳尔相识已久。那次谈话后,福尔曼每周都给格伦达家打几次电话聊劳尔的事,告诫她保持警惕。格伦达的感觉是,福尔曼经常与劳尔交流,并想趁火打劫,骗自己上床。格伦达不敢疏远福尔曼,但对福尔曼也没兴趣,只能尽量跟他保持距离。

最终,1979 年的一天,福尔曼通知格伦达,如果她和丈夫不尽快离开休斯敦,一年内将性命不保。夫妻二人于是开始收拾行李,出售住房。没出几个星期,有天格伦达在高速公路上开车,汽车竟莫名其妙掉了一个车轮,格伦达差点被一辆十八轮铰链式卡车碾成肉饼。那只车轮一颗螺母没剩,肯定事先被人拧松了。夫妇俩离开了休斯敦,就为了卖房回去过一次,再也没跟阿曼多或劳尔·佩雷拉联系。格伦达签署了宣誓证明书,上面详细记录了她的所见所闻,并注明她知道詹姆斯·厄尔·雷纯属冤枉,并准备当庭为雷做证。

我回到英格兰,一名休斯敦律师与我在电话中长久地交谈,跟我确认 20 世纪六七十年代珀西·福尔曼开始为有组织犯罪分子打官司,红极一时。代理过卡洛斯·马尔切洛、圣特拉菲坎特,曾专门为黑帮做律师的弗兰克·拉加诺这之前就跟我提过福尔曼为黑帮大佬做律师一事。

风闻劳尔·佩雷拉如今住在美国东北部,我开始在电脑上用姓名和住址一个州一个州地交互搜索。尽管劳尔几乎不可能使用真名,但我还是抱着一丝侥幸。我搜到若干叫劳尔的人,然后对他们进行了信用和相关查询。经过排除,名单越来越短。6 月初,我们终于锁定一个符合我们基本搜索条件的人。

此人貌似一个尚算成功的生意人士，差一点满 61 岁。他的房子坐落在美国东北一座城市中到中上阶层社区，房主名字是他和太太，有一个 25 岁的女儿和一个 33 岁的儿子。

我还听说劳尔开了一家进出口公司，公司地点位列本市最贫穷社区之列，在公司同一条街上他还有另外一处房产。资料称，他是当地葡裔美国人社团成员，没有任何犯罪记录。从移民记录上看，他是从葡萄牙登陆纽约来的美国。社保号码为 1961 到 1963 年间纽约签发，1965 年他的名字首次出现在他所在城市电话号码簿上。假如这是詹姆斯·劳尔，显而易见，至少有二十年他都过着双重身份的生活。

雷来信说，接到索尔特曼的信，说他和赫尔曼与劳尔对质过了。索尔特曼与赫尔曼意图很明显，他们想根据格伦达的叙述制作商业内容卖给电视台。劳尔态度恶劣，拍了他俩的照片，还让他说葡语的太太将二人赶了出去。我安排了一个监控团队，对我们筛选出的劳尔·佩雷拉进行拍照。我需要他的照片让格伦达辨认，同时需要确认此人与索尔特曼和赫尔曼追踪之人是否为同一个人。我记得在乔尔斯的证言材料中，有索尔特曼与赫尔曼所找的劳尔照片。看到照片那一刻，我一眼认出我们找的是同一个劳尔。

我决定给赫尔曼打电话。赫尔曼让索尔特曼一起接听，二人确认的确有过这样一次拜访，还被下了逐客令。劳尔不肯应门。是他女儿跟他们谈的，但哪怕问最简单、最没风险的问题，她也不说真话。索尔特曼与赫尔曼不肯跟我透露此人下落，也不肯告诉我此人身份，但二人十分肯定找到的就是格伦达口中的劳尔。为了套出更多信息，我表示不相信他们的说法，但他们共同确认，老照片中那人的生日和社保号码与他们最近去找的那个出现在新近照片里的人一模一样。

我立即告知格伦达。格伦达说索尔特曼和赫尔曼去找劳尔之前，曾安排过一次对劳尔·佩雷拉的电话采访。当时劳尔·佩雷拉在家，他家人通过分机也听取了谈话内容。格伦达与劳尔·佩雷拉也通了话。劳尔一张口，她就听出这正是休斯敦那个劳尔·佩雷拉，因为劳尔念她名字的发音与众不同。劳尔竭力否认认识格伦达，也不承认去过休斯敦。（然而，这次格伦达并没跟我提起她与劳尔曾于 1995 年 4 月 20 日单独进行过谈话，也没讲他们谈话内容遭到了泄露。）

显而易见，当时劳尔·佩雷拉身体健康，异常警惕。我内心忐忑不已，生怕他逃走。他要是逃了，政府自然可以继续说此劳尔非彼劳尔，雷口中的劳尔纯属编造。另外，赫尔曼和索尔特曼说过电视台制片人嫌他俩获得的素材太少，很不满意，所以我也不知道下一步他俩还会做出什么举动，会不会把劳尔吓跑，这让人万分纠结。

可是，我们别无选择，只能立即将劳尔·佩雷拉加入针对乔尔斯的民事诉讼被告名单。我们准备了一份传票，并附上有劳尔名字的最初诉状，以及一份庭外采证通知，指控劳尔参与串谋刺杀马丁·路德·金博士。

我从私家侦探鲍勃·克鲁兹那里听说，移民及归化局内部线人称，劳尔·佩雷拉 1961 年 12 月 11 日登陆美国，1994 年 10 月其移民及归化局材料转到田纳西州孟菲斯。这名线人还说，劳尔·佩雷拉的档案转得莫名其妙。这种情况，本应只有在另外一家联邦机构要求的情况下才可能发生。

时间宝贵，我立即约格伦达和罗伊于 1995 年 6 月 24 日周末在孟菲斯见面。

格伦达完成了一份宣誓证明书。上面写道自己从分别拍摄于 20 世纪 60 年代和 1994 年的两张图片上认出了劳尔。她还强调自己曾与劳尔·佩雷拉通话，从对方把自己名字念错这个特点上（劳尔总把她名字叫成奥林达），她十分肯定他就是休斯敦那个劳尔，并且知晓我们以她对劳尔的指认为依据，把劳尔列入针对劳埃德·乔尔斯及相关人员的法律诉讼的被告。

周一傍晚七点四十五分，我们与鲍勃·克鲁兹会面，对劳尔的监控是由他组织安排的。克鲁兹说，劳尔的妻女出了门，目前他一个人。向劳尔正式送达法律文件前，我必须有十成把握此人就是索尔特曼与赫尔曼正在接触之人。于是，我决定亲自致电劳尔。电话里我使用了极为同情的口吻告诉劳尔我相信他可能受到了不公正的骚扰，还向他保证虽然索尔特曼和赫尔曼以前和我在此案中有过工作联系，但那都是以前的事了。他慢条斯理地记下了查斯顿和我的情况。他说话口音很重，听起来并不惊慌。我不知道劳尔·佩雷拉的口音是否有意为之，反正不妨碍我们正常交流。[13]

劳尔显得疑惑不解，不知为什么我会了解他正"经受困扰"。他告诉我，有人找他麻烦，搅得他及家人不得安宁。听我们问起三十年前的陈年往事，他非常意外，称自己从未去过休斯敦。我请劳尔同我和查斯顿单独会面，澄清他和刺杀案的关系，劳尔说必须和妻儿们商量一下，让我当天晚上七点后再打电话。

晚上七点十五分，劳尔的女儿接听电话，称他父亲没什么需要澄清的，他说了对刺杀案一无所知，没必要再说别的。她说确实有个叫索尔特曼的人出现在她家门口，想问她父亲一些问题，但她跟那个人说要是胆敢发布或者泄露任何有关父亲的信息，就让他吃官司。

劳尔女儿给我留下的印象是训练有素、机智过人。劳尔让女儿出来应对是故意为之。挂掉电话前，她提到会与自己的律师商讨本次谈话，不过她不肯告诉我律师姓名。听到这里，我觉得除了给劳尔·佩雷拉发传票，已别无他法。

1995 年 7 月 5 日，我们给我称作劳尔·佩雷拉的人发了传票。至此，雷诉乔尔斯案，被告人名单已经有了一长串。接着，我着手跟肯·赫尔曼与杰克·索尔特曼索取他们获得的所有关于劳尔的信息：护照照片以及包括肯·赫尔曼给证人们看过的共六张照片。锡德·卡休千里迢迢从约克郡来到伦敦，看见我放在桌上的六张照片，立刻一边指着印有劳尔面孔那张，一边大声叫"就是他，就是他"。

格伦达·格拉博、锡德·卡休以及雷都从照片中指认出了劳尔，三人全都进行了宣誓证明。[14]格伦达后来给了我一份她的电话账单，作为她 1995 年 4 月 20 日与劳尔通话的证据。账单显示两人通话持续了六分钟。格伦达还跟我简明扼要讲述了通话内容。从两人通话看，劳尔显然知道格伦达是谁。[15]

有两家大型著名律师事务所为劳尔代理了官司。对于劳尔这种出身普通的人来说，着实让人匪夷所思。劳尔否认了我们做出的指控。1997 年 1 月 16 日，主持诉劳埃德·乔尔斯和劳尔·佩雷拉民事诉讼案的巡回法官霍尔德做出裁定，只有刑事法庭驳回雷的认罪答辩，才能继续审理此案。[16]

1997 年 1 月 12 日，格伦达和罗伊夫妇曾打来电话，说前一天她家房子遭到四次射击,射击者都是开车经过他家的人。格伦达吓得不轻,夫妇二人决心出去避避风头。同时格伦达决定联系叔叔杰西·利曼·威尔伯恩。20 世纪 60 年代初,这位叔叔就在劳尔经常出现的加油站工作。

格伦达与这位被称作"博比"的叔叔关系紧张,处得并不好。如今再次见面,博比的妻子很显然并不想让他出庭做证。不过单独跟格伦达在一起的时候,博比指认了劳尔,他从六张照片中选出的照片也正是格伦达、格伦达的弟弟、锡德·卡休以及雷指认的劳尔照片。

博比跟他们说,每周都有名男子前来看望达戈,衣着打扮酷似执法人员:总是一袭深色西装、白色衬衫,脚踏牛仔靴,头戴黑色牛仔宽边帽,肩上挎着一把史密斯威森短管 0.38 英寸口径手枪。他们每次聊约半个钟头。另外还有一些人来找达戈。那些人不在加油站工作,也不是休斯敦人。博比确认达戈常在加油站和附近兜售枪支。

第六章

串谋纵深化

　　早些时候,确切地说是 1993 年 7 月末,我扩大了调查焦点,见了前《孟菲斯商业诉求报》调查记者史蒂夫·汤普金斯。汤普金斯花了整整十八个月调查美国陆军情报部队审查、渗透黑人组织和民权团体的各项活动。1993 年 3 月 21 日调查结果见报,登在头版。文章指出,美国陆军情报部队对金博士一家三代持续监控,得知金博士要带领大量贫民于春天挺进华盛顿,考虑到此事可能带来的后果,官方大为惊慌。美国陆军情报部队"绞尽脑汁想把这个计划扼杀在襁褓之中"。文章还指出刺杀案发生当天有支代号"阿尔法 184 特种部队"的狙击小组出现在孟菲斯,但对此只是一带而过,未加评论。

　　我想知道汤普金斯是否知道任何金遇刺案的内幕,如果知道,能否向我透露一二。金博士既然在军方监控之下,军方就有可能目睹甚至拍下了刺杀场面。汤普金斯当时已从报社辞职去了州长经济发展部。他确认金博士遇害那天,孟菲斯的陆军情报部队的确有大量情报人员在场。我想了解军方都做了什么,参与人员姓甚名谁。可惜汤普金斯守口如瓶,但他的一个观察让我惊诧万分、不寒而栗。他在调查中发现了一些信息,由于缺少佐证没能见报。

　　汤普金斯曾采访过一名现居拉丁美洲的前特种兵,这名士兵的话让他相信 1968 年 4 月 4 日军方除了对金博士实施监控之外，还参与了刺杀。这名特种兵和汤普金斯见面的时候随身携带一杆AK47 步枪。整个采访过程枪不离身，十分忐忑。这个行动小组里，汤普金斯就采访到这一个人。这名特种兵认为还有一名组员在新奥尔良颅后中枪死亡。他怀疑有人杀人灭口，还是走为上策，这也导致他决定离开美国。

这条重要信息让案情变得更加风谲云诡，我不得不一路深挖下去。汤普金斯提醒我，如果公开场被问及，他不会承认跟我分享过这些信息。离开的时候，他告诉我无须再跟踪特种部队让他倍感轻松，并说："那些人大多是没有人性的社会渣滓。让他们盯上你，会灭了你全家，必须万分小心。"[17]

汤普金斯跟我讲，那些人不给钱不会答应见面，而且见面前就得拿到现金，从不主动提供信息。不过，只要你问，他们都会如实回答。

特种部队几名"越战老兵"（非雇佣兵）同意接受我采访。他们告诉我，除了 1967 年参与平定国内动荡的秘密行动，他们还参与往新奥尔良走私枪支。走私活动协调人是名军士长，买家是卡洛斯·马尔切洛犯罪集团，交货地点是几艘停泊在某个小海湾的驳船上，那里距离马尔切洛的一处房产不远。代表马尔切洛收货的人叫"奇皮"或"奇普"·奇门托。士兵们还拿到一个名为乔·科波拉的人的电话号码，据说此人跟路易斯安那高速公路巡逻警察有关系。一旦用卡车运送枪支遇到麻烦，可以与此人联系。经过查询，我发现奇普·奇门托实际是马尔切洛的心腹兼同伙，乔·科波拉则是公路巡警的负责人。

在此期间，史蒂夫·汤普金斯收到一封电报，是他曾采访过的那名特种部队士兵发来的,这让他十分诧异。这名士兵我后文将称为"沃伦",现居拉丁美洲。电报上只是简单说"如今他知道威廉·佩珀博士是何许人也",我通过汤普金斯无论提什么问题他都愿意回答。但他不会在任何情况下与我直接面谈。沃伦定下的对话时间是3月最后一个周末,地点在美国之外。汤普金斯同意带着我的问题以顾问身份去同沃伦碰头。汤普金斯说尽管沃伦有时拒绝讨论某个问题,或称自己不了解,但从没对自己撒过谎。

基于汤普金斯的介绍,我知道沃伦与他的搭档(后文我称为"墨菲"的人)掌握着关键信息。汤普金斯同意提供给我沃伦、墨菲以及其他人的姓名及个人信息,条件就是我必须对这些信息保密。做不到这一点,合作就无从谈起。一旦我食言,他觉得我们二人都会性命不保。我同意了这个条件,但注明对去世士兵不必遵循以上约定。汤普金斯则答应提供一份声明,另外他会将我提出问题的答案以书面形式详细写出。

1993年11月9日上午,我与史蒂夫·汤普金斯在他位于田纳西州议会大厦的办公室见面。汤普金斯准备好了事件日志,我迫不及待想与他展开分析和讨论。前一晚离开办公室前,他明明将日志打印出来了,现在却无论如何也找不到。他记得自己将打印件放在以自己秘书口吻写的一封信上,因此一定是谁进他办公室把文件拿走了。最近,我也有过类似经历。我的通讯录兼日程安排在伯明翰的下榻旅馆不翼而飞后,再也没出现过。这是我唯一一次用本名登记入住。看来,我的行动受到了关注,真是不妙。

军方及其他相关政府机构在金博士刺杀案中起了什么作用,成了美国隐藏最深、最见不得光的秘密。沃伦、墨菲、其他涉案人员、身担要职的消息人士都给我提供了不少信息。我又翻阅了相关陆军情报部队的文件、档案以及从未公之于众的官方记录。通过把这些零零散散的信息拼凑起来，我终于发现了这个惊天秘密。[18]

军队组织[19]

1963 年，第 101 空降部队奉命到美国密西西比州牛津市制止种族骚乱。克赖顿·艾布拉姆斯少将担任现场指挥，他在评估报告中对美国陆军情报部队的表现进行了严苛的批评。上面写道："我军应立即开启大规模情报活动，不分黑人白人，搞清所有参与民权运动人士的身份，并对他们参与的各种民权活动情况进行分析。"1967 到 1968 年间，这份报告受到当时军队情报机构的高度重视。

1967 年，军事情报部并入美国陆军情报和安全司令部（USAINTC），总部设在马里兰霍拉伯德哨一个军事防御工事里。这里的调查记录档案馆（IRR）共两层，铜墙铁壁，房间宽敞。截至 1968 年，这里已经存了 700 多万份档案，分别装在不同的牛皮纸档案袋里，全是美国公民和组织的相关信息。其中包括陆军情报部队所谓"对美国国防与安全构成威胁"的颠覆分子及金家族所有成员的信息。

美国陆军情报和安全司令部控制着当时八个反间谍机构中的七个，这七个反间谍机构又称美国本土及德国陆军情报组。第八陆军情报组，即第 902 军事情报组，由负责情报工作的副参谋长指挥。1966 年 12 月到 1968 年 7 月，副参谋长始终都是威廉·亚伯勒少将。亚伯勒是绰号"绿色贝雷帽"的美国陆军特种部队的创始人。截至1967年,陆军情报组共有798名军职人员,1 532名非军职人员,其中有67名黑人便衣特工。部队上上下下共1 576人直接参与了国内情报搜集,其中非军职人员260名。[20]

陆军情报集团军职人员主要负责盯梢监控,对被选定为目标的人物或事件进行声音监控和影像监控。金博士也是目标之一,他在世的最后一年一直处在某个陆军情报组监控之下。当时,与美国陆军情报和安全司令部组织有紧密联系的还有另一个独立情报办公室,和第902军事情报组一样,也听命于负责情报的副参谋长威廉·亚伯勒少将。这个办公室就是反间谍分析委员会(反谍委[CIAB])。反谍委负责分析大量陆军情报组搜集并直接转给情报副参谋长的情报。第902军事情报组的行动高度保密,执行的任务极其敏感。沃伦始终拒绝讨论第902军事情报组,并说打探第902军事情报组消息的人,都是活得不耐烦了。

1966年第20陆军特种作战群也参与了情报搜集。这支部队总部位于亚拉巴马州伯明翰,是亚拉巴马州国民警卫队的一部分。第20陆军特种作战群的成员都是亚拉巴马、密西西比、佛罗里达、路易斯安那的预备役人员。他们派出小规模专门小组,执行"见不得人"的秘密行动,还为特种部队那些最邪恶、最富想象力的行动提供组织掩护。第20陆军特种作战群与3K党达成特殊协议,负责在亚拉巴马州卡尔曼秘密营地为3K党成员培训枪械使用等各项军事技能。作为回报,后者为他们提供当地黑人领导的情报。

1967年、1968年城市骚乱四起,美国突击司令部是应对骚乱的总指挥。司令部总部位于佛罗里达坦帕市麦克迪尔空军基地。该司令部设有联系专员,专员来自中央情报局、联邦调查局以及其他非军事化的州与联邦机构。一旦需要动员部队保卫美国本土，美国突击司令部的战略将主要由情报副参谋长、美国陆军情报和安全司令部负责制定。

所有电子监控行为都由美国陆军安全局实施。他们雇用的全是窃听和保险箱专家。1968年3月18日和28日金博士入住瑞蒙特假日宾馆，1968年4月3日、4日入住洛林汽车旅馆的时候，旅馆电话一概被监控，屋内也安装了窃听设备。心理战行动部负责高度敏感、技术含量极高的图像监控和报告。

那时，理查德·赫尔姆斯领导的中央情报局、J.埃德加·胡佛领导的联邦调查局与兼具多副面孔的军队情报机构并肩工作。对比前两者，军队情报机构在人员数量尤其是黑人间谍数量上具有无可比拟的优势。美国国家安全局、海军情报局则在理查德·赫尔姆斯领导的美国情报局协调下，负责提供特遣队人员。

沃伦与墨菲在"越战"中参加过秘密特种作战部队行动。两人身经百战，经验丰富；沃伦是狙击手。在越南，他们同在第5陆军特种作战群，1965到1966年从属于进行跨边界秘密行动的移动攻击小组。1967年两人作为预备役人员，调到第20陆军特种作战群，该部队训练基地是密西西比的谢尔比军营。

1967年整整一年，沃伦与墨菲都被安排在第902军事情报组，作为阿尔法特别小组分支成员，到爆发冲突的多个城市开展秘密行动。每到一地，都有人给他们提供黑人民兵照片（"大头照相片簿"）。有时，出现干扰或骚乱事件的话，特定人员会被指定为剪除（刺杀）对象。

在此期间，为帮助部队司令官和情报人员辨别目标，陆军情报部队发布了两本黑人激进分子相册，一本绿色，一本白色。除了照片,还有这些人员的家族史、政治信条、个人财务状况及最新监控信息。沃伦与墨菲所在小组先后被派往骚乱事态不断扩大的坦帕、佛罗里达、底特律、华盛顿、华盛顿哥伦比亚特区。他们还被派往芝加哥做过侦查工作。

孟菲斯行动

在一系列访谈过程中,沃伦与墨菲讲述了他们所知道的孟菲斯行动的细节。二人为八人特种部队野战演习小组——阿尔法184独立行动小组的成员。八人包括:组长(负责协调)、一名少尉、两名上士、两名中士、两名下士。我了解到领导902军事情报组的约翰·W. 唐尼上校,在此之前从第20陆军特种作战群花名册中选出一队人马。这次选人是情报副参谋长办公室下的命令。1967年10月23日选出人员名单被交到唐尼上校手上。

阿尔法184独立行动小组派出一个两人侦查小组,其中就有沃伦。2月22日,侦查小组经由火车站公交终点站进入孟菲斯,对市中心酒店区进行侦查,并画出城北两条出城路线(刺杀案发生时,转移大家注意力的"虚假"汽车追逐就发生在孟菲斯城北)。

显然,组长3月29日早上七点半接到行动命令。沃伦和墨菲说,1968年4月4日清晨四点半,从谢尔比军营出发到孟菲斯前,小组特地集中,开会布置任务。会议进行了三十分钟,每个成员对任务都已了然于胸。他们奉命射杀马丁·路德·金博士以及安德鲁·扬,具体要求是射击"身体中心"(胸腔)。

有人给他们展示了以上二人及洛林汽车旅馆的"目标辨认照片"。小组动员讲话反复强调这两个人蓄意颠覆政府,是国家公敌。沃伦说全组上下对杀死两个"败类"全无犹豫。会议一结束，大家立即乘车向孟菲斯进发。随身带的公文箱里装有下列武器：标准 0.45 英寸口径枪支、配有 8 倍瞄准镜的 M－16 狙击步枪（民用枪里，雷明顿 30.06 700 系列与这款步枪最为接近，雷奉命购买的就是雷明顿 760），几柄卡巴军刀，高爆破片杀伤榴弹，一两枚轻型反坦克火箭弹。看来他们做好了各种打算，力求万无一失。

他们打扮成出卖苦力的穷人，就像当时总统岛河边白天干活那些劳工一样。组长安排沃伦与墨菲去见一名孟菲斯警察局高官。据沃伦与墨菲猜测，此人应是孟菲斯警察局情报机构成员。这名高官告诉沃伦与墨菲，金博士那伙人正紧锣密鼓地策划暴乱，准备将孟菲斯烧成平地，要是没有他们小组，孟菲斯就会惨遭涂炭。

后来沃伦从照片中认出，与他们会面的警官就是伊莱·阿金探长。阿金探长还是孟菲斯警察局与当地联邦调查局孟菲斯办事处特工威廉·劳伦斯的主要联系人。劳伦斯是情报专家。

午后时分，沃伦与墨菲在铁路线附近同他们的联系人碰了头。沃伦对这人能指名道姓，给他起的绰号是"幽灵"（军队里称呼中央情报局的俚语）。联系人带他们走上一幢俯视市中心和洛林汽车旅馆的高楼楼顶，并提供了行动区域细节图、金及朋友所乘车辆照片及孟菲斯警察使用的战术电台频率。他们所在的是伊利诺伊中央铁路大楼楼顶，位于洛林汽车旅馆西南角。二人部署在下午一点钟的位置，在楼顶待了足足五个钟头，和位于 2 号消防站楼顶的心理战行动部摄影师一样（两人当时并不知道）。那些摄影师忙着拍摄洛林汽车旅馆与周遭情况。二人狙击小组分工如下：沃伦负责狙击；墨菲负责发现目标并充当话务员，具体工作是从总台协调员那里接收指令,转达给沃伦,同时还负责用望远镜搜寻目标。

　　沃伦说那天下午他与孟菲斯警察局警官用无线电对讲机沟通过,他觉得那人叫"山姆"。山姆是"城市战术波段"首脑(应该就是孟菲斯警察局战术部负责人山姆·埃文斯督察)。据沃伦说,山姆给他们提供了洛林汽车旅馆的建筑和布局细节,还说他们"自己人没打领带"。沃伦对此的理解是金阵营里有一位或几位线人。

　　剩下的整个下午,沃伦与墨菲都在等待中度过。[21]

　　终于,下午六点整,金走上阳台。此前,他在自己兄弟 A.D. 所在的 201 房间逗留近两个小时,下午五点半回到 306 房间。沃伦认出目标:正在穿外套的安德鲁·扬,于是瞄准,紧紧锁定。负责无线电联络的墨菲等着上级下达射击命令,传达给沃伦。两人估计,只要突然出现骚动,命令就会下达。然而,始终没有等来命令。这种情况下,每一秒都让人度日如年。沃伦的枪死死锁定着安德鲁·扬。六点刚过,一声枪响传来。

　　从枪声判断,像是军用枪械。沃伦觉得可能另一名狙击手操之过急,抢先动了手。按规矩,狙击手应同时射击。沃伦说不知道另一支狙击小组布置在何处,不过,应该同样在距目标至少三百码、能俯视目标的地方。一名没怎么受过良好训练的士兵说,听到的似乎是沃伦的枪响,但沃伦坚称,没有上级命令,自己绝不会扣动扳机。

　　墨菲向上级请示,等来的是长时间的沉默。沉默过后,无线电那头传来组长的声音,命令全队有序撤退,通过原定撤离路线从南部撤出孟菲斯,回到驻地。沃伦与墨菲收拾停当,按五小时前爬上的原路下楼,穿过河畔路到达河边,一艘接应的船停泊在那里。

　　组长也到了。上船后,小船飞一般顺流而下,到达预先安排好的地点。那里有汽车接应。整个返程,组长都命令大家噤声。从这条路线撤离的只是部分组员。沃伦称首先浮现在脑海的是另一组搞砸了,直到晚上他才听说显然是个"有神经病的平民"开的枪。

沃伦说阿尔法 184 小组的任务完全有可能只是个后备行动。与此同时,还有一个尽管属于多方协调但官方不会承认的平民刺杀小组。4 月 4 日之后,沃伦仅见过此次行动小组组长两次,而且组长闭口不谈那天的事情。

沃伦与墨菲都不是雇佣兵,上级只告诉他们执行具体任务当天的必要信息。沃伦强调,4 月 4 日那天是自己头一遭来孟菲斯,之前他从未参与过任何侦查活动。尽管他们的任务属军事行动,但据他所知,此次行动与田纳西国民警卫队、米林顿海军航空基地都有合作,涉及多个部门。[22]

还有一次沃伦听说,1965 年塞尔玛游行的时候,第 20 陆军特种作战群一个小组差点就"剪除"了金博士。沃伦说那名狙击手同样来自阿尔法 184 小组,声称自己的枪口已经找到了马丁·路德·金的"中心点",就等一声令下。可惜金博士转了个身,周围的人把他围得水泄不通,致使他错失良机。[23]

史蒂夫·汤普金斯向我叙述,有个名叫约翰·D. 希尔的士兵,既参与了第 20 陆军特种作战群塞尔玛游行时的行动小组,也参与了孟菲斯的阿尔法 184 小组。希尔是一名下士,1979 年死于谋杀。1994 年 10 月 16 日,我联系上跟希尔熟识的杰克·特雷尔。特雷尔以前是便衣特工,伊朗门事件对他造成极大震动。他曾先后多次直接向国家安全委员会①汇报工作。特雷尔在参议院

---

① 由美国总统主持的最高级别国家安全及外交事务决策委员会。——译者注

听证会上证实,为了给非法情报行动提供资金,在尼加拉瓜革命中打击桑地诺民族解放阵线①,奥利弗·诺斯也卷入了贩毒和洗钱活动。美国广播公司曾把特雷尔当成可信度极高的消息人士。我相信特雷尔掌握着关键信息,能证实并提供独立验证,表明环卫工人罢工期间,军队武装力量曾现身孟菲斯。特雷尔是那种聪明睿智、富于理想、极具爱国主义精神的斗士,这种人注定无法长期忍受腐败、欺骗行为和赤裸裸的犯罪勾当。官方可以赖得一干二净、秘而不宣的行动,大多和这些行为勾当脱不了干系。特雷尔提供的信息超出我的预想,与其他来源获得的细节高度一致。之前,我对刺杀金博士是否存在阴谋并有人掩盖犯罪还不敢肯定,如今,所有疑点一扫而空。

希尔跟特雷尔讲过自己知晓的刺杀马丁·路德·金计划的细节。采访中,我问特雷尔,希尔是否参与了刺杀行动,是否和他讨论过这一话题,特雷尔长叹一声,沉默了一会儿,说自己并不愿意触碰这个话题,因为我俩都可能因此丧命。他又说起了那句经常出现的话:"你不知道在与谁为敌。"

我解释说,所有风险我都了解,可是我的被代理人已平白无故坐了近二十六年牢,他纯属无辜受祸,可州政府怕损了颜面,想尽一切办法,不让他重获自由。所以,为了把他从牢里救出,我别无选择,只能一查到底。

听到这,特雷尔跟我说,20 世纪 70 年代中期,希尔似乎对一些往事不吐不快。他跟特雷尔倾诉自己为参与一项刺杀任务而受训数月。他们一边受训,一边随时待命。受训队员寥寥数人,都选

---

① 尼加拉瓜的一个左翼政党。——译者注

自第20陆军特种作战群。第20陆军特种作战群名为特种部队后备军,实际专门执行大量政府可以合理轻易抵赖的国内外特殊或秘密行动。这些任务和行动,因为性质敏感加之秘密进行,所以并没有官方记录。因此,即便调查记者探究起来,也发现不了违规记录。

希尔告诉特雷尔,4月4日,阿尔法184小组主要人员全部自谢尔比军营乘车抵达,谢尔比军营是第20陆军特种作战群后备部队的中途补给基地和训练基地。希尔说该基地直接为孟菲斯行动提供武器、物资,并进行直接指挥。不过,真正的三角射击训练是在爱达荷州波卡特洛附近进行的。一开始,行动还要求在市区某个地点对移动目标进行三角射击训练。当时,没有下达正式行动细节,大家都以为目标是个阿拉伯人。

希尔说,很快他就得知本次任务地点是田纳西州孟菲斯,而且他觉得此前组里有人已经去过孟菲斯。希尔跟特雷尔透露,狙击点分别为屋顶、水塔、三楼窗户。小组任务是在目标坐车进入或驶离汽车旅馆停车场瞬间射杀目标(目标不止一个)。组员们知道当晚金有聚餐,他们一度认为金博士肯定不会去阳台,他肯定不会走到那样一个无遮无掩的地方,想除掉他必定大费周折。

特雷尔说,希尔跟自己讲,小组携带的武器跟沃伦列出的一模一样。从希尔当时说话语气看,任务并不顺利,大家在全无准备的情况下匆忙撤离。小组部分成员乘直升机从西孟菲斯被接走。

特雷尔始终对希尔的死持保留意见。官方说法在他看来狗屁不通。官方说1979年1月12日午夜过后,希尔的妻子用属于希尔的0.357英寸口径大威力麦林枪零距离射入希尔胸膛,连发五枪,全打在胸腔上一块很小的地方,致使希尔倒地之前就绝了气。卡森教授曾说,所有这些细节都表明这纯属职业杀手所为。特雷尔认识希尔的妻子,坚信她既没力气也没能力,像上面描述那样,精确操纵那么大块头的武器。

特雷尔觉得希尔过于贪杯,也许酒后失言,泄露了孟菲斯行动。沃伦曾说,刺杀行动过去不到一年,有人就开始打算清理掉他们,所以他才逃离美国。一旦他再踏入美国国境,会被"立即杀死"。我从法院获得了一份和希尔死亡相关的法院卷宗,卷宗表明他并非死于谋杀。他妻子早已获释,如今住在密西西比州另一座城市。

我请特雷尔再帮我确认某些细节,他很不情愿,但还是答应下来。结束访谈时,特雷尔道:"咱俩从没见过面。"我同意他的提议,提醒他"要格外当心"。他回道:"你跟他们作对,他们不会饶过你。"几星期后,特雷尔发来传真,跟我确认当天所说正确无误,并提供了更多细节:希尔小组狙击点是泰洛造纸厂水塔屋顶。希尔确认由于中途出了纰漏,行动被迫终止。解散后,有人开车接应,从南孟菲斯驶离,到了西孟菲斯阿肯色机场。在那里,他们把武器装备交给掩护撤退的后勤人员,然后乘小飞机飞往密西西比埃默里市,据说在那里原地解散。希尔返回家乡哥伦布市,到家后才听说金博士遇刺。[24]

沃伦说有传言第 111 军事情报组有一名黑人特工打入过金博士集团内部。之前就有两位消息人士分别跟我确认 20 世纪 70 年代马雷尔·麦科洛去中央情报局工作过。我让情报机关消息人士帮我查一下马雷尔·麦科洛的身份。果不其然,结果显示马雷尔公开的身份只是个幌子。1964 年 2 月到 1966 年 12 月,马雷尔是常规部队的一名军警。1967 年 6 月 16 日，他重新入伍，成了军队情报组线人，从属于总部设在佐治亚州麦克弗森军营的第 111 军事情报组。

所以说，尽管马雷尔被安排进了孟菲斯警察局做卧底，名义上跟孟菲斯警察局阿金探长汇报，实际上，马雷尔最终的汇报上线是第 111 军事情报组。[25]

沃伦慢慢赢得了我的信任。他又跟我讲起自己在刺杀事件后曾见过一张照片，照片捕捉到了灌木丛区域的射击活动。沃伦给了我一名退休军官的姓名和地址，据说这名军官持有这张照片的复版，沃伦还同意去联系下这名军官。我们且称这位军官为"雷诺兹"。雷诺兹以前在心理战行动部，同意与我们接触。起初雷诺兹跟南美那名士兵提出了同样的要求，称不能直接与我接触，因此我列出问题，由史蒂夫·汤普金斯代问。会面时间定在 1994 年 12 月初，地点是芝加哥凯悦酒店咖啡厅。

雷诺兹身高大约 5 英尺 10 英寸，体重在 160 到 170 磅之间，头发灰白，留着板寸。雷诺兹说，自己当年在越南，被分配到第一特种作战部队第 525 心理战行动营，驻地在芹苴。雷诺兹说自己和搭档（我们且称"诺顿"）4 月 13 日被调往孟菲斯，参加一个上级行动。组员们都认为第 902 军事情报组约翰·W. 唐尼上校是该行动的总指挥，雷诺兹本人就为唐尼上校出过好几次任务。他们携带必要的摄影装备、标配 0.45 英寸口径自动手枪，诺顿后腰枪套里还别了把小型左轮手枪。4 月 4 日，他们接令就位，当天午前他们到达 2 号消防站平坦的楼顶，消防站站长卡瑟尔·威登给他们开的绿灯。他们选定能俯视洛林汽车旅馆的屋顶东侧，各就各位，开始对洛林汽车旅馆里金一伙人展开监控和拍摄，还有人负责辨认拍到照片中会威胁国家安全的危险分子。金博士306房间的阳台在他们面前一览无余。我和同事们始终充满疑惑,军队用图像记录当天即将发生的一切的目的何在?

我渐渐意识到,拍照主要动机是,唐尼上校以及相关军队反间谍部门领导希望掌握刺杀现场周围所有人的身份,另外,还想清楚了解这些人刺杀案前、案中、案后都有什么举动。拍摄取得的情报能让他们先发制人,以免刺杀行动受阻。

1996年新年那天,史蒂夫·汤普金斯意外收到一个来电。电话那头自称是第902军事情报组的约翰·W.唐尼上校。根据线索,我推测这个总部设在副参谋长办公室、名不见经传的情报组就是刺杀行动的主要组织和策划者。我曾经花费三年时间寻觅这位唐尼上校。电话里,唐尼上校声称如今他旅居海外,我上一本书《杀人命令》(orders to kill)虽然把太多责任推给了他,但相当接近事实。他一再强调,自己只是整个指挥链条中服从上级命令的一环而已,并希望我能更正对他所作所为的印象,精确记录历史。

1月28日,唐尼上校再次致电汤普金斯,并提出3月9日在百慕大的南安普敦见面。唐尼上校开门见山,让我们付他一小笔订金作为车马费,并提出每次见面就付给他一个克鲁格金币①。这和沃伦的行事方式如出一辙。[26]

汤普金斯单枪匹马前去赴约。第二天上午,唐尼上校来访,并进行了自我介绍。他看上去身高近6英尺,体重约185磅,年纪在65岁上下。见汤普金斯单人赴会,他很满意,并重申不能与我会面。他说我前一本书销路不好,没人相信我说的话,所以

---

① 克鲁格金币,南非发行的一种金币。——译者注

并无性命之忧。让我吃惊的是,他竟然说在越南见过我,那时我还是记者,他称自己法律层面上已经死亡多年,现在用的是新身份。

唐尼上校保证自己知无不言,言无不尽,不过他补充说,刺杀策划实施过程中,有些事他知道得也不全面,部队行事风格就是如此。接下来 18 个月,两人共进行了 5 次面谈。唐尼上校提供的信息汇聚起来,佐证了其他军队和政府人员提供的信息。

唐尼上校证实,从 4 月 1 日到 4 月 4 日当天,他在协调孟菲斯由各军事单位组成的特遣队上起到了关键作用。然而,他声称,虽然自己和情报副参谋长威廉·亚伯勒少将经常见面,但亚伯勒少将始终只是通过一名值得信赖的文职助理传达命令。此人名字我以前没听说过。只知道他做过陆军情报人员,已经退休,在布拉格堡的时候是亚伯勒手下。尽管行动属于情报副参谋长办公室管辖,却由这名忠心耿耿、赢得了亚伯勒少将信任的同事间接处理。

唐尼上校说,底特律发生骚乱后大约一星期,举行了一次会议。他和亚伯勒等人与会,似乎就在此次会后有了孟菲斯行动。金博士在城市黑人中名望日盛,他反对越战,下决心组织贫苦美国人向华盛顿聚集,这些都是必须除掉他的理由。唐尼上校证实了沃伦和墨菲对孟菲斯行动的叙述,甚至包括"自己人没打领带"这样的细节。他说,第 902 军事情报组早在 1963 年、1964 年城市似乎要失控的时候,就开始策划刺杀黑人社团领袖了,而且这个情报组现今仍然存在。

我们首次从唐尼上校这里听说第 902 军事情报组与马尔切洛黑帮犯罪集团关系的内幕。他们沆瀣一气,大规模走私枪支,从军事基地和军械库偷窃武器,运给马尔切洛黑帮组织,该组织负责在拉丁美洲和南美等地销售。收益五五分成。第902军事情报组用这些黑钱开展秘密行动。军队与黑帮的联系人，据说是新奥尔良已故第20陆军特种作战群队长，他在一起可疑的交通事故中丧生。我记得，沃伦曾讲过从谢尔比军营倒卖枪支到新奥尔良交给马尔切洛黑帮，并与奇普·奇门托接头一事。格伦达·格拉博也曾说，劳尔和一帮朋友从事枪支走私，收到的枪支走水路，在休斯敦码头卸货。

唐尼上校又点出两名参与枪支走私的人员：一名是在南美工作的以色列情报及特殊使命局高级特工，这名特工负责在高级层面联系美国军队和中央情报局；另一名是总部设在佐治亚州麦克弗森军营的第111军事情报组的一名军官。唐尼上校强烈建议我们对这两人能躲多远就躲多远。

艾瑞克·S. 高尔特

说到雷，唐尼上校讲，雷参过军，是个无关紧要的小混混，在各种行动中，很多这种人都被用来做了替罪羔羊。唐尼上校说，自己也看过金博士刺杀案案发时拍到的杀手照片，并不是雷。雷可能并未察觉，其实他在加拿大的时候一直有人暗中协助。他们给了雷高尔特的身份。同期，亚伯勒少将、赫尔姆斯都用过这名身份专家。雷对给自己提供高尔特这个假身份的人感恩戴德，始终竭尽全力保护他，相信那个人要帮他。

1967年7月下旬，到加拿大不久，雷就开始使用高尔特这个假身份。这与底特律发生骚乱、金博士成为军方心里一块巨石几乎发生在同一时期。在我调查军队涉案期间，有人拿了张照片给我,上面是艾瑞克·S. 高尔特的正面头像。从 1967 年 7 月 18 日到 1968 年 4 月 4 日,雷大部分时间都在使用这个人的身份。照片取自美国国家安全局档案,给我看照片的人让我什么也别问。我听说,高尔特在联合碳化物公司多伦多工厂仓库做主管期间,拥有绝密级许可。这家加拿大联合碳化物公司有限公司,20 世纪 80 年代初被美国联合碳化物公司控股达 75%,从事受控于美国母公司的高涉密研究项目。高尔特就在这家公司工作。我听说,1967 年 8 月,雷刚刚使用高尔特这个身份不久,真正的艾瑞克·S. 高尔特与约翰·W. 唐尼上校的助理会过面。9 月,二人再度会面。[27]

不知何故,雷竟然能够获得加籍高级别美国陆军情报特工的身份。1967 年 7 月 18 日,就在真正的艾瑞克·高尔特与唐尼上校的助理会面前后,雷开始使用高尔特这个名字。尽管雷可能仅凭个人力量,获得了其他假身份,但能选到高尔特这个身份纯属凑巧的概率也是微乎其微。背后的操纵力量似乎不仅涉及黑帮有组织犯罪,而且可能涉及具体的高级别、极其隐秘的军事情报组织第 902 军事情报组,至少从 1967 年 7 月 18 日雷开始使用高尔特这个假身份开始,该情报组或许已经涉案。

此时,在我看来,高尔特成了关键一环。他是陆军情报机构卧底,利用包括第 20 陆军特种作战群、联邦调查局以及其他卷入刺杀案的有千丝万缕联系而又相互协作的政府及情报团体在内的特遣部队,助纣为虐,将詹姆斯·厄尔·雷变成替罪羔羊。给雷一个绝密级身份,能确保需要雷充当替罪羊之前万无一失。即便警察对雷进行例行检查,也无法查看他的个人信息,结果将是政府机构(在此,应该是隶属国家安全局和军队的情报副参谋长办公室)稳坐中军帐,操控局面,告诉所有执法机关给替罪羊一路开绿灯。

　　金博士遇刺后,美国国家安全局参与了对雷的抓捕行动,此事高度保密,任何之前的官方调查都不曾曝光。国家安全局官员弗兰克·雷文从其他执法机关和情报团体接到了一部分监控名单,按指示对这些人实施监控。他曾奉命把雷和多个化名纳入监控之列。极为反常的是,这个监控命令由国防部长克拉克·M.克利福德办公室直接下达,而克利福德部长完全不记得下过此道命令。雷文说,自己曾引用宪法竭力违抗命令,但被告知这是最高指示,他只能奉命行事。

　　如今看来,陆军情报机构似乎通过派出第 111 军事情报组到孟菲斯现场以及第 902 军事情报组协调行动的方式,参加了特遣部队。[28] 至少从 1967 年 7 月开始,雷就得到了第 902 情报组特工的身份,而且这一身份属于绝密,以致后来国家安全局不得不动用违宪手段,通过监控名单才找到了他。

　　似乎有可能,或者至少有可能,这道由国防部长办公室发出的命令,之前其实来自情报副参谋长办公室。一次极其复杂的行动正在我们面前浮现出来。

　　也许约翰·唐尼上校担心自己通过史蒂夫·汤普金斯与我间接接触的消息已经传了出去,到 1997 年夏,他仿佛人间蒸发了一样。在相对短暂的交流期间,唐尼上校给我提供的信息进一步使我相信:金博士遇刺时,军队作为后援在场,基本确凿无疑。这让我们得以掀起五角大楼神秘面纱的一角,在更宏观的背景中审视马丁·路德·金遇刺案。

　　与唐尼上校接触期间,史蒂夫·汤普金斯并没有中断与沃伦的会面。1996 年 1 月 27 日,沃伦证实,在金博士遇刺那一刻,自己的目标安德鲁·扬在洛林汽车旅馆停车场。8月17日,沃伦交给我们他所掌握的第20陆军特种作战群其余人员名单。其中,密西西比行动中的一个名字跃入我的眼帘。此人是杰克·特雷尔所说孟菲斯行动中传达指示的军官。特雷尔是阿尔法184小组成员约翰·D.希尔(1979年中弹死亡)最好的朋友。特雷尔曾说,没人清楚这名军官为谁工作。

得到包括劳尔的6张照片后,我让汤普金斯拿给沃伦辨认。沃伦一眼就认出了劳尔。当年沃伦等人从谢尔比军营运枪到新奥尔良,劳尔就是那个与马尔切洛手下奇普·奇门托一起收货之人。沃伦说劳尔当时化名詹姆斯·R.里士满,总是坚持使用名字首字母"R"。这显然表明劳尔参与了军队与马尔切洛黑帮犯罪集团联合贩卖枪支的勾当。

六点零一分,从金博士中弹到倒在阳台那一瞬,雷诺兹对他进行了抓拍,共拍到四五张照片。雷诺兹说,诺顿几乎全凭本能将照相机向左扫过停车场,聚焦在灌木丛地带,抓拍到正放下枪的刺客(一名白人),然后又在刺客逃离犯罪现场过程中连拍数张。雷诺兹说虽然诺顿的相机清楚拍下了刺客,但他肉眼只看到罪犯逃离的背影。二人亲自将照片交给唐尼上校,但诺顿留有底片,后来洗了好几套照片,雷诺兹和沃伦都见过。二人明确表示,照片上的凶手并不是雷。

1997年2月,美国广播公司新闻《转折点》节目决定要做一档金遇刺案的纪录片。纪录片计划以金的家人、我的调查和寻求审判、雷的不治之症三条线索作为焦点展开。一开始,我们三方全部积极配合。我说服特雷尔接受采访。在一个小时的访谈中,特雷尔把自己从最要好的朋友希尔那里听来的一切都告诉了节目组,讲述了 1968 年 4 月 4 日阿尔法 184 小组来到孟菲斯以及他们此行的任务。有人告诉我说那个阿尔法 184 小组共 8 人,组长已经不在人世。然而,在军队的配合下,美国广播公司新闻节目组竟在哥斯达黎加找到了他,事实证明他还活着。在事先没给我任何消息的情况下,美国广播公司新闻节目组将他以及第 20 陆军特种作战群队长亨利·科布将军请来与我一同参与访谈。看到他们,我惊讶万分。我只好解释,显而易见我前面获得的关于阿尔法 184 小组组长已经去世的消息并不准确。

科布将军和这名组长矢口否认阿尔法 184 小组刺杀案当日去过孟菲斯,并且说 1968 年该小组尚未成立。他们坚称第 20 陆军特种作战群的亚拉巴马小组从未在谢尔比军营进行训练,也从未去过孟菲斯市。科布将军坚持说,第 20 陆军特种作战群不可能在他不知情的情况下参与这样的行动。

我请伯明翰的一名私家侦探帮我调查该组长在伯明翰的活动情况,结果他给了我一份犯罪记录。该记录表明他曾因过失杀人被定罪,去哥斯达黎加之前在亚拉巴马的监狱服刑一年。《转折点》节目并没有将这一点告诉观众。

《转折点》拍摄过程中,沃伦接受史蒂夫·汤普金斯访谈的时候,提出阿尔法 184 小组出现在孟菲斯,其目的是阻止骚乱发生。对这个解释,汤普金斯表示赞同。当时,我还不能理解,然而,慢慢地,我有了不同的想法。我想到,骚乱可能就是开枪的借口。在我看来,布置地面警力阻止可能产生的骚乱完全说得通,那么在可能发生骚乱的地点上空布置狙击手是什么意图呢?狙击手的用途是杀人,不是控制骚乱。另外让我感到费解的是,当天唯一将进行的活动是金博士和他阵营的一些成员离开汽车旅馆,到塞缪尔·比利·凯利斯牧师家共进晚餐,怎么会有骚乱呢?后来我才意识到,金博士遇刺前,把"闯入者"从汽车旅馆赶走一事十分关键。这些手持武器的激进分子,遭到侮辱和无端拒绝,动起粗来是可以说得通的。

我向美国广播公司提供了其他书面证据,证明阿尔法184小组刺杀案当日出现在孟菲斯,并说明了这名小组组长的身份。我曾许诺,这些证据不会公之于众,所以不允许节目使用或提及这些证据。

1997年6月19日,《转折点》纪录片播出。内容包括对我、阿尔法184小组组长以及科布将军的访谈。却剪掉了对特雷尔的访谈,也剪掉了特雷尔提供的佐证信息,这些佐证信息能证明阿尔法184小组曾出现在孟菲斯,其孟菲斯之行目的是杀死马丁·路德·金。不过,这档节目的确考虑到了不少其他问题,这些问题指向串谋理论,并将美国政府牵扯在内。

节目播出不久,特雷尔离开美国。他后来跟我说,有人威胁他,而且很明显政府通过某种手段已得到他的访谈内容。特雷尔已经出离愤怒了,但仍主动提出将以任何可能的办法为我提供帮助。

史蒂夫·汤普金斯告诉我,圣约之子反诽谤联盟有一大堆诽谤亨利·科布将军的材料。这些材料汤普金斯看过,他建议我也去看看。我提出了调阅材料的申请,但没成功,他们回复我这些材料并不存在。

第七章

新盟友、惊天内幕与过早离世的詹姆斯·厄尔·雷的不治之症

1996 年 12 月，我听说雷得了不治之症肝硬化。据说是长久以来患有乙型肝炎，没有诊断出来造成的。这个消息犹如五雷轰顶。12 月 21 日，雷被送往纳什维尔纪念医院。在医院，他陷入昏迷，病情危急。媒体开始报道说雷已经奄奄一息。[29]

我立即开始帮雷寻找各种治疗方案：我咨询了中国长沙的中医专家以及德国基钦根的中医学诊所，还与剑桥的罗伊·柯奈医生进行了商谈，柯奈医生是欧洲移植手术的领军人物之一。最后，我得出的结论是，只有通过肝移植，雷才能保住性命。

到 12 月 28 日，雷明显好转，但主治医生强调这只是暂时现象。新年前夜，雷被送回贝尼洛伊丝特护中心。当年早些时候，他病情加剧的时候就一直住在那里。我拿到了雷的病历，上面清清楚楚显示，1994 年雷就被诊断出患有乙型肝炎，但他们始终没通知雷或雷的家属。

雷得了不治之症的新闻唤起了媒体对刺杀案的广泛关注。开始，各家媒体关注的焦点只是雷命不久矣，不过也给了我机会讨论案情、我的长期调查以及雷为什么不是真凶。

1997 年 1 月 6 日，我和雷的兄弟杰里·雷一同前往纳什维尔

纪念医院探望雷。由于雷的病情有了反复，又被送到这里。雷有过短暂的好转，但仍然神志不清。

1月19日，雷患绝症的新闻传得沸沸扬扬的时候，我听说韦恩·查斯顿查出癌症，即将接受手术，需要4个月才能恢复元气，我难过极了。查斯顿从没跟我提过自己患了癌症。孟菲斯律师麦克尼尔已经接手了查斯顿的不少文件，因此我也聘请他代替查斯顿做我在当地的法律顾问。在此期间，雷进进出出医院多次，并两次病危。

同时，我开始与各方商谈，看是否可以让雷在匹兹堡大学医院的托马斯·E. 斯塔兹器官移植研究所排队等待肝移植。我咨询器官移植中心主管约翰·J. 冯，雷是否符合进入排队的标准。冯十分坦诚，深切同情雷的遭遇。他清楚表明，服刑人员在接受医疗服务方面不应受到歧视。他们中心为许多位服刑人员进行过肝脏移植。在田纳西，并没有人告诉我这个消息。

进入排队等候的标准是外州病人必须为其所在州器官移植中心拒绝的病例，田纳西器官移植中心在范德堡医院。纳什维尔纪念医院里雷的主治医生拉奥医生确信，范德堡医院不会同意让雷进入排队名单。于是我请拉奥医生为雷提出正式申请。拉奥医生申请后，3月7日接到通知，说雷不符合标准。去匹兹堡医院排队的道路看似已畅通无阻。

约翰·冯说他们需要让雷住院3天接受各项检测和评估。4月23日，我致函田纳西惩教局局长，并请杰里·雷、约翰·冯医生也各自写信给惩教局局长，请求他批准雷到匹兹堡大学医院住院。费用将由私人承担。5月13日，局长回信，拒绝了我们的申请，说法律上他没有权力批准这么做。

我立即开始准备动议,并申请法庭判令,还去了匹兹堡与约翰·冯医生会面。会面结束后,他的体恤和帮助我们的意愿深深地打动了我。很明显,进入排队名单的人大都接受了移植。如果我们能让雷进入名单,他存活的希望很大。治疗费用是个难题,但是我们愿意想办法。

在匹兹堡,我听说韦恩·查斯顿在孟菲斯身体已大大改善,我给他发去文件证据的最终版本。冯医生、拉奥医生、雷的兄弟杰里都发来宣誓证言,佐证我的申请。查斯顿向具有司法权的田纳西州纳什维尔衡平法院提交了动议书,听证会定于 6 月 16日召开。

检察长驳回了我们的请愿书,称请愿人没有注明为什么要向衡平法院提出司法救助,因为根据田纳西州法律,惩教局局长有权决定是否批准病假。

我坚持认为,宪法第八修正案禁止所有残酷的和非常/逾常的刑法,因此雷具有联邦宪法权利,接受让自己活命所必需的医疗服务。我以为 21 年前,美国最高法院处理埃丝特尔诉甘布尔案的时候,这个问题早已解决。没想到的是,田纳西法庭竟然拒绝遵循宪法,这在牵涉雷案的时候已经出现了不止一次。

如果雷不能得到批准到匹兹堡大学医院接受评估,就得让医院派人亲自到田纳西进行评估。

由于受到保险条款制约,针对匹兹堡医院提出的诸多检测,田纳西当局有两项无法实施。我同意为剩余两项检测买单后,1997年 9 月末,所有检测完成。第二个月,匹兹堡医院入院审查委员会审查了检查结果。根据他们的标准,他们宣布雷符合移植条件,并进入等候名单。11 月的一个新闻发布会上,雷入选肝移植等候名单的消息正式发布。

进入金家族

1997 年 1 月 15 日，我听说马丁·路德·金的女儿尤兰达·金致电詹姆斯·劳森牧师办公室询问我的电话号码。我给尤兰达留了个口信。1 月 27 日，我接到金的外甥艾萨克·法里斯的来电。法里斯与金的儿子德克斯特·金都在马丁·路德·金中心工作，他读了我之前的著作《杀人命令》，里面记录了 1994 年一整年我的所有调查结果。他被这本书触动，开始鼓励家人站出来。法里斯认为我没有仅仅将马丁·路德·金写成一个民权符号，而是将他刻画为一名为实现社会、经济和政治公平及变革而奋斗的领导人，这尤其让他钦佩。他说，金的家人都很清楚，詹姆斯·厄尔·雷时日不多了。大家害怕一旦雷去世，有证人出席还原事件真相的公开审判就永远地成了泡影。

他们愿意站出来，发挥一些影响力，事不宜迟，他们已经有了自己的方案。

2 月初，德克斯特·金就向《纽约时报》记者证实，如今金家打算支持对雷进行审判。我兴奋极了；金家族的参与意义不可估量。1997 年 2 月 4 日，《泰晤士报》报道了这一消息，接着法里斯打电话问我要不要尽快与金家族成员见面。我们将会面安排在 2 月 10 日，地点在法里斯家。

会面从晚上七点半一直持续到第二天凌晨四点。我向德克斯特、法里斯以及金家的朋友兼顾问菲利普·琼斯讲述了近 20 年来所搜集的证据。调查结果令他们瞠目结舌，激愤不已。看得出，他们决定助我一臂之力。[30]

2月13日,他们召开了一次新闻发布会。所有家族成员都到齐了。在全国性媒体的闪光灯下,金家不卑不亢,由德克斯特作为主要发言人,代表全家宣布支持对詹姆斯·厄尔·雷进行审判。他们的表态,目的并不像有些媒体曲解的那样,说是要给雷最后一个机会,把他所知道的都说出来,而是为了给证人们赢得一个机会,让他们得以在宣誓的情况下提供证言,并得到律师的交叉询问。

接下来几个月,金的家人,尤其是德克斯特成了众矢之的。竟然有人指责他们对马丁·路德·金的死亡真相打破砂锅问到底只是幌子,敛财才是他们的真正目的。还有人说,他们单纯幼稚,被我控制甚至催眠,骗他们支持雷。

媒体不遗余力地诋毁金家,称他们寻求审判的目的不纯。各种扭曲的解读铺天盖地。以2月20日《纽约时报》对我们要求检测所谓作案武器动机的报道为例,记者小德拉蒙德·艾尔这样写到了金夫人的证言:

> 在对雷的法律诉求保持沉默多年以后,今天早晨,金夫人宣布了自己的立场。她承认自己代表雷提出这个要求看起来不符合逻辑,她出面要求:"我们呼吁补上那场从没进行过的审判。"
>
> 接着,她的声音急促起来,甚至因为激动而有些沙哑,她提醒大家,假如雷先生死之前,我们都不逼他说出真相,"将发生双重悲剧"。

以上报道是对金夫人发言的严重曲解,她原话如下:

> 我们呼吁补上那场从没进行过的审判……假如不抓住这稍纵即逝的机会,让正义得到伸张,那么法律就会失去它的作用,那将是双重悲剧。

金夫人的发言中根本没提要逼雷说任何事。

报道中,艾尔对他的虚假报道以及对金夫人原话的引用,都抱着同样的立场。由于这篇报道肆意曲解,同时鉴于《纽约时报》平时展现出来的貌似客观公正的立场,我们决定约谈他们的编委会。

副主编带着两个人与我们见了面。他们听得非常认真,也问了一些问题,走的时候,我们还是觉得他们不会改变立场。

事实是,该报接下来发表了一篇对页版社论,由戴维·加罗主笔。加罗用各种恶毒言语攻击了德克斯特以及金的其他家人,指责他们背叛金博士的遗志。近 20 年来,只要有人重提此案,加罗就跳出来。作为历史学家,加罗的确发表了不少关于联邦调查局针对马丁·路德·金的反谍计划行动的著述,但他自己从来没亲自调查过金遇刺案,自始至终跟一大群写手一样,坚定支持政府立场。

3 月 17 日,我和德克斯特及菲利普·琼斯会面。他俩都觉得大家需要加大力度,德克斯特将继续呼吁公开审判,同时表明自己坚信雷纯属无辜。此刻,我认为德克斯特有必要知道本案更多的细节了。一旦我发生不测,他就能指导接替我的律师,以确保本案得到公正处理。

德克斯特想与雷面对面接触,时间定在 3 月 27 日,地点在卫生服务管理局局长乔治·麦吉的会议室。

我把雷介绍给德克斯特,然后双方落座。会面持续了近半个小时,媒体全程在场。谈话中,德克斯特问了个尖锐的问题:"是你杀死了我父亲吗?"雷答道:"我没杀。"并敦促德克斯特亲自查看所有文件。德克斯特回应说,他和家人相信雷说的是真话,并发誓"只要力所能及,我们一定不惜一切,让正义得到伸张"。

接下来两个月,我们不断在各种媒体上露面。我和德克斯特都确信预先录制的采访经过剪辑可能曲解我们的本意,因此只要有可能,我们就应把采访做成直播。

4月14日傍晚,我、德克斯特、法里斯同安德鲁·扬见了面。1968年安德鲁·扬曾任南方基督教领袖会议执行副主席,同时也是金博士的密友,不过扬始终相信雷就是刺客。当晚,扬详细询问了我的调查后,他改变了自己的看法,并答应参加一个新闻发布会,并以任何可行的方式帮助我们。

4月18日,德克斯特来电说他与沃尔特·方特罗伊牧师进行了短暂的会面,收获颇丰。方特罗伊牧师是众议院刺杀调查专责委员会金刺杀案分委会前主席。沃尔特牧师确认,自己始终认为雷不是凶手,并愿意以最有效的方式表达这一看法。

当天早些时候,我们与国会议员约翰·刘易斯见了面。金博士遇刺的时候,他还是学生非暴力协调委员会的一名领袖。刘易斯暂时同意与我们所找到的各位领袖联合起来,一起施压,申请对雷进行审判。

从2月初到5月,短短3个月内,由于金家族的加入,为雷争取公正、为金博士遇刺案争取真相的斗争,力度和规模都得到了极大提升。不过,我们也做好了准备,迎接媒体更加猛烈的攻击。

接下来的几个月，的确出现了污蔑金家族以及布朗法官，自然也包括我的文章。不过，这些文章让金的家人更加坚定不移，不追问到底誓不罢休。他们始终支持进行审判，始终支持为所有提供信息的证人提供豁免权，这一点从未动摇。他们的坚持最终为我们30年艰苦卓绝的斗争赢得了最具历史意义、最揭露真相的会面。

最后的司法程序

当年，雷在律师珀西·福尔曼的恫吓之下认罪伏法。多年来，我们通过法庭程序为雷争取审判机会的努力从未停止。

新的《田纳西定罪后释放法》让纠正冤案变得比以往更加困难。申请人如今要提交证明自己无罪的科学证据。该法的限制性要求有严重的宪法问题，但我们没有两到三年的时间来证明它违宪。

1996年6月26日，我在谢尔比郡刑事法庭第九号审判庭出庭。我指出，由于需要提供科学证据，我们恳求获得批准检测作为证据的来复枪。我们必须证明相对于当年田纳西州检测这杆枪的时候，如今有了更新的技术。

与当年相比，法医学技术取得了长足进步。电子显微镜下枪膛对射出子弹造成的刻痕被放大数倍，能让我们仔细比较死者所中子弹的刻痕是否与作案枪支射出的子弹的刻痕相符。通过这种弹道比较技术，我们最终可能将证明现在作为犯罪证据的枪支并非作案枪支。

然而，我们陷入了典型的左右为难的境地。法律要求我们提供科学证据证明雷无罪,可是,如果不让我们对作案工具进行鉴定,我们就提供不了这个证据。

我请求布朗法官重新考虑我们的动议,允许我们对作案枪支进行鉴定。

一场激辩后,布朗法官宣布 9 月 6 日继续举行听证;在此期间,我们需要对所谓的作案枪支和死者身上取出的弹头提出具体的科学检测方案。[31]

武器检测和分析由三人组成的专家委员会实施,这三人全部为美国颇有名望的专业人士,分别是罗伯特·哈撒韦、马歇尔·罗宾逊、乔治·赖克。[32]分析分两个阶段进行。第一阶段,使用传统对比显微镜,比较测试中得到的子弹膛线刻痕与死者身上取出的弹头刻痕是否相同。[33]

1997 年 2 月 20 日,在布朗法官的法庭上,我们最终提出这项动议,并派三名武器专家中的两名:罗伯特·哈撒韦、马歇尔·罗宾逊,以及卡姆扫描公司的托尼·欧文斯上场,对第二阶段也就是最后一阶段所用扫描电子显微镜进行讲解,即该显微镜如何将实验中得到的子弹膛线刻痕与死者身上取出的子弹膛线刻痕中极其微小的特定印记高倍放大。

接下来,我请科丽塔·斯科特·金及其子德克斯特·金上庭。他们希望以受害者家属的身份说几句话。我们向法庭提出的动议毋庸置疑与申请撤销雷的认罪答辩、对他进行审判直接相关。让人无法理解的是,助理检察长坎贝尔反对金的家属上庭做证。布朗法官强调法庭如今越来越尊重受害者的权力,并宣布坎贝尔的反对无效。科丽塔·斯科特·金首先走上证人席。我问她是否有话对法庭讲,她边回答是的,边将证人席的桌子挪到正对法官的位

置。科丽塔的证言直击人心,她说道:

> 首先,为了治愈曾经的伤痕,为了和解,我代表金家族,也代表成千上百万关心金博士遇刺案真相并希望正义得到伸张的美国民众,向您提出请求,请迅速为詹姆斯·厄尔·雷安排并让他得到审判。

下一个出庭做证的是德克斯特。德克斯特追随母亲定下的基调,他们二人作为金博士的妻儿,证言感人肺腑,催人泪下。州政府方没有对二人提出任何问题。

当天下午听证会快结束的时候,法官同意让我们检测那把来复枪。法官说,他会向上诉法院提交报告撤销审判延期,以便检测能够进行。所以从那时开始,我们就在等待上诉法院的结果。4月9日,上诉法院撤销延期,并判定审判法官可以下令让申请人进行作案枪支检测。不过,我们高兴得太早了,没想到田纳西州为了阻挠对所谓的作案枪支实施检测或者说为了掌控整个检测过程,不惜一切代价。

4月15日,田纳西州向谢尔比郡刑事法庭行政法官提交了一份动议,要求该案从布朗法官的第九号审判庭转回最初进行审判的第三号法庭。据说,布朗法官大为光火,坚持认为此案由他审理名正言顺,而且根据上诉法院的裁定,应该继续由他审理。行政法官败下阵来,此案继续由第九号法庭审理。

专家组在第一轮子弹发射检测中没有发现令人信服的证据,造成这种结果也是有原因的。扫描电子显微镜表明,开枪产生的高温造成子弹铜制外壳部分熔化,粘到来复枪内膛之上。如此一来，子弹每发射一次，枪膛都会被镀敷一次。结果，每次发射都会有不同的膛线刻痕产生，来复枪便提取不到真正的膛线刻痕。然而，即便如此，专家组的 12 次射击实验表明，每次射击都会在子弹上留下"起始线"或"参照线"，金博士身上提取的那枚子弹表面却没有这条线。鉴于此，我们提交了一份动议，希望能在进行特定数量射击实验后引入清理痕迹的流程。

我刚提交动议，奇怪的事情发生了。科尔顿法官（第三号法庭法官，1969 年此庭为审判庭）任命了一名具有下发传票权和调查权的"特别主事官"。

在我们关于继续检测动议的庭审前夜，检察长取得了一份禁止令，禁止庭审及科尔顿法官的书面指令。接着他又提交了一份正式申请，不让两位法官在此案上继续走任何法律程序。在我看来，如果不是科尔顿法官的上述举动，田纳西州就没有理由提出此类申请，也不会导致布朗法官的法庭遭受牵连。

1997 年 9 月 5 日，我们向上诉法院提起申诉，州检察长代表谢尔比郡地方检察长进行了申辩，我为我方动议以及布朗法官行为的合法性进行了申辩。那天，法庭听众席济济一堂，代表金家族的德克斯特·金也在座。傍晚时分，三名法官达成一致，认为科尔顿法官严重僭越了自己的司法权限，终身不得再从事法官一职。

法庭认为我方有理有据，判布朗法官有权继续决定对物证的处置。如果布朗法官认为必要，可以批准对所谓的作案工具继续进行检测。假如法官们判我们败诉，那就成了对这种前所未有的肆意侵犯审判庭行为的背书，可能造成审判庭法官丧失原来拥有的对呈堂证据的控制权。三名法官似乎做好了最坏的打算，询问州助理检察长，田纳西州政府是否申请在此案中替换掉布朗法官，当时，这位州助理检察长给出了否定的回答。

虽然上诉法院通过了我们的诉求，但法庭同时知会我们，州政府不应当为武器检测买单，申请方须自掏腰包。按照法庭裁定时的物价计算，这笔费用共近 3 万美元。

所谓的作案枪支再也没有接受过检测。上诉法院宣判后，几个月过去了，仍然没有举行庭审。考虑到布朗法官以前提出过的问题，显然，他相信最小数量射击实验后，在特殊清理技术的帮助下，结果必然是实验中的子弹膛线刻痕彼此相同，但全都与死者身上取出的子弹膛线刻痕存在差异，而这个结果将足以让他批准对雷重新审判。我感觉布朗法官已经能够想到所谓的作案枪支并不是真正的作案工具。可以理解的是，鉴于田纳西上诉法院对重提此案极为反感，布朗法官想必希望在取得最强有力的科学证据的前提下，帮助自己做出裁定。同时，在此期间，布朗法官还接到了拍摄大型电视节目的邀约，忙着与电视台就合同进行商谈。

拖来拖去，重新检测的申请最终功败垂成。不出多时，地方检察长提出一份动议，要求布朗法官主动放弃对本案的审理资格，遭到布朗法官拒绝。田纳西州提起上诉。后来布朗法官提交了对申请书的裁定，上诉法院在没有给我们任何辩解机会的前提下，就趁着夜黑风高，推翻了布朗法官的裁定，以他持有偏见为主要理由，不准他再审此案。真是骇人听闻，不过也在意料之中，田纳西的司法对詹姆斯·厄尔·雷一贯如此，毫无公平可言。詹姆斯·厄尔·雷获得审判的最后一点机会的希望就这样破灭了。

劳埃德·乔尔斯(续)

　　1997 年初,我开始同劳埃德·乔尔斯的律师刘易斯·加里森讨论,是否有可能让乔尔斯与我和德克斯特·金见面,让他把所知道的关于刺杀事件的事实一五一十告诉我们。

　　实现这次会面最大的障碍是乔尔斯害怕被起诉,一旦被判罪,余生就要在监狱中度过了。为了打消乔尔斯的顾虑,德克斯特·金代表金家人答应出具保证书,注明如果乔尔斯能把自己知道的和盘托出,为揭开刺杀及金博士死亡的真相出力,我们支持为他提供豁免权。我确信刺杀案发生的时候,乔尔斯在灌木丛里,他知道是谁真正扣动了扳机。当然,此事难就难在乔尔斯自己有可能就是真正的刺客。我劝他,无论是哪种情况,有了金家人的支持,总归对他非常有利,金家只对真相感兴趣,并不执意要一报还一报,处决凶手。

　　乔尔斯同意见面。不过他不住地想临阵退缩。首先是科尔顿法官的"调查"让他着实担心了一阵子。接着,某家报纸刊登了一篇报道,集中讨论乔尔斯在刺杀案中的角色,差点导致乔尔斯打退堂鼓。后来,《孟菲斯商业诉求报》的一名记者向加里森打听我们与乔尔斯计划中的会面情况,这名记者与检察长办公室关系密切,这不能不让我和加里森一致认为,加里森的电话仍然处于监听之下。不出多时,应地方检察长的要求,田纳西调查局开始访谈证人,并走访乔尔斯的家属,跟他们说田纳西调查局打算起诉乔尔斯。听到这个消息,乔尔斯惊慌失措,差点离开美国。

　　终于等到了会面。1997 年 10 月 27 日,在田纳西州杰克逊郡的喜来登酒店,我和德克斯特·金见到了乔尔斯和加里森。会面持续了 3 个多小时,劳埃德·乔尔斯把 30 年来始终深埋心底的一手真相,或者说至少部分真相,一点点呈现给我们。乔尔斯始终没有消除疑虑,竭力避免正面回答。我也得以对乔尔斯进行了询问,他的律师加里森在一旁帮忙,请他确认一些他们从 1993 年开始陆陆续续讨论过的事实。

我请乔尔斯从头说起。乔尔斯说他第一次见到农产品商弗兰克·利贝托是在孟菲斯警察局。当时,乔尔斯还年轻,警官约翰·巴杰是他师傅,不是非常正式的那种。巴杰跟乔尔斯说,弗兰克·利贝托是黑帮间谍,乔尔斯作为一名年轻警察,如果能和利贝托合作,好处多多。乔尔斯从警察局辞职后,开始自己做生意,先是经营俱乐部,后来开酒吧和餐馆,始终与利贝托有来往。乔尔斯早就听说利贝托从事各种各样的违法活动,从走私枪支、贩卖毒品、组织卖淫到赌博等。有几年,乔尔斯帮利贝托送过钱,一般是利贝托给他一捆现钞,让他将"包裹"交给指定的人。1968 年年初,利贝托找到乔尔斯,让他接受一捆现金,并交给一个叫劳尔的人。利贝托详细介绍了劳尔的情况,对此乔尔斯已经习以为常,并没大惊小怪。接到装在蔬菜盒里的钱后,乔尔斯把盒子放进吉姆烧烤店厨房一个不用的烤箱里。贝蒂·斯帕茨曾说在烤箱里看到过这只盒子。金博士遇刺前一两天,劳尔来找乔尔斯拿走了钱。

我将六张照片依次排开,给乔尔斯辨认。他挑出就是我称为劳尔·佩雷拉的那张。格伦达·格拉博和弟弟罗伊斯·威尔伯恩,以及锡德·卡休、詹姆斯·厄尔·雷均辨认过这张照片,确认上面就是劳尔。乔尔斯冷笑着评论,劳尔那张脸独一无二,过目难忘。

有一点我们须谨记,过去 20 年里,对于 1968 年 4 月 4 日在吉姆烧烤店以及周边发生的事情,乔尔斯的叙述经常前后不一,虽然都是出于他为自己考虑的原因,倒也情有可原。但在 2000 年 6 月司法部有限的调查报告里,这成了他的主要污点,后文将讨论这个报告。这一次,乔尔斯说他记得利贝托跟他接洽之后,至少有一次,很可能有最多三次来吉姆烧烤店和别人碰头,为刺杀做准备。尽管乔尔斯说自己没有参与筹划刺杀,但这些刺杀计划讨论会真切发生过,而且记得大部分与会者的名字:他的老朋友、现已过世的约翰·巴杰,巴杰当时还是孟菲斯警察局的一名督察;卧底警官马雷尔·麦科洛,乔尔斯并不知道马雷尔在军事情报组织中的身份。早些时候,巴杰就带马雷尔来过烧烤店,并介绍说马雷尔是自己的新助手。1977 年众议院刺杀调查专责委员会跟马雷尔取证的时候,马雷尔说自己在金博士遇刺之时,还没参加任何情报工作。1997 年 4 月,美国广播公司《黄金时间现场》又采访了马雷尔,当时他已经加入中央情报局。采访中,马雷尔承认自己认识劳埃德·乔尔斯。问及乔尔斯证言中说他参与了金博士刺杀案,马雷尔表示无可奉告,挂了电话。我请当地熟人设法联系马雷尔,让他跟我谈谈,也是无疾而终。

乔尔斯所说的参与刺杀计划讨论会的另一名孟菲斯警察局督察,从本案一开始就非常高调。此人至今尚在人世。第四名参与者,是孟菲斯警察局警官厄尔·克拉克,1987 年过世。厄尔·克拉克当时在装甲中心掌管孟菲斯警察局靶场,大家都认为他是警局的第一神枪手。我几年前就听说厄尔·克拉克与弗兰克·利贝托十分亲密,乔尔斯说确有此事。乔尔斯说,利贝托跟他讲过,刺杀的时候,现场不会有警察,而且已经预备好了"替罪羊"。乔尔斯以前跟加里森律师说过，刺杀案发生前，他从劳尔那里接到了作案武器，案发前不久，又将武器还给了劳尔。他还说自己刺杀案发生前一晚或两晚整晚都守在烧烤店，寸步不离。

跟我们谈话这次，乔尔斯指出刺杀案发生的那个下午，厄尔·克拉克前来取走了武器。乔尔斯说，有人让他下午六点前从后厨出去，等在灌木丛附近。他猜测，金博士团队里有人会在那个时间引导金博士走上阳台。

完成刺杀后，乔尔斯按计划拿走枪并且收好，等第二天上午利贝托派人来取。乔尔斯说，利贝托跟自己说得一清二楚，枪是自己的"私人财产"。第二天上午，利贝托的一名"墨西哥裔"雇员走进吉姆烧烤店喝咖啡，一直等到所有顾客离开，才过来取走枪。乔尔斯再也没有见过此人。前几次，乔尔斯声称是劳尔取走了枪。

尽管乔尔斯仍否认贝蒂·斯帕茨刺杀案发生那天下午在烧烤店，他的话却印证了贝蒂的陈述。乔尔斯的律师刘易斯·加里森注意到，乔尔斯这么多年来反反复复，说来说去，都证明贝蒂对当时的描述所言不虚。正如前文所说，贝蒂·斯帕茨记得出现过两杆来复枪。刺杀案发当日中午前后，乔尔斯从灌木丛一带拿回一杆枪，当着她的面将枪大卸八块。刺杀案刚刚发生后，贝蒂眼见乔尔斯把第二杆枪拿进了厨房。

贝蒂曾说乔尔斯将作案武器放到了柜台下方，乔尔斯证实贝蒂的话没错。尽管以前乔尔斯一直否认，但出租车司机詹姆斯·麦克劳却始终坚称自己在刺杀案发生后的第二天上午看到过放在柜台下方的作案工具。乔尔斯承认自己去过灌木丛，见到了刺客，并从刺客手中接过了仍在冒烟的来复枪，拿着枪跑回自己店里。乔尔斯这次毫不隐瞒，甚至告诉我们，他曾想把弹出的空弹壳扔进厨房边的抽水马桶冲走,但没成功。虽然没有明说,但乔尔斯暗示,灌木丛里另外一人,也就是刺杀马丁·路德·金的真凶,是孟菲斯警察局的头号神枪手厄尔·克拉克警官。乔尔斯说,刺客将作案枪支交给自己后,撒腿就跑。由于乔尔斯自己忙着往店里跑,来不及关注刺客逃跑方向,但依稀记得他朝着建筑往回跑。如今,我有疑问的不是厄尔·克拉克是否涉案,我相信他肯定脱不了干系,而且金博士遇刺的时候,他也在灌木丛中。我有疑问的是扣动扳机的人是他吗。乔尔斯提及厄尔·克拉克要负的责任之时,语气总是含糊其词。我对此始终怀着一丝不安。如今我想我知道个中原因了。

至于厄尔·克拉克,某种程度上,我兜了一大圈又回到了原地。1988年、1989年,我曾高度怀疑厄尔·克拉克就是刺客。1992年我访谈了他的前妻丽贝卡。丽贝卡为厄尔·克拉克提供的不在场证明似乎滴水不漏。丽贝卡坚持说,刺杀案发生的时候,厄尔·克拉克不当班,在家睡觉。后来警察局"对讲机"响了,对讲机那头的人让他回队。丽贝卡不得不开车去干洗店取回丈夫的制服。丽贝卡看起来不像在说谎。我访谈丽贝卡的时候,他俩已经离婚,厄尔·克拉克也已再婚,所以她没理由包庇前夫。不过,丽贝卡毕竟还在抚养她和厄尔·克拉克的儿子。访谈中,他们的儿子也在场。很明显,儿子对父亲十分依赖。

1995年,我开始怀疑丽贝卡说了谎。出租车司机麦克劳告诉我,刺杀发生当晚,丽贝卡在孟菲斯市中心搭他的出租车去了离家数英里远的地方。麦克劳还跟我澄清,厄尔·克拉克是吉姆烧烤店的常客,曾公开吹嘘如果金博士来孟菲斯,就干掉他。我一度把这当成种族主义的无稽之谈,没放在心上。1995年,麦克劳跟我说,他亲眼看见厄尔·克拉克在六点二十分左右身着孟菲斯警察局警服从出租房南侧走出。乔尔斯却说,在刺杀案发生的时候,厄尔·克拉克身着浅色便服。[34]

以上及许多其他细节,多处出现不一致,但各种信息拼凑起来,一幅相对清晰的场景已呈现在我们面前。自始至终,事实从未改变,等待我们去发掘。首次发现利贝托可能涉案,归功于约翰·麦克弗林。他勇敢地站出来,举报利贝托对着电话大喊大叫,说"狗娘养的走上阳台,就一枪崩了他"。10 年后,利贝托对怀特洛克一家也承认过此事。其他一些独立证人的确凿证言也证明确有其事。贝蒂·斯帕茨和詹姆斯·麦克劳勇气可嘉,终于迫使劳埃德·乔尔斯于 1993 年站出来,坦白一切,换取豁免权。政府对乔尔斯要说的话心有余悸,但考虑到此案牵涉人员之众,他们有所顾虑情有可原。

有了马尔切洛/利贝托/孟菲斯刺杀行动,埋伏在周围各建筑之上训练有素的专业人员就没有了亲自动手的必要,这样也不会让政府牵连在内。违法活动让有组织犯罪团体去做,各级政府官员和机构将自己撇得干干净净,这些都已司空见惯。私下的金钱交易,甚至商业合作,比如贩卖枪支、为非法秘密活动提供资金的毒品交易合资公司等很少遭到曝光。一旦暴露,就会上演大规模补救和掩盖行动。马丁·路德·金遇刺是美国人民的悲剧,其背后的可耻真相触目惊心,案发后各种掩盖罪行的行为涉嫌叛国和滥用职权。

雷撒手人寰

雷生命的最后时刻,我同意两名首席调查员——马尔温·柯蓝科勒与暂时借调过来的孟菲斯警察局警官蒂姆·库克——对雷进行访谈。这构成了谢尔比郡地方检察长调查的一部分。虽然我之前请的私家侦探肯·赫尔曼与约翰·比林斯并不信任柯蓝科勒，但他们最初却非常相信库克的确想把事情弄个水落石出。尽管我心存疑虑，但为防止田纳西州政府说雷不配合，只好同意了这次会谈。地点就在河湾监狱贝尼洛伊丝特护中心。[35]杰里·雷也在场。

刚刚谈了一会儿，库克就开始逼雷认罪。我简直不能相信自己的耳朵。这帮人永远都不吸取教训吗？库克抛出诱饵，说他能短时间内安排释放雷，这样雷就能死在家人的怀抱，而非狱中。雷根本不为所动。30 年来，他坚持自己无罪，为了获得审判不懈斗争，绝不会因为一位孟菲斯警察局官员几句无耻的恳求就让这一切付诸东流。访谈快结束的时候，我和库克简短地交谈了几句。交谈中得知厄尔·克拉克警官工作和打猎的搭档兼朋友约翰·科莱塔与库克是姻亲，真是无巧不成书，令人浮想联翩。

1998 年 4 月 23 日，雷离开了人世。这天正好是他从密苏里杰斐逊市监狱越狱 31 周年。我当时在伦敦，听到他离世的消息，立即启程返回美国。我答应登机前在希思罗机场接受《今日秀》节目的采访。我讲完后，作家杰拉尔德·波斯纳会针对我的采访做评论。我们已经达成默契，如果波斯纳的评论有任何不妥，节目组将给我机会反驳，但要尽量简短。在回答某个问题的时候，我指出，我能找出 18 名证人，这些人都掌握着重要信息，但波斯纳从没与其中任何一名证人谈过。我指出这点后，波斯纳称，雷生前偷偷录过一盘磁带，也许在里面承认自己有罪，并认定我或杰里把磁带藏了起来，义愤填膺地要求我交出录音，并称美国人民有权知道录音内容。自然,这是睁着眼说瞎话,不过他们根本没给我机会反驳,尽管他们曾承诺过。虽然雷已撒手人寰,但一切都没有改变。

雷去世之后

雷已经离世,要达到在法庭上宣誓检测证据的目的,我们只剩最后一个选择——对劳埃德·乔尔斯提起民事诉讼。当然,在不同的会面中,乔尔斯已主动向我及德克斯特·金、安德鲁·扬大使坦白并讨论了自己的涉案情况。乔尔斯这么做情非得已。1993年开始,乔尔斯意识到我们已经掌握了足够证据,一旦官方想正式起诉他,他将罪不可逃,所以才希望趁机换取豁免权。乔尔斯一心想把这个故事包装成书或电影,但他的叙述持续且毫无意外地被检察长驳斥。真是滑天下之大稽。事实上,由于被迫公开站出来,乔尔斯已一无所有,连妻子都跑了,他也失去了出版著作或者拍电影的指望,因此他现在讲的话十有八九都是真话。

美国广播公司新闻组请到一名曾在联邦调查局工作的测谎专家,并说服乔尔斯进行测谎,最后宣布乔尔斯没通过测试。事实上,这是一派胡言,乔尔斯通过了测试。开车送美国广播公司新闻拍摄组到机场的出租车司机说,他听到了这些乘客的对话。其中的测谎专家感叹说自己无法让乔尔斯"举棋不定"。这名测谎专家后因进行这次测谎遭到田纳西州监管机构处罚。美国广播公司至今厚着脸皮,不肯把测谎记录和视频拷贝给乔尔斯,这也是违法的。

不过,乔尔斯提供的细节足以让我们提起民事诉讼。1998年春,雷去世后,我同金的家人详细讨论了民事诉讼一事。我们不无担心：这么做到底有没有用？会不会导致媒体对金家人的新一轮攻击？打官司，谁出钱？对于金的家人的担忧，我不好评论，也解决不了。毕竟是他们来承担重担。而我能做的，只是给出建议，告诉他们我们胜诉的机会很大，这可能是我们检测各项证据的最后机会，这些证据以前从没当着法官和陪审团提出过。至于费用，我不会收他们的钱，而且我的一些朋友们也会愿意筹款给予帮助。考虑到证人要从美国各地甚至英国赶来出庭做证，花费应该不少。

从 1997 年金家决定站出来，德克斯特·金就一直冲在最前线，饱受各种恶言恶语，他对此事最为谨慎。德克斯特知道如果进行民事诉讼，他将再次承担主要责任。金夫人说，大家已经花了这么多时间和精力，并指出我对此事已投入 20 年光阴，克服了各种艰难险阻，没有理由前功尽弃。就这样，大家决定进行民事诉讼。

我和查斯顿认为事不宜迟，马上起草诉状，起诉劳埃德·乔尔斯以及其他不知名的串谋者。这次起诉没经过任何宣传，原告是小马丁·路德·金的家人，包括科丽塔·斯科特·金、马丁·路德·金三世、伯尼斯·金、德克斯特·金、尤兰达·金，被告是劳埃德·乔尔斯以及其他不知名的串谋者。1998 年 10 月 2 日，我们向第四号审判庭提交了号码为 97242TD 的案件摘要材料包，申请进行审判。

过了一年多，审判日期才下来。第一次开庭定在 1999 年 11 月 15 日。不巧的是，第四号审判庭法官詹姆斯·斯韦林根因病时常无法主持案件，他何时能康复审理我们的案件都是未知数。有好多次，我们曾考虑是否应该设法将案子转到别的法官手上，但最后还是等到了斯韦林根法官康复。作为一名优秀的法官，这可能是他漫长职业生涯中审判的最后一起案件。

1999 年 6 月 7 日，还没等到开庭，查斯顿就永远离开了我们。查斯顿饱受胰腺癌困扰，最终没能渡过难关。这无论对我个人，还是我的事业，都是沉重的打击。[36]

唐纳德·威尔逊的材料

唐纳德·威尔逊现居芝加哥地区，是前联邦调查局探员，当年以帮助美国少数族裔争取民权为理想，年纪轻轻就加入联邦调查局。威尔逊入职后，理想破灭，但孩子还小，只能为家庭默默忍受下来。退休前，他曾得到 J. 埃德加·胡佛本人多次表彰。

1997 年年初，唐纳德·威尔逊联系上我及金的家人，为我们提供了一些弥足珍贵的新信息。最初我们通过威尔逊之子进行交流，他在一家芝加哥律师事务所做律师。4 月 15 日，我们终于在奥黑尔机场贵宾室海军将领俱乐部见了面。威尔逊跟我们讲了两件事。一是刺杀案发生不久，他和另一名探员在亚特兰大桃树街附近骑行时看见一人，他们非常肯定此人就是通缉令上刺杀金博士的刺客。此人跟嫌疑犯长得一模一样。威尔逊说自己和搭档想过去实施抓捕，用步话机请示亚特兰大办事处，接线员说要去请示上级，让他们别挂机。再次通话时，接线员下令要他们"返回基地"。威尔逊与搭档吃惊失望之余只能服从。至今威尔逊对此事都无法释怀，大惑不解，不知道为什么上级不让他们拘捕嫌疑犯，也不给出任何解释。

威尔逊跟我讲述的下一件事更加重要。他说亚特兰大办事处应当地警察局要求，检查一辆白色野马车。这辆车已在首府住宅开发项目边停了数日。威尔逊同一名高级探员去了现场。警察怀疑这辆挂亚拉巴马车牌的野马车和金博士遇刺案有关。威尔逊说，自己试图打开副驾驶车门的时候，一个信封和一些文件掉了出来。他接着说，出于本能，自己一边用脚盖住这些文件，一边俯身将他们捡起放进口袋。当时威尔逊还年轻，觉得自己可能破坏了犯罪现场证据，十分忐忑。有机会仔细检查这些文件时，他被其中的详情震惊，同时也意识到一旦把这些文件上交，它们将永远不能重见天日。

他将这些文件隐藏了29年。

文件中的一页是从1963年得克萨斯州达拉斯市电话簿撕下来的。这残缺的纸张已显得破旧不堪。上面的电话号码包括H.L.亨特的家人。但更重要的是，顶端有个手写的名字：劳尔，还有一个字母J，以及一个达拉斯的电话号码。经查证，号码是拉斯维加斯俱乐部的电话。当时经营者是杰克·鲁比，杀死李·哈维·奥斯瓦尔德的凶手。

还有一张纸，上面写了好多名字。每个名字后面列着钱数，像个支付清单。底部是劳尔的名字及支付日期。威尔逊说他设法修复了第三张纸，上面写着亚特兰大联邦调查局办事处的电话和一个分机号。

威尔逊所说的材料引出了一个严重的问题，亚特兰大办事处可能参与串谋，至少办事处某名或多名人员与能进入雷所驾驶的白色野马车的人有关。从掌握的材料看，联邦调查局的联系人很可能是劳尔。我深知，某些人会使出浑身解数污蔑威尔逊和他的材料。

与金的家人深入探讨后，我们达成一致，请威尔逊将材料提交亚特兰大地方检察官进行调查，提交之后立即向媒体发布信息。

我和威尔逊最终面见了地方检察官,检察官说他没有人手开展调查,但会正式提出申请,要求美国司法部长进行全面调查。

我们召开了记者招待会,媒体反应冷淡。这都在意料之中。联邦调查局看都没看,就将我们提交的材料驳回,说威尔逊所言不实,并称没有记录显示检查那辆白色野马车的探员里有威尔逊的名字。威尔逊从来没说有他,他只是在这辆车被拖走并在联邦调查局车库里接受他人检查之前,在首府住宅项目的停车场里打开过那辆野马。[37]

一开始,威尔逊直接向司法部长提出与她本人会面,把材料当面展示给她。受到联邦调查局无端指责后,威尔逊撤回了申请。最终,他同意《亚特兰大日报简讯》记者阿瑟·布赖斯来芝加哥查看这些材料。布赖斯如约而来,并发了一篇平淡的描述性新闻。考虑到最近的发展势态,加上我们扔出一个这么具有爆炸性效果的证据,她还这么不以为意也是反常。

唐纳德·威尔逊的材料给我指出一个新的方向,金博士遇刺案可能与约翰·F.肯尼迪遇刺案有着某种联系,这是我所不愿意看到的。

格伦达·格拉博曾告诉我,1963年她偶尔会见到有个人与劳尔在一起,她只知道这个人叫"杰克"。同年秋,有一阵子,格伦达和杰克走得很近,那时距她丈夫罗伊出狱还有一两个月。

杰克杀死李·哈维·奥斯瓦尔德后,印有他照片的通缉令传遍了大街小巷。这时格伦达才知道杰克的真实身份。我决定不把格伦达的故事放入雷案的证据并提交上去,这对雷申请审判并无益处。事实上,我们总是被别人说成是相互串通的疯子。一旦那些同我们作对的人知道这个消息,还不知道怎么诋毁我们呢!

接着，唐纳德·威尔逊和他的材料出现了。威尔逊的材料上有和字母 J 一起出现的劳尔的名字，以及杰克·鲁比的拉斯维加斯俱乐部的电话号码。我决定前往达拉斯，对几名脱衣舞女进行采访，虽然这有可能被敌对方抓住把柄大做文章。她们为鲁比工作过，和他接触频繁。

我分别与贝弗利·奥利弗、沙里·安杰尔、马德琳·布朗见面。马德琳没在鲁比手下打过工，但做了多年林登·约翰逊的情妇，事实上，还为他生了唯一的儿子。马德琳认识鲁比，常去鲁比最重要的、名为旋转木马的那家俱乐部。

我与她们分别见面。我打开一沓照片，她们全都从中认出了我们称为"劳尔"的人，并确认此人经常和鲁比在一起。事实上，贝弗利记得劳尔曾给过鲁比像是一大笔现金的东西，装在"小猪扭扭"超市的纸袋里。

毫无疑问，这几个女人的叙述都证明格伦达·格拉博的话千真万确，杰克·鲁比和劳尔的确相识。唐纳德·威尔逊的材料进一步为此提供了佐证。

雷去世前，金的家人与我讨论了申请重新调查的可能性。我们坚信，我们需要的不是再来一场国会或司法部调查，我们需要的是真正独立的第三方组织开展调查。这个组织需要具有传票权，同时为了换取证人信息，还得有保证证人不会因为他们提供的信息而遭到起诉的权力。我们希望成立一个类似南非真相与和解委员会那样的委员会。

金的家人受到克林顿总统接见。他们向克林顿提出了诉求，但最终遭到拒绝。不过克林顿总统请司法部长雷诺在小范围内开展调查。调查主要围绕唐纳德·威尔逊提供的新证据以及劳埃德·乔尔斯的供词展开。

这种安排明显不能令人满意。政府再次充当了运动员和裁判员的双重角色。不过我们别无他法，只能配合司法部的巴里·科瓦尔斯基领导下的各项工作。科瓦尔斯基是高级民权刑事出庭律师。

科瓦尔斯基的团队反应迅速。他们立即传唤了唐纳德·威尔逊。问话开始还相对温和，但没多久就变得咄咄逼人起来。情况不妙。

1997年夏，唐纳德·威尔逊被传唤期间，我断断续续和他保持着联系。一开始，威尔逊还说愿意合作，后来听说司法部长派来的工作组安排监控人员，守在他租保险箱存放材料的银行外面。监控人员待在银行附近不走，引起一名银行高级职员怀疑，报警将他逮住。结果此人出示证件，表明了自己联邦法警的身份。知道此人是司法部工作组成员，威尔逊气坏了，拒绝继续合作，并坚决反对司法部工作组拿走他的材料。自从威尔逊挺身而出公开自己所知道的一切，他的生活发生了剧变。之前，他开着一家盈利颇丰的经纪公司，签约了好几个乐队。站出来做证后，有人联系乐队，说如果继续让威尔逊做经纪人，会影响他们事业发展，乐队纷纷解约，从此公司一蹶不振。

公司倒闭了。威尔逊已不再年轻，为了谋生，只能去教书。更让人无法忍受的事情发生了。一天，出门工作后，威尔逊太太接到一个电话，称看了她的医疗记录，知道她因为精神压力过大，哮喘加重。还说她丈夫在说谎，如果不交出材料，就得坐牢。最后，威尔逊收到传票，才不得不把达拉斯的电话簿和付款清单那两页交给他们。威尔逊跟我说，毫无疑问，这些人既不想帮助我们，也不想弄清楚金博士刺杀案的真相。他还说他们曾言语上攻击我和德克斯特·金。

这件事发生的时候，人在东欧的我与巴里·科瓦尔斯基取得了联系，对威尔逊的遭遇提出质疑。科瓦尔斯基辩解，为了得到材料他们也是迫不得已。还说不这么做，威尔逊既不会把材料交给他们，也不会交给我。

不久，威尔逊告诉我，他的太太在家附近的郊区购物中心购物，准备开车回家时，发现轮胎给人划破了。那个地区从未发生过这种故意破坏的事儿。他们报了警，却毫无用处。[38] 威尔逊怒不可遏，但又感到无能为力、孤立无援，不禁怀疑自己挺身而出、拔刀相助是否明智。太太弗朗承受了巨大压力，这让他非常担心。1998年10月，我们提交民事诉讼状的时候，威尔逊说得很清楚，如果案子进行审判，我们不能指望他出庭做证。等1999年11月15日这个开庭时间出来的时候，威尔逊更加坚定了决心，怎么恳求他都无济于事。我认为要不是司法部长这场调查，威尔逊的生活就不会毁掉，也不会不出庭帮我们做证。[39]

工作组似乎在找很多人谈话，这些人都掌握着一些信息。1999年11月，我听说那年6月，他们找到了劳尔的劳动用工记录。我拿到同样一份记录后，才知道这个消息。然而，记录表明劳尔经常请长假或擅自离岗，这对一名普普通通的汽车工人来说实在异乎寻常。

司法部工作组从没找劳埃德·乔尔斯谈过。可想而知，乔尔斯与他们见面的条件是先保证给他提供豁免权。工作组说他们可以跟谢尔比郡地区检察官办公室安排此事。实际上，他们从未兑现诺言。因此，工作组没能与乔尔斯面谈。1999年夏天，工作组似乎快完成报告了，但直到12月审判快要结束，也没见他们给出报告。

下 篇

第八章
审　判

1999 年 11 月 15 日,我们在斯韦林根法官的法庭名副其实地"首次亮相"。斯韦林根法官同意各家媒体把一架共享摄像机架在我们自带的摄像机边上。这唯一一架媒体摄像机和媒体本身一样,时而出现时而不出现。(审判过程中,各家媒体几乎总是缺席,唯一例外的是当地一家媒体主持人温德尔·斯泰西。斯泰西每天都来旁听,为此差点儿丢了工作。惨遭辞退后,他以不当解雇为由进行上诉,打赢了官司,才重新得到聘用。)

15 日上午,在狭小的第四号审判庭进行了陪审团成员选拔。我们探讨了将本案转移到一个更大的审判庭审理的可能性,但法官的健康状况不允许,最后大家还是同意留在法官一直使用的审判庭。法官向双方指出,刺杀案后,自己曾为金博士扛过棺,鉴于此,如果双方有人希望他退出此案审理,他愿意接受。我方当然没理由这么做,被告辩护律师加里森也没有提出反对意见。

我需要聘请一位本地律师,到处寻觅未果,就要绝望的时候,朱丽叶·希尔-阿金尼斯出现了。朱丽叶是一名年轻黑人律师,1994 年获得法律职业资格证书。在她之前,我接洽了许许多多本地律师,他们通常都因听说受雇于我对自己职业前途不利,无一例外拒绝与我合作。朱丽叶不同,她非但没有表达类似担忧,反而把代理小马丁·路德·金的家人作为一项挑战和荣誉。我十分钦佩她的决定,对她能不人云亦云、舍身取义的做法十分感激。

詹姆斯·斯韦林根法官禁止媒体旁听陪审团遴选过程。由于本案话题敏感,斯韦林根法官非常注重保护各位陪审团成员的身份信息,并尽最大可能保护他们的隐私。他还将进一步下令,禁止任何摄像机在审判期间对准陪审团进行拍摄。[40]

由于原告有 5 人,而具名被告只有 1 人,因此在陪审团成员选择上我方有权提出更多排除条件。考虑到 40 多人的候选陪审团名单里有大量执法机关和私人保安公司雇员,我们把能用的排除条件悉数用上,一个也没浪费。

第一天结束的时候,陪审团已选出 8 名男性成员、4 名女性成员,黑人白人各占一半。庭审定于第二天上午 10 点开始。开场陈述后,控方举证。此阶段我将首先请科丽塔·斯科特·金出庭。我还代表控方,召集了一支聪明热情的志愿者团队。[41]

11 月 16 日,审判开始。开场陈述结束后,进入了午餐休庭时间。下午,我们请科丽塔·斯科特·金作为首名证人出庭。法律频道报道了科丽塔的证言,并提供了共享摄像机。后来法律频道的人走了,庭审大部分时间都不在,和其他媒体一样,有名人出场的时候,才会再赶回来。除此之外,大小媒体全都缺席了大部分审判。

控方证据由九部分组成:

- 刺杀背景
- 当地串谋
- 犯罪现场
- 作案工具

- 劳尔
- 更大范围的串谋
- 掩盖真相的一系列作为
- 被告乔尔斯先前的招供
- 原告的损害

尽管各位读者已经对我们调查中许多证人给出的证言了然于胸,前文我们也都做过讨论,但这些证言在法庭上宣誓后讲出来已然成了证据,分量和以前大不相同,因此我还是要将这些证言的细节总结如下。

刺杀背景

金夫人首先发表证言,多名证人紧随其后。他们的证言为我们勾勒出了刺杀案的历史背景及导致刺杀案发生的一系列事件。证人们通过多个角度,摆出各种事实,描述了金博士因下列行为而被当权者当成眼中钉、肉中刺的事实:金博士坚决反对越战,立志率领社会边缘穷苦大众挺进华盛顿,在国会大厦建立帐篷城,游说国会兑现早已许下却未能兑现的社会立法诺言。詹姆斯·劳森牧师讲述了金博士如何支持环卫工人大罢工。"闯入者"成员科比·史密斯博士证实,3 月 28 日大罢工游行过程中爆发了暴力冲突,似乎是外州奸细所为。

科比·史密斯博士和查尔斯·凯贝奇曾是"闯入者"团体成员,二人出庭做证,详细讲述了"闯入者"的性质及他们突然从洛林汽车旅馆撤离的原因。史密斯说,因为有人冤枉"闯入者",说毁了此前游行的暴力冲突系他们所为,所以"闯入者"决定与金博士一起筹划四月大游行。他坚称"闯入者"自行开展了调查,从调查结果看,他们认为此前游行中发生暴力冲突是外州奸细导致的。"闯入者"与南方基督教领袖会议以及金博士达成基本一致,为了帮"闯入者"参与游行策划,他们将"闯入者"安排进洛林汽车旅馆的两个房间。房间也在阳台那层,位于金博士房间南侧,仅几门之隔。4月3日,金博士到来后,"闯入者"和金博士一起参加了多场讨论会。

凯贝奇说"闯入者"在刺杀案发生前11分钟不到,突然撤离。他说大概下午五点半后,洛林汽车旅馆一名工作人员敲门,说南方基督教领袖会议不再帮"闯入者"缴纳住宿费,必须搬离。这很不合常理,因为当晚的住宿费在当天早些时候应该已经付过,或者将要支付。无论怎么说,似乎都讲不通。但"闯入者"还是听从了据说由杰西·杰克逊牧师下达的旅馆逐客令。"闯入者"成员收拾好行李,大约下午五点五十分离开旅馆。这个撤离时间后来得到孟菲斯警察局威利·B. 里士满队长(已退休)的确认。里士满当时负责消防站里面和后面的监控点,在监控报告中他记录了这一事件。里士满在证言中还指出,大约同一时间,他监控到凯利斯牧师敲金博士房门。里士满说金博士打开房门,和他简短地说了几句,随后关上门。接着,凯利斯在阳台上朝北走去,站到栏杆边。这个说法与凯利斯30多年来对事实的陈述矛盾重重。据凯利斯说,刺杀案发生前,自己在金博士房间里待了30—45分钟。

凯贝奇讲,旅馆让他们搬离的时候,自己曾见杰西·杰克逊牧师站在游泳池边。游泳池正对金博士和"闯入者"所住房间。凯贝奇说,杰西·杰克逊牧师不断查看手表,显得极不耐烦。(不过,不得不说的是,按计划大家要去凯利斯牧师家赴宴,时间已经晚了。)

距刺杀案那么近的时刻,杰克逊牧师(假如真是他下达逐客令的话)为什么要让人立即赶走"闯入者",这一点比逐客令本身更令人费解。据说后来杰克逊牧师称自己甚至不记得"闯入者"也住在洛林汽车旅馆。

凯贝奇始终无法理解"闯入者"为什么遭到驱逐。在凯贝奇的证言中,他还证实住在洛林汽车旅馆里的"闯入者"成员全副武装。这是因为孟菲斯警察局对他们充满敌意,他们长久以来一贯如此。

当地串谋

本地农产品经销商弗兰克·利贝托肯定涉嫌策划了当地串谋,一长串的证人都能证明这点。我与约翰·麦克弗林相识已有 22 年之久,终于他第一次走上证人席。宣誓后,麦克弗林做证说,距离金博士遇刺后一小时十五分钟的时候,他听到利贝托对着电话大声叫喊"狗娘养的走上阳台,就一枪崩了他",还告诉电话那头,到新奥尔良自己兄弟那里取酬金。正直勇敢的麦克弗林走上证人席,首先向陪审团讲述了自己家族摆脱奴隶制的漫长历程,讲述了他参与的民权运动以及在田纳西州种族问题最严重的费耶特郡遭受的骚扰。在宣誓后的证言中,麦克弗林对发生事件的叙述跟刺杀案发生后那个星期日晚上在皮博迪酒店,他跟孟菲斯联邦调查局调查人员所说的一模一样。1968 年联邦和州级官员统统无视他的陈述,10 年后的国会委员会也是一样。这次,同样的错误不会继续上演。

弗兰克·利贝托在刺杀案中的所作所为还得到了内森·怀特洛克以及他母亲拉瓦达·爱迪生的证实。二人提供了 1978 年利贝托先后对他们坦露的细节,并认为利贝托毫无疑问是孟菲斯金博士遇刺案的组织者。利贝托还对他们说现场不会有安保,警察会配合,替罪羊已经找好。接下来德克斯特·金、安德鲁·扬大使证明在他们分别对劳埃德·乔尔斯进行访谈的过程中,乔尔斯承认在 3 月 18 日金博士首次代表环卫工人讲话之后,利贝托找过他。乔尔斯还说自己欠利贝托一个"大大的人情"。乔尔斯的那些话基本印证了他在《黄金时间现场》直播节目中的陈述。当时还没提弗兰克·霍尔特涉案之事。利贝托告诉乔尔斯,会在一只蔬菜盒里放 10 万美元给他,并托乔尔斯把钱转交一个叫劳尔的人。这个劳尔过后会来找乔尔斯。乔尔斯跟我、德克斯特和安德鲁·扬说,利贝托许诺,周围不会有警察,而且他们已经安排了一名替罪羊。乔尔斯说,事实也就像利贝托所说那样发生了。他们在乔尔斯的烧烤店召开了刺杀计划讨论会,参与人员包括约翰·巴杰探长(乔尔斯以前在警察局工作的时候就认识他)、黑人卧底警察马雷尔·麦科洛(巴杰给乔尔斯介绍说马雷尔是自己的新搭档)、孟菲斯警察局神枪手厄尔·克拉克探长(乔尔斯同他打过猎)、一名孟菲斯警察局高级督察,还有一名警官乔尔斯不认识。乔尔斯说给与会人员安排的那个房间只有四把椅子,因此自己又给他们加了一把。这就是他记得共有五人的原因。乔尔斯说,假如雷真的涉案,那么他就是那个不为人知的替罪羔羊。

因此,乔尔斯也证实了弗兰克·利贝托涉案。再加上麦克弗林、怀特洛克、爱迪生、已故的阿瑟·W. 鲍德温生前的讲述,弗兰克·利贝托是刺杀案中的关键角色这一事实,似乎已经一清二楚。

证人们接连不断走上证人席,提供各种细节,证明案发现场所有警察均被撤离,本该配备的安保队压根不存在,现场对刺杀任务构成威胁的人员统统遭到调离。

消防队员弗洛伊德·纽瑟姆、诺维尔·华莱士是 2 号消防站仅有的两名黑人消防员。他们的证言表明距离刺杀案发生不足 24 小时的时候,二人接到命令,要求他们到孟菲斯其他消防站,而不是他们平常工作的 2 号消防站上班。2 号消防站就在洛林汽车旅馆周边。纽瑟姆和华莱士说他俩没去上班,致使 2 号消防站人手不足。而他们被派往的那个消防站则人手多到用也用不完。调令毫无道理,也没人给出令人满意的解释。纽瑟姆说,最后有上司告诉自己,对他们二人发出调令是应警察局的要求。

埃德·雷迪特探员是一名社区关系警察,被指派做情报工作,与威利·里士满搭档,负责消防站后面的监控详细信息。雷迪特做证说,伊莱·阿金探长在刺杀案发生前大约一个小时,点名找他,先带他去了警察总局。在那里见到弗兰克·霍洛曼局长,局长说雷迪特有生命危险,必须回家。雷迪特不肯,不过没人听他辩解。在家门口,还没下车,他和阿金探长就听见汽车广播里传来刺杀案发生的消息。那之后,谁也没再提过雷迪特有生命危险那事。后来有人说那可能是个误会,只是没人给出令人满意的解释。显而易见,雷迪特是社区关系警察,职责让他与社区关系更加紧密,而不是孟菲斯警察局情报机关。假设真有什么罪恶勾当上演,他没有得到信任,不许待在犯罪现场,是非常好理解的。

孟菲斯警察局刑侦队长杰里·威廉姆斯(已退休)做证说,以前金博士来孟菲斯时,上级都会委派他组织协调安保队,保证金博士在孟菲斯的安全。安保队队员是清一色的黑人刑警,在金博士来访期间全程跟随,甚至旅馆的安保也由他们来做。金博士通常下榻之处不是瑞蒙特假日宾馆就是本博将领宾馆。威廉姆斯队长说金博士最后一次到访孟菲斯即遇刺那回，自己没收到组建安保队的命令。一度有人跟他说，金博士不愿他们在身边。不过从南方基督教领袖会议消息人士的话来看，这并不属实。事实上，劳森牧师记得前一次来孟菲斯的时候，安保队的所作所为给他留下了深刻印象。安保队曾拍胸脯跟劳森牧师讲，只要安保队在，就能保证金博士毫发无损。1968年4月3日和4日，这个安保队没有到位。大约翰·史密斯尽管抱病住了院，但还是带病出庭。他说4月4日中午刚过，汽车旅馆还有几名警察，刺杀案发生前半个小时，警察似乎人间蒸发了一样。

马萨诸塞大学教授菲利普·梅兰森走上证人席，为4月4日从洛林汽车旅馆撤离紧急部队特警10分队做证。[42]他说山姆·埃文斯督察承认撤走了特警10分队，这支分队原来驻扎在洛林汽车旅馆，后来撤到了周边消防站。埃文斯声称，做出这个决定是应金博士集团内部某人的要求。有人追问是谁提出的要求，埃文斯回答说是凯利斯牧师。事实上，凯利斯与南方基督教领袖会议毫无瓜葛，也无权提出这种要求。埃文斯似乎不明白这个道理。

很难想象，4月4日那天，不仅已在金博士身边的安保人员被全部撤走，不能被完全信任或不能完全控制的人员也被撤了个精光。这些撤离行动在刺杀案发生前24小时已经启动。

说到为什么要调换金博士的旅馆房间，前纽约市警探利昂·科恩做证说，刺杀案发生后的第二天一大早，他听洛林汽车旅馆经理沃尔特·贝利说，金博士本来被安排在一间相对隐蔽的靠近庭院的房间，结果入住前一晚，亚特兰大南方基督教领袖会议办公室有人来电话提出要求，让他们给金博士安排一间俯瞰泳池的阳台房。科恩从纽约市警察局退休后，搬到孟菲斯，做起了私家侦探。

他做证,贝利坚持称自己曾竭力说服电话那头他认识的那个人,不要换房间,但来电之人十分坚决。就这样,金博士换了房间。

截至审判这天,出租车司机詹姆斯·米尔纳已经认识劳埃德·乔尔斯超过 25 年。米尔纳做证说,实际上,20 世纪 70 年代初期到中期,乔尔斯差不多告诉了他刺杀案的全部经过。跟 1993 年乔尔斯在电视审判中的陈述出入不大,其中包括乔尔斯自己怎么卷入此案、刺杀行动如何策划实施、可能是已故探长厄尔·克拉克扣动的扳机,等等。(乔尔斯对刺客身份的叙述始终模棱两可。他明确指向克拉克,但语气从不完全肯定。克拉克已经过世,如果枪手另有他人,而且尚在人间,这可能能够解释乔尔斯此种行为的原因。但是,杀手如果不是克拉克,又是谁呢?我苦苦思索乔尔斯到底要保护什么人。我记得他曾交代有五名孟菲斯警察局警员在吉姆烧烤店参与刺杀计划讨论会,但其中有一人他不认识。可能吗?当然可能,但其他人不可能不介绍。另外一个他本来不认识的马雷尔·麦科洛,就有人给他做了介绍。这第五个警员是不是犯了什么滔天大罪?他是不是就是真正的刺客?)

另外一名司机 J.J. 伊莎贝尔做证,不是 1979 年就是 1980 年圣帕特里克节那天,他和乔尔斯开着两辆租来的大巴到克利夫兰,带一个孟菲斯团队去参加保龄球锦标赛,他和乔尔斯负责开车,同住一个旅馆房间。第一晚,两人吃了顿饭,喝了点酒,回房后,伊莎贝尔问劳埃德·乔尔斯:“是不是你对马丁·路德·金动的手?”乔尔斯犹豫了一两分钟,回答说:“你可能以为你知道我做了什么,不过我对自己有数,我永远不会在法庭上跟人讲的。”

米尔纳和伊莎贝尔分别给出的证言与怀特洛克和爱迪生以及麦克弗林的证言一样,从多角度证实当地串谋真实存在,另外还多角度证实了乔尔斯的叙述，这还是早在我们开始注意到乔尔斯涉案之前。

为乔尔斯工作过的女服务员博比·鲍尔弗做证说，刺杀案发生当天，乔尔斯跟她说，不要给出租房的住客格雷丝·沃尔登·斯蒂芬斯送饭。当时格雷丝正在生病。博比说格雷丝和查尔斯·斯蒂芬斯是事实婚姻，乔尔斯平常一直同意博比给生病的格雷丝送饭，但那天，乔尔斯明确告诉她不准上二楼。

最终，奥利维娅·卡特林走上证人席。卡特林2002年以及那之前，都住马尔伯里路，正好在赫林路和万斯路的中间位置，距离洛林汽车旅馆约200码。她做证，听到枪响那刻，她正在家为家人准备晚餐。她知道金博士住在洛林汽车旅馆，枪声让她有了不祥的预感。她以最快的速度，带着孩子们走出家门，沿着马尔伯里路跑向洛林汽车旅馆。到赫林路与马尔伯里路西北角的时候，警察已经在那停了一辆警车，将马尔伯里路封锁。她和孩子们只得在那个街角站住。她证实，到达街角不久，就见一名白人男子从赫林路正中一条小巷跑来，朝与出租房相连的建筑跑去，跑到一辆朝东停放在赫林路南侧的汽车旁，上车后，汽车呼啸着左转驶入马尔伯里路，从自己和对面筑起人墙封锁街道的孟菲斯警察局警员身边驶过。警察对此不以为意，也没采取任何行动阻止他离开。卡特林看得目瞪口呆。

卡特林说，不一会儿，就见一名消防员站在比灌木丛矮一点的墙边，对站在街上的警察大喊，说子弹是灌木丛射出来的，应该就在他所站立位置的上方。她认为消防员是从消防站那里过来的。卡特林说，警察对他的话充耳不闻。

奥利维娅·卡特林证实，刺杀案发生后，她在犯罪现场附近又住了32年。这32年里,从来没有执法人员找她谈过,也没见人做过挨家挨户的调查。我是第一个找她的人,那时已经是1999年11月。卡特林跟我讲述当年所见所闻后,如释重负。多年以来,她知道一个无辜之人惨遭冤狱,始终良心不安。我眼前的卡特林为人精干、思路清楚、意志坚定,可惜找到她时,雷已不在人世,但至少卡特林讲出了埋在心底的秘密,终于获得了内心的安宁。

孟菲斯警察局退休刑侦队长托马斯·史密斯做证,刺杀案发生后不久,他找出租房的房客查尔斯·奎特曼·斯蒂芬斯谈话,结果发现斯蒂芬斯酩酊大醉,站都站不起来。斯蒂芬斯是证明詹姆斯·厄尔·雷有罪的主要控方证人。我们必须谨记,靠着斯蒂芬斯在宣誓证明书上对雷的指证,雷才被从英国引渡回美。实际上,史密斯队长说斯蒂芬斯当时醉得根本分辨不出谁是谁。

田纳西官方始终坚称雷从卫生间窗口开枪后,在自己房内稍作停留,收拾了行李,带着枪和包裹从出租房正门逃出了旅馆,然后把包裹扔到了盖伊·卡尼佩娱乐公司门前。这之后,雷上了一辆停在卡尼佩娱乐公司略靠南侧的白色野马车,驾车逃跑。斯蒂芬斯瞥到一个人逃跑的侧影。

查尔斯·赫尔利做证时说,自己去接妻子下班,把车停在那辆白色野马车后面大约一个小时零一刻钟时,听到了枪响。他说,野马车里有人。他同妻子开车走的时候,野马车还在原地。在宣誓后的证言中,他再次确认最为关键一点:停在卡尼佩娱乐公司南侧的白色野马车,也就是官方报告中雷开跑的那辆,挂的是阿肯色州车牌,而雷的野马挂的是亚拉巴马州车牌。

我们将两名证人雷·亨德里克斯与比尔·里德的联邦调查局 302 文件进行了宣读,以便使其进入审判记录,纳入控方证据。雷·亨德里克斯与比尔·里德在刺杀案发生前 20 分钟左右离开吉姆烧烤店。4 月 4 日傍晚,两人仔细打量了一番停在吉姆烧烤店正前方的白色野马车后,沿着南主街往北走去。白色野马车让两人觉得新奇,因此多看了好几眼。在两份不同声明中,两人都证实,在他们就要穿过万斯路(在吉姆烧烤店以北,位于两个街区以外)的时候,那辆白色野马车从他们面前转弯驶过,车里只有一名男性司机,并无他人。那时应该是下午五点四十五分左右。他们的声明当年没有公之于众,一年之后也未转交给辩方或者认罪答辩陪审团。

犯罪现场

奥利维娅·卡特林是我们最近才找到的证人。她的证言表明子弹来自出租房后面的灌木丛。前前后后,大量证人的证言清楚表明这才是事实,因此被我们纳入控方证据。

所罗门·琼斯是金博士在孟菲斯的司机。刺杀案刚刚发生,他跟韦恩·查斯顿等许多在场的人讲过,说自己目睹灌木丛里有人从墙上跳下。詹姆斯·奥林奇牧师由于家人过世,无法出庭做证,但有人宣读了他宣誓后的证词并将其纳入审判记录。证词中说,他正在洛林汽车旅馆停车场,听见枪响,他转过身来,觉得自己看到一阵烟(尽管看起来像一阵烟,实际是大威力的来复枪激起的灌木丛声波集尘)袅袅升起。奥林奇牧师说没有任何执法或者调查人员跟他取证过。

孟菲斯警察局警犬大队警官 J.B. 霍奇斯的证言中,刺杀案发生后几分钟内他就抵达了现场。他借助一个金属桶跳过高墙,进入灌木丛。据他说,靠近墙边的灌木丛十分茂密,一直向吉姆烧烤店和出租房延伸出很远。他说自己好不容易走出灌木丛,来到一处空地,然后转进一条夹在出租房两翼之间的小巷。他没走出多远,就发现一对足印,朝向出租房的方向。小巷尽头有一扇门,通往地下室。由于前一晚下过雨,土地湿润,小巷地面上没有任何植被,软泥中新鲜的大脚印清晰可见,大概 13 码或者 13 码半的样子。霍奇斯一直守在脚印旁,直到有人来制作完脚印模型他才离开。从没人辨认过这些脚印,也没人给出解释。乔尔斯曾说,刺杀计划讨论会中还有第五位孟菲斯警察局警员,我很想知道他穿几码的鞋。

德克斯特·金与安德鲁·扬在对劳埃德·乔尔斯的询问中都获得了一些信息,他们在证言中,分别叙述了乔尔斯跟他们承认自己从刺客手中拿走了来复枪的事。而且乔尔斯表示刺客是在灌木丛中开的枪。在乔尔斯的烧烤店做过服务员、一度身为他情妇的贝蒂·斯帕茨前些时候的庭外采证证言也当场宣读,进入审判记录。贝蒂说,曾见乔尔斯手持来复枪,从灌木丛经由厨房后门跑进来。关于最后一点,辩方对贝蒂的可信度提出了疑问,指出这与贝蒂接受官方调查员问询时的描述前后不一。正如我前文所述,辩方所说属实。但事出有因,贝蒂是被他们骚扰怕了,才有证言中的前后不一。贝蒂最终宣誓后给出的证言,与 1992 年她第一次告诉我的证言并无出入。[43]

前《纽约时报》记者厄尔·考德威尔因为此前的一个协议,无法亲自出庭做证,不过辩方同意我们播放考德威尔在电视审判中做证的视频,条件是要一起播放曾任联邦检察官的希克曼·尤因对其的交叉询问。我们接受了这个条件。就这样,陪审团收看并听取了考德威尔的证言。考德威尔说4月3日自己被《纽约时报》派往孟菲斯,克劳德·锡顿要求他"搞定金博士"。考德威尔说,听到枪响那刻,自己正在洛林汽车旅馆一楼的房间里。那声枪响在他听来如同炸弹爆炸。他穿着短裤跑出房间,盯着灌木丛看,他下意识想到子弹一定是从灌木丛打出来的。灌木丛又高又密,他十分肯定灌木丛里蹲着一个人。交叉询问中,考德威尔绘声绘色地形容了那个人的姿势,他从证人席走下来,示范了那人蹲着和站起的姿势。

证明刺客从灌木丛开的枪,最强有力的单个证据(尽管所有单个证据累加起来,已经事实胜于雄辩)是路易·沃德提供的证言。路易·沃德讲述了同为出租车司机、他一直称为"巴迪"的同事跟他的谈话。下午快六点的时候,巴迪来洛林汽车旅馆接客人。枪声刚响,他目睹一名男子越墙而下,沿马尔伯里路向北跑去,上了一辆停在马尔伯里路与赫林路路口的孟菲斯警察局交警车。之后,这辆车便呼啸而去。路易·沃德做证说自己后来听说那名司机当晚被杀。在孟菲斯-阿肯色桥一侧的55号公路上,他从一辆疾驶而过的车上被抛了下来。据说尸体第二天清晨才被发现。[44]

作案工具

多名证人的独立证言表明作为证据的来复枪并非作案工具。刑事法庭乔·布朗法官接到传票,出庭做证,跟我们讲述了他所知的关于作案来复枪的专业知识。为了让乔·布朗法官提供有关作案工具的证词,我将他列为弹道学专家。乔·布朗法官娓娓道来,没人对他的专业能力产生过疑问。首先,他跟陪审团说,所谓的雷的那把枪的瞄准镜从没校准过,也就是说用这个瞄准镜射击根本打不中目标。我们拿出一份 1968 年 4 月 5 日联邦调查局的报告,上面注明刺杀案后,这把来复枪没有通过射击精准性测试,打出的子弹偏左 3.5 英寸,偏下 4 英寸。另外,金博士体内取出的子弹冶金成分与卡尼佩娱乐公司前面找到的包裹里的其余子弹并不相符,而且包裹里所有子弹冶金成分相同。乔·布朗法官深信不疑,作为证据的来复枪并非作案工具。

案情发展令人唏嘘。比尔·汉布林与已故出租车司机麦克劳做了 15 年室友。汉布林出庭做证,从 20 世纪 70 年代到 80 年代上半叶的 15 年里,麦克劳不断跟他说(不过只在喝醉的时候)刺杀案发生后的第二天上午(4 月 5 日),乔尔斯不仅给他看过刺杀马丁·路德·金的来复枪,还请他把枪处理掉。麦克劳说,自己开车到孟菲斯-阿肯色大桥,把枪从桥上扔了下去。几年前的庭外采证中,麦克劳只告诉我们刺杀案发生第二天上午乔尔斯给他看过真正的作案枪支。如果汉布林的证言无误,那么刺杀金博士的作案枪支应该从 1968 年起一直埋藏在密西西比河的淤泥之中。

汉布林还做证说,有一次,自己和麦克劳一起租住在皮博迪街一所房子里,房东是联邦调查局探员,名叫珀迪。汉布林跟这名探员兼房东说,麦克劳了解金博士刺杀案的情况,找个时间他应该跟麦克劳谈谈。对话发生不久,两人就接到房东的逐客令。在 30 天的宽限期里,他俩多次遭到孟菲斯警察局骚扰。

刺杀案发生时,比尔·汉布林在孟菲斯一家叫切诺基的理发店上班,店老板是弗农·琼斯。琼斯先生的一名常客恰巧就是那名联邦调查局探员珀迪。更巧的是，多年后，珀迪成了汉布林和麦克劳的房东。据说，珀迪在琼斯先生那里理发超过十个年头了，二人早成了老相识。汉布林在证言中说，刺杀案发生后两个星期不到，珀迪又来找琼斯先生理发，老板琼斯先生将他拉到一旁，跟他耳语问是谁动手杀死了金博士。汉布林说珀迪声音太小，自己没听到他给出的答案。后来他问琼斯先生珀迪怎么回答的，琼斯先生说珀迪告诉他是中央情报局下的令。

亚拉巴马州伯明翰市遗嘱认证法庭法官小阿瑟·韩尼斯及他父亲是詹姆斯·厄尔·雷的第一任律师。小阿瑟·韩尼斯的证言表明在为审判做准备的过程中，他们深信不疑，詹姆斯·厄尔·雷必将被无罪释放。韩尼斯与盖伊·卡尼佩进行了面谈，装有包括作为证据的来复枪等证据的包裹是在他公司门前发现的。韩尼斯说，盖伊·卡尼佩十分肯定地跟自己讲，来复枪在刺杀案发生前 10 分钟就扔在他公司门口，所以不可能是作案工具。韩尼斯法官做证，卡尼佩称自己愿意在审判时为辩方做证。

华盛顿特区律师詹姆斯·莱萨专攻《信息自由法》方面的法律诉讼。他做证，在一次诉讼中，他得到一份鉴定卫生间窗台的联邦调查局报告，更确切地说，是窗台上的一个凹痕。报告上说怀疑这个凹痕是刺客在老旧木窗台上摆放或按压枪管所致。我们将这份 1968 年 4 月实验室出具的报告纳入控方证据。1969 年 3 月 10 日在认罪答辩时，检察官当着陪审团的面说检测报告显示作案武器留下了这个凹痕，而实际上，报告中说的是无法证明木窗台上的凹痕由证据中的来复枪导致。由此可见，谢尔比郡地方检察长办公室从一开始就知道窗台那个凹痕的证据不成立。

德克斯特·金与安德鲁·扬的证言中，都说被告人乔尔斯自已说得很清楚,作案工具并不是证据中的那杆来复枪,而是自己从刺客手中拿走的那杆。乔尔斯还告诉他们,自己曾想把用过的那个空弹壳扔进马桶冲走,但弹壳卡住了,他不得不将其从马桶里掏出来。密西西比河的淤泥也成了这个空弹壳的最终归宿。

我们也探讨过从河中打捞起那杆来复枪的可能性。后来听说密西西比河底的淤泥厚度惊人,湍急的水流还不断将河底淤泥搅起,曾有一节火车头、许多坦克、若干驳船及车辆掉进去,没一个打捞上来,我们只好作罢。知道作案工具的下落,却无法找到,想想就让人沮丧。不过,还好我们有清晰有力的证据,这些证据都表明别人授意雷购买的来复枪并非作案工具。

劳尔

孟菲斯私家侦探约翰·比林斯提供了背景信息,讲述了自己如何得到了被我们称为劳尔的人的照片。他说,讽刺的是,一名被指派到地方检察长调查组的孟菲斯警察局警员得到了这张移民及归化局的照片,转交给他,想证明自己愿与他齐心协力寻找真相的诚意。结果,他发现此人根本不是来寻找真相的,但幸好在不久的将来,这件事帮他们得到了 1961 年劳尔从葡萄牙移民美国时拍的照片。比林斯的同事肯·赫尔曼拿出六张照片展示给不同证人。比林斯给出的证言说,在自己在场的情况下,面对摆在面前的六张照片,詹姆斯·厄尔·雷立即认出指挥自己行动、给自己提供资金、被称作劳尔的人。正如前文所说,雷 1978 年就见过这张照片,当时就指认了出来(媒体报道过),因此,这个发现并非出乎意料。

格伦达·格拉博前面多次认出照片中就是 1963 年在休斯敦

结识、1974 年左右气急败坏之下承认自己暗杀金博士、然后玷污了自己的那个人。

庭审的时候,格伦达刚刚遭遇车祸,肋骨受伤,造成内出血,无法出庭做证。格伦达的丈夫罗伊代她出庭。在证言中罗伊确认开庭前格伦达签署所有宣誓证明书的时候自己都在场。这样,陪审团也听到了格伦达的证言,包括她与珀西·福尔曼的关系。福尔曼承认詹姆斯·厄尔·雷纯属无辜,但不得不成为牺牲品。另外还有福尔曼认识——抑或他自称认识——劳尔这些事情。

罗伊确认以上属实。然后我将他家的一张电话单纳入证据,上面显示 1996 年 4 月 20 日,打到劳尔家的一个电话,通话时长 6 分钟。接受询问的时候,罗伊强调除非格伦达认识这个人,否则不会和这人通话 6 分钟。和一个素不相识的人能讲 6 分钟电话的确很难想象。

前一阵,格伦达曾给我一份记录,上面是她挂完电话后写下的自己同劳尔的通话内容。尽管我相信她的记录准确无误,但我认为在格伦达不在场的情况下把这份记录纳入证据并不合适。但劳尔竟称自己根本不认识格伦达,这份记录就能派上用场了。记录如下:

> 格伦达:是劳尔吗?
> 劳尔:是我。
> 格伦达:我是格伦达·格拉博。
> 劳尔:奥林达。
> 格伦达:是的,我打电话是想告诉你我要回纽约了。
> 劳尔:你现在在哪儿?

格伦达：休斯敦。

劳尔：休斯敦？

格伦达：我到纽约后打你电话。

劳尔：什么时间？

格伦达：还不知道。你现在还卖葡萄酒吗？

劳尔：卖啊。

格伦达：现在还做枪支生意吗？

劳尔：做啊，做得大着呢。

格伦达：是吗？

劳尔：是的。

格伦达：最近和杰克·V 联系过吗？

劳尔：没，很久没他消息了。你怎么对他感兴趣了？你打我电话有什么事吗？

格伦达：我到纽约跟你说吧。

劳尔：好吧。

格伦达：听说你女儿要结婚了？

劳尔：是的，她要结婚了。你们现在有几个孩子？

格伦达：我就两个女儿，现在都长大了。时间过得真快。好了，我会再打你电话的。什么时候你方便？

劳尔：我太太六点到[或者离开]。

格伦达：好的，我到纽约打你电话。

劳尔：好吧。

格伦达：再见。

格伦达的弟弟罗伊斯·威尔伯恩是田纳西纳什维尔的电业承

包商,他从未跟格伦达讨论过此案或者自己的证言。罗伊斯做证,他认识那个叫"达戈"的人,也就是从一堆图片中指证出来的那个人,此人的确三不五时地在休斯敦他家附近那座加油站晃悠。他确认那座加油站就在他家去学校的路上,姐姐和自己经常看见这个人,也常和他攀谈。

英国商船海员锡德·卡休在电话庭外采证中陈述了自己和劳尔相识的经过。之前他在宣誓后从一沓照片中认出了劳尔。二人相识于 1967 年夏末,地点是蒙特利尔码头附近西督察街的海王星酒吧。卡休说,当时劳尔和另外一人在一起,那人很可能是詹姆斯·厄尔·雷。卡休说,劳尔走到自己面前,自我介绍(说他叫劳尔)。卡休是英国国家党人,每次从利物浦经数日海上航行后上岸,他和伙伴们经常去海王星酒吧消磨时光。可能酒吧里有人告诉了劳尔卡休的政治立场,因为谈话中劳尔问卡休想不想买枪。卡休说自己表现出了兴趣,二人便谈起买卖。劳尔称,他们的枪都是(美国)军队新配的武器,价格里包括付给供货军士长的提成。(在我看来,这跟沃伦前面提到的从谢尔比军营运出枪支或其他军队装备到新奥尔良,交给负责销赃的卡洛斯·马尔切洛的陈述相互印证。不过,根据格伦达·格拉博的说法,枪支是从休斯敦运来的。)卡休说,两人在购买数量上没达成一致,并没交易。

杰克·索尔特曼以前是英国泰晤士电视台制片人,1993 年制作了泰晤士/家庭影院频道对詹姆斯·厄尔·雷的电视审判。索尔特曼做证说,电视审判后,他相信本案是起冤案,便继续自行调查。他的主要调查对象是劳尔。一次,他拿着一沓照片到了劳尔家门口。陪审团听取了索尔特曼与站在门口的劳尔女儿的对话录音。他们听到劳尔的女儿承认照片中的人就是父亲,原话如下:

"谁都可能弄到我爸爸这张照片。"劳尔的女儿居然成了确认关键照片证据里就是她父亲的证人,太惊人了。

德克斯特·金和安德鲁·扬大使都证明被告劳埃德·乔尔斯毫不迟疑地辨认出照片中的人就是出现在自己烧烤店取走利贝托酬金之人,这个人还留下了作案武器,这才是真正的杀手留下的"包裹"。

芭芭拉·赖斯在证人席上相当不自在。记者们并不喜欢在法庭上做证。赖斯是葡萄牙最大规模的报纸《公报》的首席驻美记者。由于劳尔是葡萄牙人,《公报》对刺杀案特别感兴趣。庭审开始后最初两个星期,赖斯几乎每天都到场旁听,对庭审进行报道。不过,前段时间赖斯去了劳尔家,跟他的家庭成员进行了谈话(哪个家庭成员,我们达成默契在此不做说明),所以我们觉得有必要给她发传票让她出庭做证。赖斯勃然大怒,不过我相信她的证言十分重要,不能不让她当着陪审团说个清楚。因此,宣誓过后,赖斯不情愿地叙述了自己在采访中得知的内容。

赖斯说,有人跟她讲由于劳尔受到指控,他家人的生活受到严重影响。不过,多位美国联邦探员给他们提供了保护和咨询服务,并三次登门拜访,还将他们的电话纳入监控。政府在困难时刻伸出援助之手,让劳尔家人得到极大安慰。

政府这么不遗余力帮助一名退休汽车工人,也引起了陪审团的关注。显而易见,政府并不会给每个普通老百姓提供这些服务。我们认为劳尔曾经,而且将来也会始终受到保护,这正是由于他曾为国家安全利益或特殊利益集团的安全利益服务过,至于什么是国家安全利益,特殊利益集团说了算。

唐纳德·威尔逊铁了心,拒绝出庭做证。早些时候,威尔逊已经将事情的经过告诉过德克斯特·金,而且给了德克斯特他从雷遗弃的野马车中拿走的两张文件的复印件。因此,德克斯特具有指认这些材料的能力。材料原件已被司法部拿走,几个月来一直在走鉴定文件真伪的程序。德克斯特陈述证词的过程中,重述了唐纳德·威尔逊对这些文件来龙去脉的最初解释。雷的野马车副驾驶一侧车门不严,威尔逊拽了一下,一个信封掉落在地,出于本能,他把信封揣入口袋。当时,威尔逊还很年轻,一开始,他害怕从车里拿走信封造成物证同可能涉嫌犯罪的野马车分离,毁坏犯罪物证。但在查看里面的材料后,威尔逊决定把材料隐匿起来。一个原因是发现物证的时候他没直接上交,已处于不利的位置。另外一个原因是他深信如果交给亚特兰大办事处他的上司,这些材料将永不会再见天日。因此,威尔逊保存了这些材料,一晃近 30年,直到他决定站出来支持金博士家人以及詹姆斯·厄尔·雷。

材料里的确有劳尔的名字,另外一张貌似付款清单。当看到从达拉斯电话簿上撕下的那页顶端写了字的纸的复印件时,德克斯特确认了劳尔的名字。同样地,他也确认了付款清单上劳尔的名字。[45]

格伦达·格拉博关于劳尔和杰克·鲁比关系的叙述,在我看来印证了本案与肯尼迪刺杀案存在关联,但我最终决定不把两者的关系纳入证据。我不希望在陪审团那里节外生枝,风险太大。毕竟,那对于主要案件来说是画蛇添足,而且陪审团有可能不接受两案相关的说法。我安排马德琳·布朗、贝弗利·奥利弗、沙里·安杰尔先后来孟菲斯出庭,之后就没再给她们打电话。尽管想再打电话给她们交代一下的心思很强烈,但我还是忍住了,我相信这些女人一定会克服各种艰难险阻。马德琳·布朗如约而至,她对自己生活的叙述、对林登·约翰逊真情的叙述,让人潸然泪下。正如前文所述,马德琳·布朗为林登·约翰逊生了个儿子。我拿到一份林登·约翰逊的承诺书(由他在当地的律师杰尔姆·拉格斯代尔提供),上面承诺,即便林登·约翰逊总统去世,也要为史蒂文提供生活费。马德琳·布朗能够提供他和林登·约翰逊之间如此细致入微的生活细节让全场哗然。特别需要注意的是,布朗说1963年11月21日周四傍晚,即肯尼迪总统遇刺前夜,自己参加了老克林特·默奇森家的社交聚会。聚会名义上是为 J. 埃德加·胡佛举办。胡佛是默奇森、H.L. 亨特以及其他得克萨斯石油巨子的密友。客人名单里有大通曼哈顿银行主席约翰·麦克洛伊、理查德·M. 尼克松、布朗鲁特建筑公司的乔治·布朗、商业银行总裁罗伯特·L. 桑顿、达拉斯市长厄尔·卡贝尔(猪湾事件被肯尼迪总统解职的中央情报局前副主任查尔斯·卡贝尔将军的兄弟)。

马德琳·布朗曾告诉我聚会接近尾声的时候,约翰逊来了。那些人立即一股脑拥进老克林特·默奇森的书房,并关上门,过了好一会儿才出来。约翰逊忧心忡忡,满脸通红,走过来拥抱了她,用嘶哑低沉的声音对她耳语了一番,这番话布朗永远无法忘怀。"明天之后,这些该死的肯尼迪家人再也不能拥抱我了,这不是威胁,是个许诺。"听了这话,布朗呆若木鸡,第二天才明白约翰逊的意思。

我决定不将我们的案件带到这个方向上来。这是出于战术考虑。不过,一旦有人问我是否认为劳尔和鲁比相识、是一伙的,两起刺杀案是否是同样几股势力所为,我不能撒谎,只能说是的。

更大范围的串谋

接下来,我们拿出证据,表明刺杀马丁·路德·金的串谋不止局限于孟菲斯、田纳西,而是牵涉了华盛顿最高当权者。

前孟菲斯警察局情报官吉姆·史密斯收到我们传票出庭做证。吉姆·史密斯上次在电视审判中做证导致他丧失了绝密级许可,被纳入监控名单,最终因为担心自己可能有生命危险,离开了孟菲斯,结果发现联邦调查局已经断了他的后路,他不能再在执法机关任职。如今,6 年过去了,吉姆·史密斯已经被调出情报机关并被派回孟菲斯。他心怀忐忑。如果不给他发传票,他绝不会出庭做证。我们给他发了传票。在法庭上,他的证言基本是对以前证言的重述。他说 1968 年 3 月 18 日自己接到任务,协助一个由警察组成的两人监控小组,工作地点是停放在瑞蒙特假日宾馆外的一辆面包车。面包车上,有声音监控设备以及两名探员,他并不知道两人具体来自哪个机构。我先前推断,这两人是美国陆军安全局间谍,他们监听了金博士房间的对话和行动。吉姆·史密斯没有亲自参与监控,但他明白大家在做什么。1992 年,我得到了一份情报,详细描述了金博士所住套房窃听器的安装位置。由于窃听器无处不在,即便金博士走上阳台,他的对话也会传送到楼下停着的面包车里,并被录音。除了美国陆军安全局的隐蔽监控(非真人盯梢),法庭还从辩方证人孟菲斯警察局情报警官伊莱·阿金探长那里听说,第 111 军事情报组也在刺杀现场进行了监控。阿金探长说其中部分人员驻扎在他办公室。

道格·瓦伦丁是军事史专家,他的书《凤凰计划》提到了一个传言,说军队摄影师拍到了刺杀过程的照片。瓦伦丁走上证人席,称当年有人向孟菲斯警察局报警,说有人要暗杀埃德·雷迪特探员,后被证实为虚假信息。瓦伦丁指认这个报警的人来自军队。因为这个虚假信息,警察有了充足理由解除埃德·雷迪特警探的监控之职。瓦伦丁说,他单独采访菲利普·玛努尔(4 月 3 日和 4 日玛努尔都在孟菲斯,高调履行一名麦克莱伦委员会工作人员的职责)个人的时候,听说玛努尔以前,也许当时仍然与第 902 军事情报组合作。我渐渐开始相信,这个不为人所知的小组与联邦机构的特遣队在孟菲斯相互合作,与这次行动中非军方势力也有千丝万缕的联系。

卡瑟尔·威登是前 2 号消防站站长,证言中他详细叙述了 4 月 4 日上午的情况。他说两名穿便装的男子找到自己,出示了军官证,命威登带着他们到消防站楼顶,以便对周围人物及活动进行拍摄。尽管威登不太确定自己如何将他们带到了楼顶,但他们应该是从消防站楼外铁梯子爬上去的。那时梯子架在 2 号消防站北侧,靠近边门和消防水龙的地方。他说,自己看着他们从包里取出摄影设备,之后再也没留意他们的活动。他猜这些人完成了各自的任务。威登还做证说,从来没有当地、州或者联邦执法的官员问询过他。原因一目了然。一旦这么做了,调查人员很有可能就会知道楼顶有士兵,进而不得不找到这些士兵,拿到他们拍摄的内容,这是正常调查该有的步骤。不过,所谓的调查不过是隐瞒真相的把戏而已。而胶片上拍到的那个完成射杀、正在放下来复枪的人才是真正的刺客。

克莱·卡森教授在证言中对我提供给马丁·路德·金文献项目的档案逐词逐句进行了细读。这是斯坦福大学的项目,由他牵头。其中一份档案是史蒂夫·汤普金斯在芝加哥凯悦酒店与其中一位摄影师会面后写的报道。有个细节写道,这名摄影师确认自己拍到了杀手照片,但照片上并不是詹姆斯·厄尔·雷。

卡森教授也读了我通过史蒂夫·汤普金斯问绿色贝雷帽,即被我称为沃伦的人的问题,和他的答复。记录中的对话在附录 3 中全文呈现。卡森教授的证言还让陪审团第一次听到为揭露 1968 年 4 月 4 日八人阿尔法 184 特种部队狙击小组现身孟菲斯并开展了一系列活动这一事实,我与史蒂夫·汤普金斯如何进行调查的具体细节。卡森教授用丰富的证据表明,这个小组虽未实施暗杀,但已做好暗杀的各项准备。史蒂夫·汤普金斯始终认为,这个小组仅在出现骚乱的情况下才会开枪射击。如前文所述,我始终不信这套说辞,显而易见,洛林旅馆区域当时根本没有发生骚乱的可能性。然而,"闯入者"成员查尔斯·凯贝奇在证言中指出,住在金博士房间正南的"闯入者"成员配备了武器。刺杀案发生前不久(确切说是在刺杀案发生前 11 分钟内),"闯入者"收到逐客令。有人猜想"闯入者"会暴力反抗,打破旅馆表面的平静。假如"闯入者"没有安安静静地离开,而是暴力抵抗,就会为军队采取必要行动创造机会和借口。结果,"闯入者"平静离去,军队狙击手没能执行刺杀任务,而是在刺杀案发生后奉命撤离,立即出城。

便衣特工杰克·特雷尔极度渴望亲自出庭做证,可是他身患肝癌,病情恶化,医生禁止他出行。我们只能在法庭上播放 1999 年 2 月 7 日在佛罗里达奥兰多给他拍摄的庭外采证录像。他的证言震惊了整个法庭。特雷尔讲述了自己从前以政府名义进行的秘密行动后,又讲述了与约翰·D. 希尔的亲密友谊。希尔来自第 20 陆军特种作战群绿色贝雷帽,与特雷尔相识于密西西比哥伦布。

特雷尔的话与美国广播公司《转折点》节目中第 20 陆军特种作战群队长亨利·科布将军的声明相矛盾。特雷尔说希尔告诉自己第 20 陆军特种作战群每年夏天都在谢尔比进行为期两周的训练，训练完后的他往往状态极佳。但 1975 年的训练过后，希尔似乎心事重重。从那以后，希尔便开始竹筒倒豆子，讲述了一次受训任务的细节，并说任务执行地点是孟菲斯。他们小组为此接受了长期训练，任务是刺杀行驶车辆中的一个或多个目标。他说狙击手在高处各就各位，与目标车辆相距甚远。没人告诉他们目标是谁，但大家猜可能是个阿拉伯人。

特雷尔说希尔告诉自己，1968 年 4 月 4 日，他和小组成员在仍不知道目标为何人的情况下出发去孟菲斯。1994 年我第一次跟特雷尔谈话的时候，他提到希尔告诉自己他们小组已经到了孟菲斯，并在三个地点准备就位——这与沃伦说法一致——结果却收到撤退的命令。1999 年他的庭外采证证言和 1994 年最初告诉我的出现了不一致。也许根本就不存在不一致。在早期叙述中，小组明显驻扎在孟菲斯外面的什么地方。他们开车到城里，准备就位——位置是水塔、楼顶、窗户——然后这天结束的时候离开。他说奉命在去孟菲斯的路上撤退，很可能指的是 4 月 4 日最后一次出任务。听说金博士遇刺，希尔告诉特雷尔，自己一下子想到的是，还有一个小组参与了暗杀准备工作，他的小组没被选中。无可辩驳的是，希尔所在的组织受训在美国本土开展暗杀活动，地点为田纳西州孟菲斯，时间是 1968 年 4 月 4 日当天或前后。

之后不久，希尔听说他们出任务那天金博士被刺，才意识到原来金博士是他们小组任务的目标。接着，特雷尔讲述了希尔 1979 年死亡的种种可疑之处。据称一天深夜，希尔到家后，妻子用一把 0.357 英寸大威力麦林枪,一连五枪轻松射入希尔胸膛(希尔的妻子并未被起诉)。特雷尔说,希尔的妻子也就 90 来磅,如此精准地使用 0.357 英寸大威力麦林枪,绝无可能。

然后,特雷尔讲述了应我要求,接受美国广播公司《黄金时间现场》三个小时采访的事情,结果这段采访一秒也没出现在最终播放的节目中。不久,他就开始接到多通官方电话,他深信自己面临生命危险,只好离开美国数月。[46]

掩盖真相的一系列作为

大量证人的证言已经指明,由于大范围内的掩盖真相的活动,本案真相近 32 年仍然遭到隐瞒,正义得不到伸张。更令人发指的是,掩盖真相的行为和事件包括谋杀、教唆谋杀、贿赂、隐藏证据、伪造犯罪现场、控制操纵媒体进行不实宣传等卑鄙伎俩。

出租车司机兼保安路易·沃德做证,正如前面所述,黄色出租车公司司机巴迪跟他讲述了自己在枪响那刻的所见所闻。刺杀案发生时,巴迪正在洛林汽车旅馆接乘客。巴迪看见一名男子越墙而下,沿马尔伯里路往北跑了一阵,上了一辆孟菲斯警察局交警车,被接走。路易·沃德证言中说,自己亲耳听巴迪讲述了这一切。巴迪那天开的是第 58 号车。巴迪刚跟自己讲完这些,就来了两名警察,巴迪把同样的话跟警察重述了一遍。当晚晚些时候,沃德说看见多辆孟菲斯警察局警车停在黄色出租车公司。他确信警察在给巴迪录口供。

沃德只是兼职出租车司机,所以大约两周没再回去上班。沃德回去上班时,跟人打听巴迪的下落。有人告诉他说小马丁·路德·金遇刺当晚巴迪就死了,在孟菲斯-阿肯色桥另一侧的 55 号公路上,他从一辆疾驶的车上被推了下来。

沃德说他去翻阅报纸,看有没有讣告或者死亡通知单,结果一无所获。马萨诸塞州律师雷蒙德·科尔曼做证说自己曾询问孟菲斯以及邻近几个州是否有巴迪的死亡记录,也没有发现。[47]

我们始终不能确定巴迪去世当晚哪位调度员当班,但沃德认为有个人也知道真相,而且此人可能就是 4 月 4 日晚上值班的调度员,可惜他拒绝讨论此事。巴迪出事后,据说此人得到一笔数目可观的钱财,而且置办了价格不菲的住宅。仅靠出租车司机的收入,或者他家明面上的收入,远远支付不起这样的豪宅。[48]

我们确信路易·沃德所言不虚,他此时此刻完全没理由说谎。沃德从没提过任何要求,我们一致认为沃德是我们呈现在陪审团面前最可信的证人之一。

巴迪惨遭灭口,这一罪行被掩盖得滴水不漏,效率之高令人瞠目结舌。警方没有任何巴迪的报告或者口供,也没有死亡记录或者死亡报告。虽然现任黄色出租车公司经理汉密尔顿·斯迈思四世的确跟内森·怀特洛克承认,自己曾听说过此事,但接下来他就迅速搪塞说只有他父亲能对此事发表评论。至今仍在世的巴迪同事,除了路易·沃德,没人记得或愿意提起巴迪的死。经理的父亲汉密尔顿·斯迈思三世,正如前文所说,给出的评论是他相信并没有发生过这样的事情。

梅纳德·斯泰尔斯 1968 年在孟菲斯公共工程部做高管,1999 年的时候,已经退休多年。虽然住在孟菲斯城外,但他欣然同意出庭做证,向我们讲述 1968 年 4 月 5 日清晨他所做的工作。

金博士遇刺后第二天,梅纳德·斯泰尔斯早晨七点接到电话让他上班。他说来电的是孟菲斯警察局山姆·埃文斯督察，有个紧急任务要交给他，要求斯泰尔斯派一队人马彻底清理南主街出租房后面的区域。派出的清理人员将在警察监督下完成清理工作，主要任务是彻底砍掉粗大的树枝和茂密的灌木，然后将砍下来的枝叶收拢成堆，用车运走。斯泰尔斯挂掉电话，致电杜奇·古德曼，让他组织清理队。威利·克劳福德就是那天早上清理队的一员。

斯泰尔斯说他临近中午去检查工作进度。他记得工作量太大，清理队花了不止一天才全部完工。

斯泰尔斯认为，自己只是配合警察工作而已，无权过问清理这一区域的决定。据他所知，警察是在寻找证据。而事实上，这恰恰违背了刑侦的基本原则。作为犯罪现场不可分割的一部分，这个区域不仅没得到封锁、禁止破坏，反而请了一队人马清理，明目张胆地整体破坏犯罪现场的物理环境，一劳永逸地阻止任何人对现场开展细致侦查、研究分析等惯常破案行动。

本案中，可能发现或得到证据的地方，不是被视而不见，就是惨遭隐匿。雷·亨德里克斯与比尔·里德两人提交的联邦调查局 302 文件就是如此。两份文件已被我方纳入证据。这两人在刺杀案发生前 20 分钟左右离开吉姆烧烤店，详细查看了雷的白色野马车，然后沿南主街往北走去。走到两个街区外的万斯路的时候，看到那辆白色野马车在他们面前转过街角，开车男子留着一头深色头发。事实上，两人提供的证据印证了雷的描述。雷说为了修理野马车瘪了的备胎，自己在刺杀案发生前数分钟就离开了犯罪现场。也就是说，他们的话给雷提供了不在场证明。但是两份 302 文件没提供给辩方，被隐匿了起来。

同样被隐匿的还有当时控方知晓的关键性科学检测报告。首先，田纳西州官方称，卫生间窗台上的凹痕是作案武器造成的，报告则表明无法证明这是来复枪所为。第二点，报告不能证明从金博士体内取出的弹头与作为证据的来复枪有关系或者相符，所谓的作案武器由于瞄准镜从没经过校准，在刺杀案发生后第二天上午没有通过精准性测试。

　　尽管以下证据前文都提过，谈及掩盖真相的时候，仍有必要再次审视。杰克·克肖在自己律师生涯的最后阶段成了詹姆斯·厄尔·雷的律师，1977 年马克·莱恩接替了他。克肖做证说众议院刺杀调查专责委员会调查早期，自己曾受邀出席在纳什维尔一家出版公司办公室举办的会议。开会的地方是个大会议室，与会的有作家威廉·布拉德福德·休伊，至于其他人，他都不认识，但有两个人看起来像是政府工作人员。

　　他们让克肖告诉詹姆斯·厄尔·雷，他们想同雷做笔交易。内容是如果雷最终承认自己是刺客，他们就给雷一笔钱（这次是 5 万美元），给他假释和新的身份。克肖说他听完后，曾质问休伊这笔交易背后的理由是什么，可行性又如何保证，不过他还是答应将这个提议转达给雷。然而雷想都没想，一口回绝。

　　雷的兄弟杰里·雷走上证人席，他在证言中说，上面的事发生后不久，作家休伊亲自打电话给自己，提出了同样的交易，但那笔钱已经涨到了 22 万美元，雷还是断然拒绝。[49]

　　为了断绝詹姆斯·厄尔·雷的后路，不给他做无罪声明，不给他审判的机会，他们还炮制了另外两起掩盖真相的罪行，手法比之前更加卑劣。又有两位证人当着陪审团的面，进行了陈述。首先是沃尔特·方特罗伊。方特罗伊从前做过议员，曾是众议院刺杀调查专责委员会下属的金刺杀案分委会的主席。方特罗伊做证说，他们听说 1976 年詹姆斯·厄尔·雷伙同其他多名囚犯越狱后，联邦调查局立即做出反应，主动派出一支 30 多名狙击手组成的特警部队前往监狱。据他们得到的消息，该特警部队的任务不是协助抓捕雷，而是干掉他。方特罗伊说在他的敦促下，众议院刺杀调查专责委员会主席斯托克斯致电田纳西州州长雷·布兰顿，鉴于雷是他们的主要证人，也是田纳西州名气最大的囚犯，以此为由要求布兰顿介入，救雷一命。布兰顿当即搭乘直升机，抵达监狱，命令联邦调查局撤离，把雷从死神手里夺了回来。不久，雷就被以非暴力手段擒获。

阿普里尔·弗格森后来做了联邦公设辩护人，1978 年她还是马克·莱恩的助手。弗格森做证说，谢尔比郡监狱一个名叫蒂姆·柯克的囚犯与她们办公室取得了联系，于是她和一名助理去与柯克面谈。柯克说，孟菲斯一家脱衣舞俱乐部老板阿瑟·W. 鲍德温打电话给他，想出钱让他做掉詹姆斯·厄尔·雷。鲍德温和黑社会有关系。柯克认识田纳西州州立监狱的一些狠角色，可以安排他们接头，但他心有疑虑。鲍德温第一次没有打通柯克电话，柯克给他回了电。回拨电话的时候，柯克发现电话号码是孟菲斯机场附近一家旅馆套房的。当地联邦检察官办公室和联邦调查局在那里也有一间套房，用以访谈证人等。柯克认为这是个陷阱，便决定联系雷的律师。想让雷永远消失的又一次行动便这样中途夭折了。

威廉·沙普律师花了半天才讲完自己的证言。我们将沙普列为专家证人，证实政府利用媒体散布不实信息，进行不实宣传。沙普首先以问答的形式简要介绍了历史上政府的此类行为，并列举了在其他涉及情报安全或国家安全的案件或问题时,美国政府的此类行为。沙普旁征博引。他举例说有一次中央情报局的一个不实宣传在全世界风传,人们都信以为在安哥拉作战的古巴军队四年中——

1. 强暴安哥拉妇女;

2. 因强暴受到审判并定罪;

3. 被受害者亲手处决。

事实上,以上三点没有一点是真的。联邦探员透露了这些不实消息,扎伊尔的中央情报局电台在此基础上继续添油加醋,然后通过遍布全世界的情报网络四处传播。沙普揭露说,暂且不算美国其他类似情报机构,单单中央情报局在全世界就拥有或控制了2 500家媒体。除此之外,在几乎所有主流媒体机构中,还有从特约通讯员到著名记者、编辑等一大批人为他们工作。正如我们在审判时每日亲眼所见、亲身经历的那样,以上因素不可避免会导致媒体隐匿或曲解敏感问题,编造传播不实信息。

接着,沙普将话题转向了对金博士遇刺案的报道。他细数了金博士宣布反对越战后,媒体对他出奇一致的批评。金博士家人决定为詹姆斯·厄尔·雷争取审判权的时候,媒体再次铺天盖地一片指责之声。沙普引用了媒体曲解事实、公然撒谎的具体事例,而这些就是媒体对该案报道的主流声音,是30年来对詹姆斯·厄尔·雷所谓犯罪的主流声音。沙普特别讲述了《纽约时报》头版专栏对所谓联邦调查局、众议院刺杀调查专责委员会的报道,以及其就1967年伊利诺伊奥尔顿银行抢劫案所谓调查的完全无事实依据的报道。事实上,什么调查都没有进行,雷兄弟也从来都不是《纽约时报》所拍的嫌犯。这条报道比曲解事实、恶意中伤更加恶劣。这是安哥拉强奸案这种纯属捏造的美国版。

沙普解释说，在一名哈佛大学神经学家的帮助下，他了解到，当人们不断听到同一故事，精神系统会对人类认知功能、心智机能、理性判断产生巨大影响，从而让听到故事的人产生本能反应。即便有时强有力的证据已经说服他们事实并非如此，第二天他们还会回到固有的态度，因为那已成了他们自身的一部分，成了他们的身份。不断的强化洗脑只有大力度解洗脑过程才能消除。

控制美国公共政策的势力全方位、强有力地控制了媒体。提及金博士刺杀案的时候，各媒体雷同的政策和报道内容大同小异。沙普对此做了详细的分析解读。法庭、陪审团和在场每个人都清楚地看到，针对这一案件，美国人民已经被系统化洗脑。威廉·沙普的分析和证言让大家关注到这场审判中媒体的缺席。实际上，媒体用行动证明了沙普的观点。正如前文所说，仅有一名当地电台记者在场。

在本案所有掩盖罪行的行为中，媒体的持续表现最为邪恶，如果当事人不像本案一样用强有力的证据自证清白，那么就只能永远任由他们让谎言和不实消息成为事实，一代一代永远流传下去。

被告乔尔斯先前的招供

被告人劳埃德·乔尔斯这些年来先后招供过不少内容，综合起来，构成了强有力的证据，证明他蓄意参与金博士谋杀案。多名目击证人走上证人席，每个人的证言从不同的视角展现了乔尔斯参与本案的经过。

出租车司机詹姆斯·米尔纳 20 世纪 70 年代初认识了乔尔

斯。1979 年到 1980 年他与乔尔斯每天相处八小时,关系变得很亲密。米尔纳做证,大约 20 年前,也就在两人亲密相处期间,乔尔斯跟他说,詹姆斯·厄尔·雷不是杀死金博士的凶手,凶手是一名执法人员,乔尔斯全都知道。

米尔纳说乔尔斯告诉自己,金博士实际是被执法人员杀死的,并拍胸脯说"这个信息绝对没错"。20 年后的 1998 年,有 3 个月中米尔纳和乔尔斯一直保持长途电话联系。米尔纳证实,在这些通话中,乔尔斯跟自己讲述了整件事情的来龙去脉。米尔纳问乔尔斯,是不是他扣动了扳机,得到的回答是:"我在一定程度上参与了,但扣动扳机的人不是我。"乔尔斯说弗兰克·利贝托用装着农产品的盒子给自己送来大量现金。他取出现金后放入一只旧烤箱。后来,现金被一个名叫劳尔的人取走。乔尔斯说刺杀计划是在他店里花了 2 天多的时间由 5 个人策划出来的。乔尔斯只认识其中 3 人。[50]

米尔纳说,乔尔斯告诉自己弗兰克·利贝托授意他下午 6 点左右在后门等着,有人会送一个"包裹"给他。乔尔斯依言行事,一声枪响过后,他从厄尔·克拉克手里接过"还冒着烟"的来复枪。然后,乔尔斯想把弹壳扔进马桶冲走,却被卡住了。当天深夜他捞出弹壳,扔进了密西西比河。乔尔斯说,第二天上午,劳尔拿走了来复枪。

前文说过,J.J. 伊莎贝尔证言中说自己先前的说法无误,他和乔尔斯当年分别驾驶一辆车到克利夫兰,同住一个旅馆房间。吃过晚饭,两人喝了点啤酒(乔尔斯喝了不少),坐在床上聊天。伊莎贝尔说乔尔斯证实了自己知道的乔尔斯参与谋杀金博士的事实。

但是乔尔斯的回答令他踌躇，他打住话头，始终没再提起。[51]

博比·鲍尔弗（贝蒂·斯帕茨的妹妹，以前姓史密斯）在乔尔斯店里做过服务员。博比做证说刺杀案发生的上午，乔尔斯跟自己说，不要给出租房的住客格雷丝·沃尔登·斯蒂芬斯送饭。当时格雷丝卧病在床，身体尚未康复。格雷丝与查尔斯·斯蒂芬斯恰好住在詹姆斯·厄尔·雷所住房间隔壁，雷是下午三点入住。这都是劳尔一手安排的，目的就是栽赃嫁祸。博比还证实，第二天乔尔斯开车接上自己到餐馆上班。路上，乔尔斯说警察在烧烤店屋后找到了作案武器。

我们在 1992 年第一次听到了贝蒂·斯帕茨的陈述，并对她进行了庭外采证，与之前她签署的多份宣誓证明书一起被我们作为反驳性材料纳入证据。她在庭外采证以及宣誓证明书的证言中讲到，1968 年 4 月 4 日下午 6 点左右，自己在吉姆烧烤店厨房后门看见乔尔斯手持一杆来复枪从灌木丛跑过来。乔尔斯脸色苍白如纸，裤子膝盖湿漉漉的，还沾着泥土。她说乔尔斯从自己身旁跑过，卸下来复枪，拆完之后用布包起来，拿进大堂并放在柜台下面。贝蒂·斯帕茨当时没见灌木丛里有别人。这些年来她始终以为乔尔斯就是刺客。

辩方律师加里森指出贝蒂可信度不高，说她在给谢尔比郡地方检察长与联邦调查局调查人员的陈述中，称自己什么也没看见。贝蒂后来告诉我说自己受到了那两名官方调查员的威胁。至此，审判已进行了一星期，我们觉得传唤被告乔尔斯的时机已到，但此时乔尔斯健康状况恶化，无法出庭。我们只能宣读他的部分庭外采证证言，将其纳入证据。其中包括 1993 年 12 月 16 日《黄金时间现场》中山姆·唐纳森对乔尔斯的电视访谈。访谈中乔尔斯承认自己因为欠了孟菲斯黑帮成员弗兰克·利贝托一个大人情，所以应他的要求，在刺杀金博士过程中提供协助。乔尔斯确认了这一陈述，前面讨论过。同时有人告知乔尔斯周围不会出现警察，而且替罪羔羊也已安排好。

证明乔尔斯已经认罪的最关键的证言来自安德鲁·扬大使和德克斯特·金。[52]

两人都证实，乔尔斯承认弗兰克·利贝托找过他。利贝托说会给他一大笔现金，让他转交给一个叫劳尔的人，劳尔会来找他并给他留一杆来复枪。

乔尔斯跟两人说，事情按计划发生了，后来在他的烧烤店举行了几次会谈，商讨真正的刺杀计划。

他们在证言中表明，乔尔斯说当天厄尔·克拉克在距刺杀案发生不到一个小时的时候来找自己拿走来复枪。乔尔斯再见到来复枪是在和刺客交接的时候，那时枪还冒着烟。

乔尔斯坚持说他不知道刺杀对象是谁，而且辩称自己没有主动参与刺杀计划讨论会。[53]德克斯特·金和安德鲁·扬都证实在这一点上他们不相信乔尔斯的话。他们一致认为，乔尔斯看起来像是上了年纪想要从巨大的负担中解脱的老人，但在受害者的儿子面前，他对自己扮演了什么角色、知道哪些情况并非如实相告。

安德鲁·扬和德克斯特·金与乔尔斯进行的会谈都有录音为证，经安德鲁·扬大使确认过的这份录音毫无删减地纳入了控方证据。

原告的损害

金博士家人诉讼不是为了从劳埃德·乔尔斯或与他串谋的田

纳西州孟菲斯市探员或联邦政府探员那里索取巨额赔偿。他们只提出了名义上 100 美元的损害赔偿要求作为金博士的丧葬费。五位家庭成员中的三位以极为体面的方式出庭做了证。科丽塔·斯科特·金夫人、德克斯特·金、尤兰达·金以他们各自的方式,向陪审团表达了失去马丁·路德·金这个丈夫、父亲对他们造成的严重伤害。这是个独一无二的机会,让陪审团与法庭关注到金博士的子女幼年失去慈父兼玩伴、金博士的妻子突然间失去终身伴侣所经受的内心创伤。人们得以窥见一个男人,在生活中变成传奇和英雄,然后被神化,在这个世间即便没有被当成圣人,也成了完美之人的化身,而与他最亲密的家人们承受了什么样的压力,在此可见一斑。(本书写作过程中,梵蒂冈宣布马丁·路德·金为殉道者,这是成为圣徒的第一步。)

辩方理由

辩方律师加里森称本案是他执业 40 年以来最重要的诉讼。他的被代理人乔尔斯一方面为了换取豁免被起诉的权利(从 1993 年开始),一方面也是为了在风烛残年获得良心安宁,认了罪,这让他处境艰难。因此,辩护律师只能提出乔尔斯先生没有责任,即便有责任,他所犯的罪,与其他共同串谋的联邦政府、州政府、市政府探员们所犯罪行相比,也是小巫见大巫。整个辩护的策略就是尽量把乔尔斯的角色往小里说,这样一来,就不得不暴露其他串谋者了。

就这样,在整个辩方理由陈述中,辩方都把焦点集中在交叉询问与从相关证人口中获取证据之上,目的是证明乔尔斯所作所为只是串谋中极小的一部分，其他串谋者则不然。

辩方总结陈词的时候，以原告非正常死亡事件提起诉讼超过了一年法定期限为由，恳请法庭驳回诉讼。[54]经过长时间口头辩论，法庭拒绝了这一动议。

有一项辩方动议引发了双方最为激烈的争辩，这也是加里森首次陈述案情之前的最后一项动议。动议提出，由于辩方被代理人健康状况恶化，无法参加庭审并协助律师为自己辩护，很可能造成无效审判。[55]

医生开的证明支持这项动议，但其措辞令法官十分不快，法官说证明书未明确乔尔斯无法出庭或者无法做证。法庭拒绝了可能造成无效审判的动议，辩方只好开始陈述案情。

首先，辩方律师传唤了塞缪尔·"比利"·凯利斯牧师。对于直接询问的问题，凯利斯牧师讲述了他在田纳西参加民权运动的经历、环卫工人大罢工相关活动及金博士的来访。凯利斯牧师说，总有人监控他们，他指的是雷迪特和里士满探员在消防站后面对他们进行的监控。他说自己听说其中一名从事监控的黑人警官（他指的是威利·里士满）因为此事内心不安，开始酗酒，离开警察队伍后就死了，并且可能是自杀身亡。他讲到自己怎么在刺杀案发生前大约一小时进入金博士的房间，与金博士一起度过了他人生最后一个小时。他描述了他们的谈话，也可以说是"传教士讲话"。他情绪激昂地陈述自己开始相信是上帝的旨意在金博士这个伟人逝世前让自己出现在他的身边。他令人费解地说，金博士不是死于吸毒，也不是因为其他犯罪行为身亡，而是在孟菲斯打算帮助环卫工人的时候遇刺身亡。他提到有次演讲中，一名瘦小的老妇人说想握握凯利斯牧师的手，因为他的手曾触摸过金博士。

因此,凯利斯牧师觉得拥有这样的经历,自己三生有幸。加里森让证人回到座位上的时候,凯利斯牧师自信满满,感觉自己的证言毫无破绽。

我让助理朱丽叶·希尔-阿金尼斯对凯利斯牧师进行交叉询问。朱丽叶主要就凯利斯牧师如何从女性那里获取愉悦,比如他描述的那个主动找到他、希望抚摸他手的那位女性。然后,她的问题转到里士满身上,她说里士满不仅没死,而且已在本案审判中出庭做证。凯利斯牧师非常吃惊。之后,朱丽叶帮助凯利斯牧师回忆了他之前做过的一次陈述,其中的内容反驳了他刚刚讲述的自己在金博士房间的说法。那会儿凯利斯牧师说自己只是敲了敲金博士的门,与金博士简短交谈了几句,金博士就把门关上了,凯利斯牧师则走上离房间有一段路的阳台。

凯利斯牧师说以上陈述绝非事实。但他无法解释里士满为什么要在这些简单的事实上撒谎。接着朱丽叶放了一段录像,是凯利斯牧师在金博士遇刺 30 周年时的讲话。讲话中,凯利斯牧师再次重述自己如何与阿伯内西牧师一起在 306 房间,与金博士一起度过了他人生最后一个小时。接下来,他说自己和金博士站在阳台栏杆边,他说如下话语的时候似乎有些被情绪冲昏了头脑,他说:"我走到一边,他才能瞄准,然后枪响了。"陪审团和法官面面相觑。

朱丽叶一共播放了三遍录像,大家清楚地听到了凯利斯牧师承认为了让刺客打中金博士,自己走到了一旁。朱丽叶问凯利斯牧师,谁需要瞄准金博士,凯利斯牧师说应该是詹姆斯·厄尔·雷。交叉询问中,凯利斯牧师曾对着朱丽叶做口型说"不知羞耻"。凯利斯牧师走下证人席,来到加里森的座位后面,问他:"你要害我吗?"加里森回答:"我只是传唤你出庭做证而已。"尤兰达·金那天也来到法庭旁听,凯利斯牧师的出庭做证给了她极不愉快的体验。

随后,辩方传唤了谢尔比郡刑警办公室的弗兰克·沃伦·扬。弗兰克带来了认罪答辩听证会的判决记录原稿,并进行了认证。如此一来,这份文件就能成为证据,记录在案。辩方就这样将詹姆斯·厄尔·雷的认罪答辩纳入证据,供陪审团复审。

在交叉询问环节,我请弗兰克打开记录的第一页,看普雷斯顿·巴特尔法官是否曾让詹姆斯·厄尔·雷宣誓(在认罪申辩听证会上,这是必要的环节)。结果证明法官根本没有要求雷宣誓。接着,我请弗兰克读一读雷打断法庭程序、发表声明的一段,他表示自己从未认同司法部长拉姆奇·克拉克、J. 埃德加·胡佛认为刺杀案不存在串谋的观点,此刻他仍然不会认同。[56]

下一个被传唤的辩方证人是孟菲斯警察局伊莱·阿金探长。阿金是情报机构高级探员,他证实自己开车将雷迪特警探从消防站接到了孟菲斯警察总局。在那里,又奉弗兰克·霍洛曼局长之命,将雷迪特送回了家。刚到雷迪特家外,刺杀案就发生了。[57]被告本来就提出了应对自己进行减罪的理由,伊莱·阿金探长确认第 111 军事情报组当时的确在孟菲斯并进行了一系列活动,给被告减罪又增加了一个砝码。

下一个传唤的是厄尔·克拉克探长的第一任妻子丽贝卡·克拉克。丽贝卡做证前,要了一份自己的庭外采证进行审核,她的要求得到了满足。加里森提出,丽贝卡的丈夫藏了大量枪支,是一名神枪手。丽贝卡说,自己当天下午 4 点下班,回家路上花了10—15 分钟,大约下午 4 点 15 分到家。她说她丈夫应该是一个小时或不到一个小时后到的家,在卧床小憩了 30—45 分钟后,他放在餐桌上并请丽贝卡留意的警用对讲机传来一条消息。

消息中提到了刺杀案，丽贝卡把丈夫叫醒。厄尔·克拉克请妻子丽贝卡趁干洗店没关门去把自己洗好的警服取回。丽贝卡花了大概 15 分钟到干洗店，在此期间厄尔·克拉克洗了个澡。丽贝卡回家后，厄尔·克拉克才离开。

加里森律师指出，丽贝卡说的那种对讲机在那个年代还不存在。丽贝卡哑口无言。在交叉询问环节，我多次问丽贝卡是不是为了保护她的孩子才为已故的前夫撒了谎。丽贝卡竭力否认。丽贝卡为丈夫克拉克提供的不在场证明存在的最大问题是事情的时间节点，除此之外，1999 年 4 月丽贝卡庭外采证时对事情的叙述同如今的叙述也前后不一。

在庭外采证中，丽贝卡清楚地说明自己通常下午 3 点下班，只是那天工作到下午 4 点。丽贝卡还说，自己到家后，丈夫"很快"，大概是在她到家后 10—15 分钟之后也到家了，而且也没有提前知会她。丽贝卡还说丈夫没睡多久对讲机里就传来了金博士遇刺的消息。如今在法庭上，丽贝卡说自己记得丈夫是在自己回家后 45 分钟才到家，这样厄尔·克拉克到家的时间就在下午 5 点前后，那么这个小憩可能持续了很久，可能不止一个小时。

在我看来，她似乎在试图掩盖无法解释的一个小时。这种行为可能意味着她和丈夫都在比她声称的时间点之前就已到家，且丈夫在刺杀案发生前就已离家。

加里森律师宣读了一段 1995 年 11 月 5 日对佚名人士的电话庭外采证，将其纳入审判记录。这名证人联系到加里森，宣称自己参与了金博士刺杀案。当年沃尔特·鲁瑟出 40 万美元买金博士人命的时候，自己也在场。鲁瑟是美国汽车工人联合会主席。这个无名氏说由于金博士的反战活动，鲁瑟受到了来自休伯特·汉弗莱以及林登·约翰逊的压力。卡洛斯·马尔切洛虽然出了力,但并没直接参与谋杀,而詹姆斯·厄尔·雷当时人在亚特兰大,根本不在场。[58]

辩方给以下三人发了传票:马尔温·柯蓝科勒、詹姆斯·比斯利和罗伯特·德怀尔。马尔温·柯蓝科勒是负责谢尔比郡地方检察长最后一次调查的调查人员。詹姆斯·比斯利法官和罗伯特·德怀尔法官1968年担任助理检察长,现已退休。当年他们代表田纳西州准备了起诉詹姆斯·厄尔·雷的案情陈述,比斯利更是将田纳西州掌握的证据直接向认罪答辩陪审团陈述。加里森说,一开始这些人告诉他,非常乐意出庭做证,为自己当年的工作进行辩护,证明雷有罪。

12月初,临近出庭的日子,这几人却改变了立场。州检察长代表他们提出动议,建议撤销该传票。在没有陪审团的情况下,法官在讨论之后否决了这个动议,裁定他们需要出庭做证。[59]

加里森多次想从柯蓝科勒口中套出1998年发布的检察长调查报告的信息。代表田纳西州、谢尔比郡地方的检察长,当然还有柯蓝科勒,来到了庭审现场。加里森就像玩偶盒里的玩偶,时不时跳出来一下。显然,在他看来,柯蓝科勒给出的证词越少越好。他的基本论点是不用证人,看报告本身就可以了,而且报告不是柯蓝科勒执笔,所以他无法做出评论。加里森从柯蓝科勒口中问到的事实如下:地方检察长办公室1993年开始调查活动,1998年结束调查,柯蓝科勒是主要调查者,可能从大约40个证人那里获得了证词。

在交叉询问中,我采取了不同的策略。我问柯蓝科勒,他是否对25位具名证人进行了访谈,所有这些人的证词陪审团已听过。针对这25人的情况,我一个一个询问柯蓝科勒。结果证明,他只对其中的 2 位证人进行了访谈。他甚至从没有听说过其余人的名字。地方检察长的调查以及调查报告的可信度打了折扣。各位陪审员脸上难以置信的表情已经说明了一切。

辩方接下来传唤了内森·怀特洛克的母亲拉瓦达·怀特洛克·爱迪生。如前文所述,拉瓦达详细陈述了在自己的饭店里,他的常客孟菲斯农产品商弗兰克·利贝托跟自己说,他安排了刺杀马丁·路德·金的行动。拉瓦达说,1976 到 1982 年间,自己开了一间小比萨屋,位于利贝托家与斯科特街市场之间。那天,拉瓦达和利贝托坐在由两张桌子拼起来的大桌旁,电视里播放一档有关金博士的节目(1978 年电视转播国会听证)。利贝托把头凑过来跟她说:"是我找人做掉的马丁·路德·金。"拉瓦达说自己吓了一跳,跟他说:"别跟我说这些。我不想听。反正我也不信。"拉瓦达说虽然之后他们见过很多次面,但这是利贝托唯一一次提到此事。

加里森律师宣读了詹姆斯·厄尔·雷庭外采证的大部分内容,将其纳入审判记录。主要是有关雷的身世以及从 1967 年越狱开始他如何牵扯进了金博士刺杀案。

上文提到贝蒂·斯帕茨提供了反驳证据,这之后辩方律师加里森再次以他的辩护人不能出庭为由提出无效审判动议。法官当即否决。面对这一决定,加里森又以原告不履行举证责任提出直接裁决动议。我指出,我们代表原告提供了大量证据,尽管我们已经达到了直接裁决的标准,但我方希望由陪审团做出决定,而不是直接裁决。法官否决了这个动议,双方进入结案陈词阶段。

与此同时,检察长将斯韦林根法官否决撤销向比斯利法官、德怀尔法官发传票的申请,提请上诉法院裁决。上诉法院很快就推翻了斯韦林根法官的裁决,并宣布传票作废。比斯利法官、德怀尔法官躲过一劫,不必费尽口舌竭力为田纳西州进行的调查活动辩护,也不用为 1969 年 3 月 10 日在认罪答辩上对听证会陪审团进行的陈述百般辩驳。

结案陈词

我用近 2 个小时的时间向陪审团一步步展示了证据,提醒他们因为原来的调查存在重大缺陷,后来进行的当地或联邦调查也未能弥补缺陷,金的家人才会起诉。我提醒他们,事实被掩盖了 31 年,在这个法庭上,即便媒体大部分时间缺席,外界对此案证据并不了解,甚至完全不知道有这场审判,但我们已经揭开了事实的真相。正如马丁·路德·金所说,"真理被摔到地上终有再爬起来的一天"。的确如此。

最后半个小时,通过电脑绘图,我给陪审团重现了金博士生命的最后 21 分钟以及他遇刺后 11 分钟内发生的事情。刘易斯·加里森辩解说假如乔尔斯真的需要承担责任,顶多也就是刺杀马丁·路德·金串谋中的小小一环,并强调了市级、州级、联邦级政府以及詹姆斯·厄尔·雷所应该承担的责任。

法官给陪审团的指示

临近中午,我们完成了结案陈词。法官给陪审团下达了指示。法官给出了常规指示,界定了直接证据和间接证据,建议陪审团完全根据自己的判断做出决定,分辨哪些是事实,权衡摆在他们面前的方方面面的证据,法律问题则由法官决定。法官提醒陪审团,如果大量证据都证明原告控诉成立,他们必须做出对原告有利的判决。至于损害赔偿,法官提醒陪审团双方规定损害赔偿金额不超过 100 美元,属丧葬费,不得超过此数额。

最后,法官跟陪审团说,他准备了陪审团裁决书,裁决书中列有以下需要回答的问题:

1. 被告劳埃德·乔尔斯参与了伤害马丁·路德·金的串谋吗? 如果是,那么——

2. 你们认为政府机构等第三方也参与了被告人宣称的串谋吗?

3. 支付原告的损害赔偿金总额为多少?

午饭前,案件已交付陪审团讨论。

裁决书

陪审团花了大约一小时做出决定。经过近 4 周审判,和 70 余名证人的出庭做证,陪审团裁决结果如下:

1. 是的——劳埃德·乔尔斯参与了伤害马丁·路德·金的串谋。

2. 是的——政府机构等第三方也参与了被告人宣称的串谋。

3. 应支付原告总额为 100 美元的损害赔偿金。

判决

陪审团认为比较责任认定应交由法官裁定。根据各项证据,斯韦林根法官进行了以下责任分配:

30%——被告人劳埃德·乔尔斯,70%——其余所有串谋者。

第九章
后续影响及审判后总结

媒体

　　媒体开启了约 12 小时的窗口,对本案结果进行了事实性报道。虽然不太常见,但他们还是在全世界范围内对裁决进行了报道。加里森先生与我首次接受媒体采访。12 月 8 日,我在马丁·路德·金中心与金家人一同出席了新闻发布会。全部四位家庭成员都向媒体发表了讲话,其中伯尼斯·金为首次发言。伯尼斯侃侃而谈,她的话语让人潸然泪下。这一刻他们终于如释重负,用话语表达了上天不负有心人、真相大白后他们释然的心情。有人问接下来我们有什么计划,我们觉得这由不得我们。审判让真相浮出水面,陪审团实际上已宣布了詹姆斯·厄尔·雷无罪,并指出包括孟菲斯市、田纳西州以及美国政府在内大量各级探员参与了串谋。事实上,法官将 70% 责任归咎于这些政府串谋人员。但是,我们怀疑这些人根本不会被起诉。尽管 2000 年有些诉讼已有条件实现,我们仍不指望检察长的报告会反映审判中查明的事实真相。

　　在一次气氛热烈的私下会谈中,金的家人向我表达了他们对我自 1978 年以来长期调查的感激之情。我也表达了自己对他们勇气的赞赏。不像其他某些亲人遭暗杀的著名美国家庭,马丁·金的家庭并未退缩,勇敢追问,但作为他们勇气与不懈追问的回报反而是恶毒的攻击和财产的损失。

逆转

审判结束 24 小时内,个人和公众对此案的兴趣达到了顶点,产生了强大的影响。开始有人发表分析文章批评本案法官、辩方律师和陪审团,刻意贬低审判的意义,记者们明目张胆地断言说审判没有改变任何东西。为了应对这些早在意料之中的逆转,我们在马丁·路德·金中心网站上传了结案陈词、原告理由总结,并为上传全部资料做了安排(网址:thekingcenter.com)。

一位名叫杰拉尔德·波斯纳的著名政府和官方公关人员开始四处抨击我们,传播自己的立场。他参加了一场接一场的电视节目,还在全国性的报刊对页版社论上发文,坚称金的家人受到了愚弄,审判是一场闹剧。针对此人毫无新意的无端推论,我写了一篇言辞激烈的驳文,可惜只有《华盛顿邮报》一家肯登载。《纽约时报》说我可以写 200 词的文章,可这怎么能有效回应身为前美国助理检察长的波斯纳长达 1 000 字的信口雌黄呢?

所有这些批评最荒唐之处,便是这些评论家没一个旁听过审判,也就没听过双方举证。所有报道此案的媒体从业人员中,只有孟菲斯当地主持人温德尔·斯泰西冒着丢掉饭碗的风险,每天坚持出庭。审判结束后,斯泰西多次指出自己已经完全被说服,陪审团做出了正确的决定,他还说自己从没为所在的媒体行业如此汗颜。

媒体的众口一词虽在大家预想之中,但目睹这一幕再次上演仍令人沮丧。威廉·沙普律师出庭做证的时候,摆事实、讲道理,证明政府为了达到宣传目的,将媒体玩弄于股掌之间,他的以上证言早已一清二楚地预言了媒体的这套把戏。既然金博士遇刺以及寻找真凶都成了国家安全问题,大众、有名望的在野人士以及媒体实际上已成了牵线木偶。

新证据

审判过后,厄尔·克拉克太太为丈夫提供的不在场证明开始变得漏洞百出。我们仔细审查了这个不在场证明最关键的两个因素。首先,我们研究了 1968 年孟菲斯警察局警察是否配备了对讲机(我们现在用的这种),事实证明没有。但为数很少的警察配备了一种个头很大的装备,克拉克探长可能也有。这种装备,据其他警察的描述,有两块砖头叠在一起或一个午餐盒大小。前警员兼私家侦探吉姆·凯勒姆跟我讲,这种装备可能当时就叫"对讲机"。如果可能,我们后面必须查清此事。

吉姆·道格拉斯牧师来自亚拉巴马,他全程旁听了审判,做了大量记录。我问他,既然审判已经结束,他是否介意到孟菲斯跑一趟,跟厄尔·克拉克太太谈谈,但是不要太质疑对方。道格拉斯牧师欣然同意,2000 年 2 月的一个周末,他到克拉克太太家进行了拜访。克拉克太太确认,当时她丈夫拿的"对讲机"放在餐厅桌上,对讲机比一个电视遥控器稍大一点。这种大小的对讲机在当时的孟菲斯警察局并不存在。

1999 年 4 月 23 日,距离出庭做证还有 7 个多月的时候,克拉克太太在一份庭外采证中声称,1968 年 4 月 4 日下午,她四点一刻前后下班到家,她丈夫稍晚一点到家,大约是下午四点半。克拉克太太说丈夫在客厅沙发躺下小憩了一会儿,让她照看放在餐桌上警察局的"对讲机"。克拉克太太说,丈夫睡下三四十分钟后,对讲机响了,说金博士遇刺。克拉克太太立即叫醒丈夫,丈夫冲澡的时候,让她去干洗店(位于百老街的登特干洗店,这家店为孟菲斯警察局警察提供优惠折扣)。克拉克太太说自己驱车从自己家(位于巴伦街上)去了干洗店,大概花了 15 到 20 分钟,拿到警服回家,整个过程花了大约半小时。然后,她丈夫驾着之前开回来的孟菲斯警察局警车离开了家,接下来超过一个半小时都不在。

庭外采证快结束的时候,克拉克太太又声明自己不能百分百肯定叫醒丈夫的原因是听到金博士遇刺或是听到有人召唤丈夫到岗。

克拉克太太庭外采证中存在的明显问题是,假如按她说的时间,她应该是下午五点到五点一刻之间听到对讲机传来金博士遇刺的消息,而这时距离金博士真正遇刺还有一个小时之久。

出庭做证之前,克拉克太太要了一份庭外采证记录进行审核,不可能没发现这一小时的时间差。根据她的庭外采证,金博士遇害应该发生在下午五点一刻而非六点零一分。这明显有问题。因此,在出庭做证的时候,她更改了时间。

克拉克太太将丈夫到家时间延后到自己到家后约一个小时,然后还把丈夫小憩的时间延长到整整 45 分钟或 50 分钟。然而,克拉克太太无法改变自己叫醒丈夫的时间,因为那个时间是由众所周知的金博士遇刺时间与金博士遇刺的消息在电台播出的时间(下午六点五分到六点十分)决定的。因此,克拉克太太不能改变自己离家去干洗店取衣服的时间，一定应该是下午六点十分到六点二十分之间，这取决于她出门前准备花费的时间。

考虑到克拉克太太开车到干洗店需要 15 到 20 分钟，她最早应该大约下午六点半到干洗店取到厄尔·克拉克探长的警服。克拉克太太跟吉姆·道格拉斯说，自己的确是下午六点半左右到的干洗店。审判后，我有机会与登特先生多年的老友 D.V. 曼宁交谈。曼宁后来从登特先生那里买下干洗店，成了登特干洗店的新店主。曼宁先生说，干洗店一般下午六点之前就打烊了。之后，我问了 4 月 4 日当班的员工，实际上那天他们下午四点就回家了。

接着，我询问了登特先生的女儿蒂莉·福克女士。蒂莉说记得父亲在金博士刺杀案刚刚发生后，就打电话告诉大家哪儿都不要去，必然会有骚乱发生。自然，电话是下午六点过一点儿打来的。蒂莉说父亲一般在下午六点半同家人共进晚餐，那天也不例外。干洗店离家大约 15 到 20 分钟路程，登特先生下午六点半就已经坐在家里享用晚餐。依照克拉克太太的版本，那她应该下午六点二十分到六点三十分之间到达干洗店，那时干洗店早已打烊，她不可能为丈夫取到洗干净的警服。克拉克太太的说法站不住脚。

最终，我找到了蒂莉·福克女士的兄弟汤姆·登特[①]，并跟他进行了交谈。刺杀案发生当日汤姆也在孟菲斯。现在汤姆住在关岛，是一名教师。他的证言证实克拉克太太为丈夫提供的不在场证明纯属编造。2000 年 3 月 31 日和 4 月 21 日，我两次给汤姆打电话，进行长谈。汤姆确认，刺杀案发生当日，自己就在干洗店干

---

① 汤姆是（小）托马斯·登特的昵称。——译者注

活。那天早上，他父亲在店里进进出出的，但下午一直待在干洗店后面的自助干洗处。汤姆说，他认识厄尔·克拉克探长，4月4日下午厄尔·克拉克探长亲自来过店里，待了大概20分钟。汤姆说，厄尔·克拉克大概下午四点半到五点到店，找父亲谈了一会儿。汤姆说父亲是一名猎人，有时给厄尔·克拉克和其他警员提供子弹。显而易见，老登特先生认识提供子弹的人。他的库存里包括30.06子弹。厄尔·克拉克进店来找父亲的时候，汤姆跟他打了招呼。他来干洗店肯定不是取衣服。汤姆记得他大概下午五点离开，走的时候开着一辆白色私家车，身着灰色制服衬衫和裤子。

汤姆·登特说他那天下午五点五十分离开干洗店回家，并说父亲总是每天傍晚六点锁门，直到送走已经到店的顾客，不会再接待晚来的客人。汤姆说，那晚父亲和他一前一后到家——从店里回家的车程是15—20分钟 ——到家约为下午六点四十分。

如果厄尔·克拉克和刺杀案没什么深层关联，为什么克拉克太太要为丈夫捏造虚假的不在场证明呢？假如斯韦林根还在法官的位置上，我们还会以伪证罪为名进行起诉，要求举行听证。然而，斯韦林根法官退休了，听证似乎没了希望。不过我们决心再对克拉克太太进行一次庭外采证。

庭外采证于2002年4月27日进行。4月26日，我参加了金夫人的75岁生日宴会，宴会在石山公园湖亨利·C.格雷迪明轮艇上举行。之后，我又连夜赶到孟菲斯。与金全家度过的几个小时我十分开心。尤其让我高兴的是，我遇到了德克斯特的未婚妻安德烈娅。我与金博士最小的女儿伯尼斯也度过了一段愉快的时光。这之前，我从没机会与她接触，因为我不想干涉她的隐私，我知道一个孩子3岁丧父，那是多么沉痛的打击。伯尼斯是传教士，同时还是律师，在布道方面举世无双。她热情之澎湃、话语之清晰、号召力之强大都让我想起了她的父亲。我和伯尼斯约定要保持联系。

在孟菲斯，我不知不觉驱车到了里奇韦旅店。当年电视审判的陪审团就住在这。我和韦恩·查斯顿也常来这喝上两杯。我在我俩常坐的那张桌前坐了一会儿，想起了过去和我们长时间的艰苦斗争。然后我离开旅店，开始为克拉克太太的庭外采证做准备。

庭外采证于上午十点左右开始，在北主街 100 号丹尼尔·迪林格与布赖恩·多米尼斯基新近合并的办公室举行。布赖恩·多米尼斯基担任法庭书记员，此次庭外采证我们还录了像。我为克拉克太太回顾了案情。克拉克太太说收到传票后，自己血压高得吓人。还说自己打电话到司法部跟助理检察官巴里·科瓦尔斯基谈过。我解释说，由于找到了新证据，才不得不向她进行庭外采证。克拉克太太还是法庭上那套说辞，否认跟吉姆·道格拉斯牧师提过那只警用对讲机大小如同电视遥控器，她改口说对讲机比遥控器大，四方形。看起来她已知道目前使用的这种尺寸的对讲机 1968 年还没出现。

我们给她看了干洗店店主的儿子（小）托马斯·登特①的宣誓证明书，她脸上浮现出难以置信的表情。克拉克太太宣称 4 月 4 日下午自己去了那家干洗店。我跟克拉克太太讲，正如上面所说，我在关岛找到了（小）托马斯·登特先生，他在那做教师，已经结婚。他斩钉截铁地说，刺杀案发生当日自己就在干洗店工作，根本没见克拉克太太去过店里。他说他从不记得她来取过丈夫的警

---

① 即前文的汤姆·登特。——译者注

服，倒是克拉克探长，他记得总是独自前来。

登特先生还确认父亲每到下午六点就打烊，六点半与家人共进晚餐。1968年4月4日，父亲六点半到六点四十之间走进家门，从干洗店到家开车20分钟。登特先生说自己那天在打烊前10分钟左右离店。

至此，一目了然，克拉克太太没说实话。即便登特先生搞错了，没在下午五点左右见到她丈夫出现在干洗店，她也不可能在干洗店打烊之前赶到。克拉克太太承认从家开车到干洗店需要15—20分钟，其中的矛盾之处她无法给出解释。克拉克太太开始闪烁其词，说如果店打烊了，丈夫没理由让自己去取衣服。

克拉克太太现出无比震惊的神情。在新证据面前，她不断重复着他曾跟吉姆·道格拉斯牧师说过的话，说如果我们将结果公之于众，自己愿意接受测谎。她还说了一大串跟丈夫来往密切的警察名字，其中还有个会耍蛇的。我突然明白了法庭上不允许使用测谎的原因。随着当今科技发展，政府很有可能为她提供高科技、高端药物或催眠师，成功通过测谎。她要求我们将结果公之于众，就是因为有了应对之策。

对于克拉克太太做伪证的行为，我们还是之前那个态度。即便起诉，我们也可能一无所获，法官极有可能将工作派给谢尔比郡地方检察官，处置结果可想而知。

我们认为目的已经达成。在事实面前，克拉克太太为丈夫提供的不在场证明纯属撒谎。当我告诉她，尽管克拉克探长深度参与了刺杀行动，但2001年我们得到的新证据表明并非是他扣动了扳机，克拉克太太大吃一惊。

托马斯·登特记得4月4日傍晚时分，厄尔·克拉克身穿灰色警服,那时距离刺杀案发生还有一个半钟头。而乔尔斯说快中午的时候见他穿的是白色衬衫、蓝色裤子。这两个说法前后矛盾。我们还要注意乔尔斯说递给他那把还冒着烟的来复枪的人也穿白衬衫,他以为那人是厄尔·克拉克,但不能肯定。

这可能说明厄尔·克拉克翻墙跃下,而把枪交给乔尔斯的人并非厄尔·克拉克。我再次想到吉姆烧烤店里参加刺杀计划讨论会不知姓名的第五人,会不会是他扣动了扳机呢?

一位女士告诉我,1968 年她有位朋友在军队服役,基地在华盛顿城外,负责人员物资运送是他们的职责之一。这位知名知姓的消息人士说,她的朋友跟自己透露,1968 年 4 月 4 日上午,他所在大队奉命在傍晚时分运送大量士兵进入华盛顿。金博士遇刺时,他们已经各就各位,迅速挺进华盛顿,应对可能出现的动荡局面。事后,她朋友才意识到,4 月 4 日上午军队已经知道金博士即将遇刺,且下令为随之出现的骚乱做准备。我请这位女士代我问问是否可以与她朋友面谈,她朋友怕因此丢了工作,招来恶名,没有同意。

我们现在掌握的信息

经过庭审和庭审过后得到的一些信息,我认为对现在掌握的信息做个总结很有必要。

马丁·路德·金整日没有离开洛林汽车旅馆。他参加了很多会议。这些会议"闯入者"有的参加了,有的没参加。傍晚,金博士去了兄弟 A. D. 所在的 201 房间,两人给母亲打电话,聊了天。五点四十分到五点四十五分之间,金博士回到自己房间,准备去凯利斯牧师家用餐。他曾要求拉尔夫牧师致电凯利斯太太,询问晚宴吃什么。下午五点四十五分或五点五十分左右,贝弗尔同奥林奇争论不休的时候,安德鲁·扬从房间出来了,穿上大衣。杰西·杰克逊牧师则从自己的 305 房间走下楼去了停车场。其间,他在游泳池边上站了一会儿,偶尔看下手表,甚至出于某种原因进了 307 房间。金博士的助理多萝西·柯顿住在这里,但一个半钟头前就走了。最后杰克逊牧师在 306 房间门口与金博士短暂交流了几句,然后到了最北面的阳台,等在那里。

还有一些人下榻洛林汽车旅馆,《纽约时报》记者考德威尔住在 1 楼 215 房间;多萝西·柯顿下午早些时候已经去了飞机场,她原来的房间是 307。"闯入者"四处闲逛,有些在 315 和 316 房间谈话。天色渐晚,司法部社区关系专家詹姆斯·劳厄也离开了。美国全国广播公司记者吉恩·史密斯同样决定当天下午早些时候离开。一名带了相当多行李的不知名黑人房客,正准备离店,他给黄色出租车公司打电话订车去机场。

那天下午,弗兰克·利贝托还在农产品仓库,仓库位于斯科特街的市场里。傍晚时分,四点四十五分到五点,利贝托先后接到两个电话,显然都是登特干洗店里屋的厄尔·克拉克打来的。这两通电话恰巧被麦克弗林听到,那天他刚在利贝托-拉奇农产品公司买完东西。

厄尔·克拉克的前妻竭力包庇前夫。不过也可以理解,设想一旦他前夫真的参与刺杀金博士,那她自己和家人就可能身败名裂。但现在我们知道厄尔·克拉克那天下午根本不可能回家逗留很久。厄尔·克拉克在 4 月 4 日的所作所为我们已经摸清。

很可能厄尔·克拉克在出租房 5-B 给劳尔留了一杆来复枪。

出租房登记簿已经消失,无法查出那个星期是否有别的房间出租。电视审判的时候,我问孟菲斯警察局警员(格里恩·金),这名警员在刺杀案发生后不久检查过出租房登记簿,我问他为什么没有将登记簿收为证据,他回答说自己不知道。厄尔·克拉克极有可能与同为孟菲斯警察局神枪手的第五人一起或单独从后面楼梯下了楼。格雷丝·沃尔登·斯蒂芬斯卧病在床,房门虚掩着,从门缝里,她看到有人影一晃而过,下了楼。厄尔·克拉克和同伙至少在下午五点四十五分前就躲进了出租房后面的灌木丛,来到了早就选好的距围墙几英尺靠北的地点。准备就绪后,劳埃德·乔尔斯也来了。他们跪在地上,前夜刚刚下过滂沱大雨,地面湿漉漉的,他们在那里观望,等待时机。

下午大部分时间,雷都不在出租房内。劳尔告诉他几个枪贩子傍晚会过来,不希望雷在场。雷买了望远镜回来后,又立即离开,外出吃了个汉堡,信步走了一会儿,又去基斯卡酒店吃了冰激凌。下午五点或稍早返回。劳尔打发他去看电影,但不让他开车,因为自己晚些时候要用车。雷下楼后,四处走了走,又在车里小坐了一会儿,最后决定去修理备胎以防劳尔开车出事(那天上午,车右后胎瘪了,雷换了备胎)。劳尔始终待在出租房内监视事情进展。刺杀案发生前,他也许想亲自驾驶雷的野马离开,找个地方弃车。警察找到车的时候,这辆注册在艾瑞克·S. 高尔特名下的汽车就能形成完美物证。设想如下:首先,雷以哈维·洛迈尔的身份买了杆来复枪(并非作案枪支),该枪将被丢在犯罪现场附近。然后,雷以约翰·威拉德的名字住进 5 - B 出租房,后来又买了一架双筒望远镜。最后,在刺杀案发生后不久会有人看到白色野马车驶离犯罪现场。这辆车最后被发现应该登记在艾瑞克·S. 高尔特名下。在过去9个月的逃亡生涯中,詹姆斯·厄尔·雷始终使用了这个化名。而丢掉的来复枪上留下的指纹会显示出他的真实身份。

结果,事情耽搁了。雷亲自开车去修理备胎,右转进入万斯路时,差点把雷·亨德里克斯和威廉·里德撞飞,当时他俩正从吉姆烧烤店往克拉克宾馆去。没了车,劳尔十有八九只能步行离开。

克拉克和神秘的第五人就位,时辰一到,由劳尔或克拉克指挥,一辆孟菲斯警察局交警车神不知鬼不觉驶进马尔伯里路十字路口,停了下来。

万事俱备。洛林汽车旅馆万众瞩目。下午五点四十分后不久,马丁·路德·金返回房间,一边为赴宴做准备,一边同朋友戴维聊天。

下午五点四十五分到五点五十分之间,相隔几扇门之外,一名客房经理敲响了"闯入者"所在的一间房门,说南方基督教领袖会议不再给他们买单,必须搬离。"闯入者"问谁下的令,客房经理说是杰西·杰克逊牧师。查尔斯·凯贝奇看到她身后,杰西·杰克逊站在游泳池旁,正在看手表上的时间。

"闯入者"有些懊恼,但更多的是疑惑不解。不过,他们还是迅速整理好行李及武器,怒气冲冲地离开了旅馆。旅馆每天退房时间都是午前,此时将近下午六点。毋庸置疑,"闯入者"当晚房费已经付过。那么,如果房费已经缴纳,为什么突然被赶走?完全说不通。不过,如果这真是南方基督教领袖会议临时起意,认为不再需要"闯入者"的帮助,那就是他们的损失。

"闯入者"出门走向南面楼梯的时候,凯利斯牧师来到306扣响房门。金博士开了门,凯利斯牧师说该走了,要晚了。金博士应该跟他说自己这边差不多已经准备就绪,随即关上门。凯利斯牧师回到刚才站立的地点。双手扶着栏杆,等待着。这时,劳尔走出出租房,从前面楼梯下楼,上了南主街。发现雷的野马不在,劳尔肯定恼羞成怒,很可能步行朝市中心方向去了。

几分钟后,金博士独自出门走上阳台。因为拉尔夫·大卫·阿伯内西牧师说自己剃须后忘了涂乳液,金博士并没有随手关门。金博士一人站在房前栏杆边,边等阿伯内西牧师,边与楼下停车场里的人攀谈起来。此时,司机所罗门·琼斯发动了引擎,贝弗尔和奥林奇牧师结束了嬉闹。马雷尔·麦科洛朝北面楼梯走去。安德鲁·扬已经穿上了大衣(此时,伊利诺伊中央铁路大楼楼顶上的狙击组正在观察着他)。下午六点或稍早一点,巴迪驾驶第 58 号黄色出租车驶进通向旅馆的车道来接乘客,路旁已经不耐烦的乘客直接把行李提到出租车后面,想把行李放入后备箱。这时,特拉姆佩特宾馆的主人欧内斯廷·坎贝尔已经在开车回家的路上了。她车窗紧闭,正从巴特勒街向西开往马尔伯里路。路过出口设在巴特勒街上的洛林汽车旅馆车道的时候,朝右看了一眼,透过副驾驶那侧车窗,她见金博士正站在阳台。开到马尔伯里路,她稍微停了停,向右转了个弯,朝北开去。

出租车司机巴迪帮忙往后备箱装行李的过程中,停下看了眼马路对面的灌木丛,见有什么在动,要不就是有什么东西在那儿。乘客立即转移了他的视线,让他看站在阳台上的金博士。刺客则聚精会神,矮着身子,他的位置比马丁·路德·金所处位置略高一点。刺客身后不远处跪着乔尔斯。按计划刺客打算一枪爆头,这易如反掌。金博士距离刺客不足 200 英尺。扣动扳机那刻,金博士肯定稍稍移动了一下,结果子弹击中脸的下部,穿过下巴,在脊柱上划出一个凹痕,嵌在左肩胛骨下。

刺客把枪递给乔尔斯,后者飞快地从后门跑进吉姆烧烤店,被贝蒂·斯帕茨撞了个正着。当时距离子弹射出不超过 20 秒。乔尔斯安抚了贝蒂,弹出弹壳,扔进抽水马桶,结果没冲下去,卡住了。

然后,乔尔斯用桌布裹起来复枪,藏在围裙下,溜进大堂柜台后面。刺杀案发生后,乔尔斯在短短一分钟内就完成了上述动作。客人们仍在或高谈阔论,或举杯畅饮,或玩着沙狐球。乔尔斯神不知鬼不觉,干净利落地把来复枪放到柜台下的架子上,然后走到出租车司机哈罗德·帕克面前,问他有没有听到枪响。之后,他走回到柜台后,直到弗农·多拉海特副警长闯进门,命他封锁餐厅,不要让任何人离开,乔尔斯才走出柜台,跑去锁门。

在此期间,克拉克已经翻过墙头,沿着马尔伯里路一路狂奔,到了赫林路路口,在那里跳上一辆孟菲斯警察局交警车。这辆车当时正往西行使,在北边道路尽头拐角处,接上克拉克,绝尘而去。

刺客同样一刻也没犹豫,朝相反方向跑进旅馆两翼之间的小巷,最终进入地下室。听到枪响,马雷尔·麦科洛迅速爬上楼梯,从凯利斯牧师身旁跑过,到了俯卧在地的金博士身前,查看金博士是否尚有生命体征。众人纷纷聚拢过来。马雷尔回答了一个人的提问,说子弹来自街道对面的建筑。杰西·杰克逊牧师也爬上北面的楼梯,刚上了一级台阶,就开始犹豫不决,不知手中包里的东西应该拿出来还是放回去。(他手中的包从何而来,为什么带在身上,为什么犹豫不定,至今仍是未解之谜。)以上事件发生的时候,欧内斯廷·坎贝尔在旅馆门前车道前停下车,看着杰克逊牧师。杰克逊牧师抬起头,与欧内斯廷四目相遇,暗吃一惊,转弯开始爬楼梯。欧内斯廷在车里稍等了一会儿，一边开车驶离，一边查看一侧的后视镜，看见巴迪所驾黄色出租车车尾亮着尾灯。

与此同时，巴迪呼叫了调度员，向他描述了所见所闻，包括看见一名男子越过高墙，跑进孟菲斯警察局交警车这一幕。

在乘客催促下，巴迪从巴特勒街出口驶离洛林汽车旅馆，开往机场。到机场送走乘客后，巴迪向同事路易·沃德讲述了所看到的一切。后来对前来与他面谈的孟菲斯警察又重复了一遍自己的见闻。当晚，警察在黄色出租车公司再次访谈了他，并定于第二天上午做目击证人书面陈述。可惜，永远都没做成。过了一段时间，有人告诉路易·沃德，在 55 号公路上，巴迪的尸体被人从车上抛下。有传言说，尸体是第二天发现的，但找不到死亡记录。

听到枪声，厄尔·考德威尔迅速跑出房间，看见灌木丛里有个人影。所罗门·琼斯转过头，也看见一个人翻墙而过，跑了。所罗门跳上他的加长轿车想调头追上去，倒了好几回车，也开不出停车场。考德威尔目睹了所罗门的窘境。

《孟菲斯弯刀午报》记者韦恩·查斯顿几分钟后赶到现场，挤在聚集在旅馆车道尽头一群人里，听到所罗门讲述枪响过后，看见一名男子翻下围墙。

当天下午，军队摄影师们（别处所说的雷诺兹和诺顿小组）使用了两台相机进行拍摄。刺杀案发生的时候，一台对准阳台，另一台对停车场和上方的灌木丛进行扫拍，抓拍到刺客放下来复枪以及乔尔斯奔向出租房的瞬间。摄影师们拍完后，原路返回，从消防站北侧铁梯逐级而下。照片洗出来后，交给唐尼上校。诺顿意识到自己拍到的照片非同小可，偷偷留下一套。伊利诺伊中央铁路大楼楼顶的另外一个小组（别处所说的沃伦和墨菲小组）对所见所闻惊讶万分。开始他们确信肯定是另外一个小组操之过急,抢先动了手。他们通过无线电,询问下一步如何行动。长长的沉默过后,组长命令全队撤退。他们整理好装备,从屋顶顺着楼梯原路走下大楼,一路向西,越过铁路线,到了河边,乘上一艘小船,逆流而上,到达指定地点后,将船弄沉,转乘接应的汽车返回谢尔比军营。

刺杀案发生后没几分钟,现场就布满了孟菲斯警察局警察,他们身着白色制服、蓝色裤子围了上来。

可以想象,枪声响过,特遣队其他小组全都终止任务,撤离了该区域。为了应对可能发生的骚乱,陆军情报部队、联邦调查局、孟菲斯警察局仍坚守在医院和孟菲斯的大街小巷。

刺杀案发生大约 8 分钟内,警察在巴特勒街、赫林路与马尔伯里路路口设下路障封锁现场。这天从早到晚,贝尔南方电话公司修理工哈泽尔·赫卡比几度见到一名男子在赫林路徘徊,进了与出租房相连的一栋建筑。后来奥利维娅·卡特林看见此人从一条小巷跑上赫林路,跳进一辆雪佛兰汽车,疾驰而去。卡特林眼见车子在马尔伯里路向左转了个弯,从站在街角的她和孩子面前驶过,往北绝尘而去。这辆车还从孟菲斯警察局警员筑起的人墙封锁前经过,没有引起警察的丝毫注意。旋即,就见一名站在墙边人行道上的消防员对边上的警察大喊大叫说子弹是灌木丛射出来的,估计枪响那刻这名消防员正走在马尔伯里路上。

詹姆斯·厄尔·雷在汽车修理店等着修车,就在这时,他第一次听到了警笛声。雷手足无措,心急火燎,眼看还要很久才能轮到自己,便开车回到南主街,打算把车留在那儿给劳尔。到了地方,雷发现一路全是警察,只能按指挥驶离。雷是个逃犯,见了警察就像老鼠见了猫,比谁跑得都快。他一路向南开去,穿过密西西比,驶向亚特兰大。路上，他听到车上的广播，或者停车休息的时候听到别人的广播，说金博士遇刺，嫌疑人是一名开白色野马车的白人男子。

N.E. 扎卡里督察从总部急匆匆赶到犯罪现场，拿走了包裹以及其他证据。后来这些证据全都转交给了联邦调查局，联邦调查局立即将其运回实验室进行检测。联邦调查局迅速介入，投入大量人力，事实上开启了对整个调查过程的监控。小马丁·路德·金博士被火速送往圣约瑟夫医院，一小时内被宣布死亡。

第十章

生前的愿景，死后的真相

　　为了充分解读小马丁·路德·金的一生、他的思想理念、所作所为的重大意义以及失去他给人类造成的不可弥补的损失，了解小马丁·路德·金眼中的人类生活状况极其重要。他眼中的人类生活状况，一方面存在巨大潜力，一方面又在西方物质主义主导下让人一步步丧失人性。金博士认为，爱与相互关心是人类文明社会永恒的基石，在美国却日渐衰落。人类受到物欲主宰，完全排除精神追求或者巧妙地把无意识中对精神追求的渴望变成了对金钱永不满足的追逐。有时，这与新鲜时髦的宗教组织给予我们新瓶装旧酒的伪精神慰藉和伪精神满足肩并肩一起出现。

　　金博士坚信照这样下去，人类本身和人类文化将滑向自我毁灭的通道。他知道让人们理解如何扭转乾坤，比启发人类行动起来、进行必要的改变容易得多。仅仅许诺让人类作为一个民族生存下去还不够。20世纪60年代人们所拥有物质的价值与个人身份和自我价值已经密不可分地联系在一起。

　　因此，金博士认为，我们需要从根本上改变对自我及对世界的看法，这几乎相当于改变我们对现实的理解。为了便于理解这项任务的难度，各位读者可以回想一下专家证人威廉·沙普在证言中所说的长期强化洗脑对精神系统的印刻作用。

小马丁·路德·金从反对越战开始着手解决这些问题。他利用"穷人的运动"加紧推进改变20世纪60年代流行的主流价值观与信仰。"穷人的运动"是以最贫苦的一群人打头阵、首次由人民发起的一场全国性运动。运动的目的是夺回对自己生活的掌控权,重新定义家庭和社区,让家庭和社区重新成为人类和其他生命得到关爱的地方。考虑到1967年美国的社会走向,"穷人的运动"如同一场革命,堪比16世纪哥白尼的日心说,将彻底改变人类的生活。1543年,哥白尼发表《天体运行论》,导致了科学与宗教的历史性对抗:什么是更可信的知识源泉?科学观察和实验过程与结论,还是神启?

几千年来,犹太基督传统和遗产让拟人化的上帝生活在一个与地球完全不同的空间,却格外关注地球及地球上的生灵。地球被认为是宇宙的中心,太阳、行星、恒星以及月亮都围绕地球运转。上帝的意愿通过先知或基督教里的上帝之子耶稣转达给人类。就在400年前,托勒密地心说的世界观和宇宙观一直是所有科学、道德、政治思想与权威赖以生存的基础。[60]哥白尼的日心说革命提出地球只是围绕太阳运转的行星之一,太阳也只是宇宙中无数活跃恒星的一员,直接形成了与主流思想——神的启示而非科学才是生活以及如何生活最可靠的知识来源——的对抗。宗教在知识和道德上的权威受到了削弱。随着物质主义的兴起,宗教日显颓势。能被物理测量的物质成了人的首要关注,能够用于科学研究的事物成了各种问题和事件唯一的解释。科学研究和推理成了所有知识的源泉。宇宙中精神存在的观点不可避免地遭到抛弃,一起被抛弃的还有非物质的价值、审美、感觉等其他形式的人类经验。

17世纪托马斯·霍布斯提出物质以外什么都不存在,标志着这种变革到达了顶峰。与精神死亡和物质主义泛滥同时存在的，是接下来 400 年人类历史即将发生的欧洲物质主义者（往往以各色宗教打头阵）与世界各地原住民传统精神文化展开竞争。竞争的结果是原住民惨遭屠杀和征服，许许多多文化传统彻底消亡，取而代之的是物质主义宗教——基督教。

500 年来，欧洲屠杀原住民的魔爪伸遍了世界五大洲。欧洲人攫取了世界上大部分物质财富，造成几亿人口死亡，许多原住民族彻底灭绝。这是人类和地球有史以来最持久的破坏行为。

在北美舞台上演的这种征服大戏的情节是，欧洲移民后裔高举物质主义的火炬，对付印第安人。通过大屠杀、谎言、毁约、将印第安人禁锢于保留地，一个又一个印第安部落惨遭征服，与塔斯马尼亚、墨西哥、非洲等地原住民的遭遇如出一辙。

这 400 年间，物质主义征服未得到公开支持的时候，有组织的宗教仍然试图维护重要性今非昔比的精神生活，而日益成为主流的世俗社会却开始将物质世界作为最重要的存在，物质主义成了占主导地位的价值。这种价值观最终带来了经济增长，感官享受成了人类活动的主要目的。这完全有悖于传统的东方思想和认识（也有悖于早期的基督教教义）。传统的东方思想和认识将精神视为所有物质的基础，是知识的主要源泉。

过去 400 年里，经济学家追赶着哥白尼的潮流，试图逐渐将经济学研究提升为纯科学，将关注点放在易于测量的价格与现金流构成的市场行为。所有价值都被简化为市场价值和市场价格。大自然免费提供的空气、水、生命必需品除非发生短缺，否则就没有价值。对维持生命相对没有用处的黄金、钻石及其他贵金属、宝石则价值极高。人类生命的价值通过计算个人一生中赚钱的潜力就可以决定。正因如此,才有了以下说法:经济学家对所有事物的价格无所不知,但是对其价值却一窍不通。

马丁·路德·金以及同他并肩作战的人们所处的世界越来越将人变得丧失人性,成功由赚钱多少决定,大家全力以赴拼命赚钱,更不惜拿命换钱。拥有金钱的多寡决定了人对自我价值的认定。

当年,金博士面临的是人们对金钱和物质消费永不满足的追求。如今这种趋势有了几何倍数的增长。这都是社会不够完善、不能有效运作的后果。这种社会允许金钱成为衡量文化价值和关系的主要手段,否定和弱化了生命的精神层面。

金博士和甘地一样,他们知道生命中充满爱的人很少会采取强迫自己获得个人财产这种手段寻求心灵慰藉和生命的意义。而缺少爱的人,无论获得多少物质,无论怎么消费和放纵也不会达到心灵的满足。一个缺乏爱的世界,不重视人的关怀和精神追求,最终会变得物质匮乏、极度不平等、过分强调外在环境、社会分崩离析。

似曾相识吗?阿诺德·汤因比指出,刺激多样化是文明发展阶段的特征,而标准化、统一化则是文明衰退的特征。随着公司权力和物质主义主导地位同时与日俱增,社区控制权、本地化等运动成了应对社会人性缺失的自然反应。金博士正是为了逆转这一社会非人化进程而奋斗。金博士不幸离世,如今他不在了,我们的世界在唯利是图、不断追求大规模生产的跨国公司主导下,正以绝无仅有的速度加速下滑。

1968年的时候,金博士没有面临全球化或者全球化经济的问题,但他看到了当时已在破坏地方文化多样性的全球化势头。这个势头不断想方设法迫使当地居民依赖跨国公司和机构。"穷人的运动"目标就是赋予社区居民以力量,在自治和与自然保持平衡的前提下,创造更加美好的生活,将本地发展成为有担当、有责任的世界大家庭一员。金博士可能本能地意识到经济全球化的加剧将导致地方实体越来越丧失独立性,中央机构权力越来越大。

不只是为了我们自己

对于金博士,这些担心已不是新鲜事了。后哥白尼时代的物质主义在 20 世纪表现最抢眼的是对金钱的追求(凡勃伦的"炫耀性消费")以及通过一个人赚钱多寡、财产数量决定个人价值,将人非人化。与之相匹配的是不断强化的中央机构和中央集权的政府管控。

1961 年 6 月 6 日,金博士在宾夕法尼亚林肯大学毕业典礼演讲时说:

> 依靠科学天才,我们已经让世界变得近在咫尺。如今,依靠提高我们的道德精神,我们必须实现世界大同。现实中,我们必须学着像兄弟般对待周围的人,不然我们就是傻瓜,就只有死路一条。我们必须知道,仅靠自己,我们无法生活。我们必须和他人一起生活,所有的人必须互相关心。

金博士常常引用英国诗人约翰·多恩的诗句。多恩反对本能的物质主义倾向,反对将物质凌驾于人类之上,曾提醒他同时代的人们:"没有人是一座孤岛……任何人的死亡都是我的损失,因为

我是人类的一员……"⁶¹

1961 年金博士看到美国印第安人的贫困状况,他非常难过。那个时候,距他反对越战尚有 6 年之久,但他已感到自己与吃不饱肚子的美国原住民有着天然的亲近感和归属感。在他看来,越战就是物质至上的新兴文明与古老文明的一场交战。

20 世纪的美国,让他看到的是一个物质发达的技术文明,正在背离其犹太基督道义传统和文化这一基础。金博士说,我们将制导导弹交在被误导的一群人手中。和梭罗一样,金博士认为虽然如今手段进步了,目的却止步不前。

当然,金博士说得分毫不差。第二次世界大战后,物质主义在政治上的手足兄弟现实政治,成了社会主流。希特勒手下的整个德国情报机构被美国情报机构吸收,为大量的美国冷战反苏政策定了基调。战犯岸信介是东条战时内阁军需省大臣,1957 年成了日本首相。美国中央情报局出钱,在日本牢固地建立起一党执政政策,将日本合法地变为美国的卫星国。跟他们宣传的解放全世界被殖民民族的诺言不同,在中南半岛、马来半岛、印度尼西亚反对法国、英国、荷兰的民族解放运动中,美国和欧洲帝国主义站在了一起。

韩国建立了一个受美国保护的专制政府,这个政府凶残无比。1961 到 1993 年,美国支持三名将军建立独裁政府。20 世纪 80 年代,两名中央情报局高级官员相继被派往韩国担任大使。韩国人民通过自发的抗议示威以及 1987 年不惜与政府在街头正面冲突,才赢得了民主。最终,两名活下来的独裁者被以煽动暴乱、国家恐怖主义和腐败罪名起诉并定罪。对此,美国的媒体却报道极少。导致马丁·路德·金指责美国政府文化背叛行为的"二战"遗留问题包括美国对以下独裁政府的支持：

1. 中国台湾的蒋介石和儿子蒋经国。

2. 菲律宾的费迪南德·马科斯（罗纳德·里根和乔治·布什将马科斯称为民主分子后，科拉松·阿基诺及她组织的人民力量革命将他赶下台）。

3. 越南的吴廷琰（遭美国人刺杀身亡）、阮庆将军、阮高祺将军、阮文绍将军。

4. 柬埔寨的朗诺将军（后来的波尔布特和红色高棉）。

5. 泰国陆军元帅銮披汶·颂堪、沙立·他那叻、巴博·乍鲁沙天、他侬·吉滴卡宗。[62]

6. 印尼的苏哈托将军。[63]

这些东亚战后遗留问题在西半球同样存在。为美国企业作掩护的独裁者和寡头通过最残暴的国家恐怖主义行为夺取政权，维护统治。比如多米尼加共和国、危地马拉、萨尔瓦多、巴拿马、海地、智利、玻利维亚、阿根廷、乌拉圭为达到以上目的，都动用了敢死队、行刑队。这些广泛存在的秘密行动在此不必逐一详述。虽然这类行动大都避开了美国公民的耳目，但为他们买单的还是美国公民。"二战"后，美国在世界范围内建立了卫星国系统，这个系统建立和维持的独裁基础与美国人眼中的苏联大同小异。假如保罗·肯尼迪这样的批评家没错的话，"帝国过度扩张"最终可能会让美国遭遇与苏联同样的命运。

1968 年，以上战后政策和秘密行动带来的后果刚刚开始显现。为了帮助日本等从属国发展，经济上将慢慢掏空美国的工业和制造业基础，对美国民主制度更是灾难。"二战"后，美国培植的军事机构，越来越不受文官掌控。到了 2000 年，1960 年之前德怀特·艾森豪威尔总统对军工复合体权力的警告已经噩梦成真。金博士认为把美国变成地球上最大的施暴者有违美国文化传统。事实上,在我们有生之年,美国部队完全成了一个自治系统,彻头彻尾的雇佣-志愿军,与跨国企业越走越近,却与所有其他的一切越走越远。

五角大楼通过与各个跨国公司主管通力合作设立自己的计划。认为军队是民主政府用来实施其政策的多种手段之一的想法已经过时。任何帝国,如果军队规模不断扩张,地位不断增长,军队就会凌驾和取代其他外交手段。军国主义政策在外耀武扬威,在内则为一切事务定下基调。

这一切都不无代价,代价不仅是民主,还有我们的国家本身。苏联的遭遇就是血的教训。正是冷战总开支最终大大超过了苏联生产力,导致苏联解体:同美国军备竞赛,在阿富汗陷入战争无法自拔,东欧卫星国开销之大难以为继。金博士在世最后一年,由于美国对越南战争投入大量人力物力,在国内,军队连一场严重暴动都无力镇压。32 年后,美国已投入 55 亿美元发展核武器。在冷战后的和平年代,军队和利益相关企业仍然不遗余力游说政府设立星球大战防御计划,甚至不惜危及核裁军协议,简直荒唐。

过去两年里,国防开支急剧上升,大量军费用于新式武器研发和采购。2000 年,五角大楼花费 3 100 亿美元,是美国之外花费最多的军队前十名的总和。1969 年军费首次出现超过 10 亿美元的单项开支,用于空军 C-5A 飞机。如今,超过 10 亿美元项目已经见怪不怪。[64] 和平时期怎么也有这种事情?国防项目承包商总是位列政治捐款大户榜单。不言自明,军队已被特殊利益群体掌控。而这一切却是在俄罗斯削减军费开支到 650 亿美元、将军队从 500 万裁到 400 万的背景之下发生的。

审计是每个机构所必需的,五角大楼却不经任何审计就一掷千金,真是难以置信。军费开支记录混乱,几十亿美元的开销任谁也查不出去了何方。

五角大楼的总体表现进一步说明军队在当代美国社会中拥有绝对自主权。医疗健康和社会福利只占自主支出预算的 10%,教育占 6%,而国防则占到 50%。这都得归咎于承接国防合同的综合性大企业贪得无厌。金博士在世的时候,越南问题让大炮加黄油政策失灵。如今没了战争,阻止老百姓获得各种基本服务的只剩下了企业的贪婪本性。

这些企业的贪婪和自大或许将成为导致美利坚帝国及整个体系分崩离析的最后一根稻草。正如金博士预言的那样,军国主义的发展可能最终将终结美国民主制度,在所谓全球化,即剥削成性的霸权主义刺激下,经济崩溃,国家四分五裂。通过全球化,美国试图将自己的模式强加在世界主要经济体之上,在这种模式里,投机分子如脱缰野马,自身不创造价值却大发横财,消费主义受到膜拜。事实上,2002 年年末,我们已经开始看到美国的资本主义系统已彻底失去信誉与合法性。大企业经营者的贪婪和腐败的遗产及恶果在企业组织结构消亡、蒙羞、一步步崩塌的过程中显露无遗。安然、泰科、世通就是前车之鉴。不幸的是,大量美国中产阶级投资这些公司的积蓄和养老金也一并蒸发,令人痛心疾首。

尽管金博士不可能预测冷战政策对美国和政府系统造成的具体后果,也不可能预测民主消亡的具体细节,以及最终美国同自己的文化和精神根源渐行渐远的细节,但是金博士本能预感到避免灾难的唯一办法就是提升人类作为整体的意识,让国家的公共政策为其让路。

早先，金博士同他的导师圣雄甘地一样，发展了一套世界观，他认为交通和通信上的科技进步让世界变得近在咫尺，但我们还要让这些近在咫尺的人们像兄弟般友爱。这一主题贯穿了他人生最后 8 年每一场演讲。[65]

金博士知道无论谁举起兄弟之谊的火炬，这个人都将招致前所未有的仇恨。因此，他敦促追随者不要对仇恨还以仇恨，因为仇恨具有难以承受之重。

金博士不赞同阿尔及利亚精神病学家弗朗茨·法农的观点。法农认为在自己生活和工作的年代（见法农代表作《全世界受苦的人》），暴力不可避免。但金博士在有一点上同意法农所说，不将新兴国家塑造成另一个欧洲或者另一个美利坚，哪怕是丝毫不变的复刻，才是我们面临的挑战。模仿制度体系同样不可取。金博士认为，恰恰相反，新兴国家应该发展出新的理念，选出新的领导，一个接受世界大同的领导。

金博士预言，冲锋陷阵的勇士会被冠以与社会格格不入或者"不适应社会"的恶名。金博士说，为了实现理想，我们要能忍受这些指责。对当前社会秩序的某些价值观念、某些做法，尤其是军国主义的滋长，金博士以无法适应为荣，并号召所有人加入不适应的队列。金博士说他拒绝适应劫贫济富的社会经济秩序，拒绝适应疯狂的军国主义，拒绝适应在美利坚帝国发展进程中自我延续的暴力，拒绝适应把人物化的经济体系——为追求财富，利用他人，没有利用价值就将人当东西抛弃。全球化风行之前，金博士就知道，企业帝国主义者梦想中的全球化体系，将在全球建立统一标准，事无巨细。在全球自由市场，社会责任被认为是低效的表现，最低工资标准的要求将被认为是形成低效的主要原因,备受攻击,资本家能不给就不给。

对待以上事务的传统思想和做法,金博士打心眼里以无法适应而自豪。直到倒下那一刻,金博士始终在跟我们讲述一个事实,人类不仅仅为自己而活,这和我们祖先的智慧与经验一脉相承。

学生和老师

金博士坚定地相信,良好的社会制度应该更加看重人类幸福而非获得财富,他慢慢开始相信将基督教的博爱精神与甘地的非暴力手段结合起来,为受压迫人民寻求自由创造了强有力的武器。

马丁·路德·金可能从来都不知道,也从没意识到他与甘地的联系远远超出了非暴力这种手段。甘地承认约翰·拉斯金对维多利亚时期政治经济的批判分析(国家经济和其公民)彻底改变了自己的生活和思想。拉斯金主要作为艺术批评之父及他那个时代最杰出的艺术理论家为人所铭记,同时他还是文学家、画家和制图师。他的社会评论引起了 19 世纪英国统治集团的震怒,这个集团中也包括许多他个人的仰慕者。

拉斯金提出社会应该把罪犯看成和其他制造出来的产品一样,是我们生产出来的。因此,假如我们的制度能生产诚实的人,我们就不需要那么多监狱。而现在的社会将犯罪看作不可避免的,把精力集中在惩罚社会所生产出来的罪犯产品上。

在当代环保人士之前,拉斯金就已经开始鄙视下面这样的世界:他发现在那里,随着货币贬值(货币是当今财富的有形象征),令人愉悦的人类劳动的内在价值有被掩盖的趋势。"了解了生活的艺术,我们最终会发现,维持人类生活的不只是吃饭,所有可爱的事物同时也是必要的事物;除了家养的牛群,还有路边的一株野花、种植的玉米、森林里的野鸟和生物是可爱的,也是必要的。"[66] 拉斯金看到的是地球上围绕在人类周围所有事物永恒的美,这些为千秋万世创立了一个千古长存、相互关联的大同世界,从而将一代又一代的人们联系在一起。这是人类拥有的那转瞬即逝的财富所永远无法维持的大同世界。

拉斯金从来不知道哪里能找到天才,因此他呼吁甘地和金博士这样受压迫的行动主义倡导者不要直接把金钱放入某人的口袋,而应着眼提高整个时代和地区的生活质量。我记得很年轻的时候见过一幢公共楼宇上铭刻的拉斯金名言,至今难忘:"一个人俯身帮助孩子的时候,比任何时候站得都高。"

我记得以下是一位拉斐尔前派专家所说:在他指引下,我找到了 T.E. 劳伦斯。同样,拉斯金指引甘地找到了英国法律培训拒绝给予他的正义。然后,间接地,作为一代代社会新思想倡导者和空想家的一员,拉斯金还影响了马丁·路德·金。

拉斯金仿佛未卜先知,知道面对穷苦大众的悲惨生活,甘地和金博士这样具有异常洞察力的人会感同身受。拉斯金问道:如果苦难和富足明显地比肩共存,人们怎么还会渴望奢侈与财富?他说,只有极度无知、铁石心肠之人才会坐享奢华生活。即便那个时候,他可能还得主动蒙蔽自己的双眼。

然而,在我们的时代,由于穷人并不与我们真正生活在一起,我们可能极尽奢侈,而从来不必看到穷人的凄凉处境。狄更斯时代的伦敦,穷人遍地,而当今美国,中产阶级、中上阶级、上层阶级有谁会走到城市贫民窟或南方农村去看一看最贫困的美国人过着怎样的生活呢？我们当中有几个知道贫困的农村地区还有大量美国人住在没有室内排水、没有通电、只有泥土地面的破旧房屋里呢？

在我们的城市，纸板房只出现在个别区域。最富裕的那批美国人总是匆匆而过，又暗又脏的玻璃窗挡住了他们的视线，致使他们看不见窗子后面的倒霉蛋同胞。穷人数量越来越庞大，与社会的隔绝越来越严重。尽管在世界性大都市里他们越来越频繁地出现在我们周围，人们却没把他们看在眼里，并且常常故意忽视他们的存在。

拉斯金对这些人看不到的问题十分敏感。虽然拉斯金并没有参加这个问题的争论，但其深刻思想对甘地，并通过甘地对金博士产生了不可估量的影响。拉斯金告诫实干家，"随着生活艺术的普及，我们会发现……人类真正的福祉在于个人，而非群体"[67]。因此拉斯金还给甘地之前的天才 T.E. 劳伦斯带来了启发。为了另外一个古老的被殖民民族，劳伦斯作为正义和自由的代表，饱受苦痛，生存下来，并取得了胜利。[68]

甘地认为拉斯金的存在是他所处的环境造就的，在那里，言行体现整个国家良知之人受人尊敬、载入史册。托马斯·贝克特的道德力量不是让亨利二世跪行着从坎特伯雷市区走到了大教堂中的贝克特墓前吗？托马斯·莫尔的死不是替所有英国人将亨利八世的道德沦丧写上了耻辱柱吗？ T.E. 劳伦斯大胆地公开拒绝英国国王授予的爵位，给后来众人在支持反帝国主义事业、支持人民的权利和民族自决上带来了莫大的启发和鼓舞。

这种情况下，英国人的行为已在预料之中，甘地也知道。甘地明白继承贝克特、莫尔、培根、柯克政治思想的人以及继承莎士比亚、华兹华斯、拜伦、布莱克、拉斯金、劳伦斯文学传统的人,根本不能长期容忍对手无寸铁的印度人进行杀戮,印度人自己才是拥有 5 000 年灿烂历史的印度河流域文明的主人,他们要夺回主权,凭借的力量只有自己的气节和甘愿挨打、遭受折磨、身陷囹圄或者舍生取义的勇气。甘地推论说,当时的政府早晚会下令:够了,停手。他一点也没错。发生了太多屠杀,桑赫斯特皇家军事学院最后也受不了了。

蒙巴顿伯爵夫人出于爱,不声不响地帮助印度,反映了上层阶级良心受到谴责。而"二战"末期,大英帝国经济上已明显难以为继。在主客观因素共同作用下,印度夺取了胜利。地球上位列第二的人口大国从欧洲殖民主义枷锁中获得了解放。

甘地成了人民大众为收复历史和文化遗产不懈奋斗的化身。他是时代的产物,反过来又领导了时代。甚至连他被刺身亡也是他成功斗争策略以及致力于人民自决权的产物。甘地的诚实正直和道德品质不允许他反对伊斯兰兄弟成立自己国家的愿望。他既不能接受英国的殖民统治,也不愿在不断壮大的伊斯兰独立运动中充当新殖民主义统治者。反殖民运动中追随他的印度教狂热分子转而反对他。甘地坚守承诺给了印度一个重拾自己文化传统的机会,但他却为此搭上了性命。

同样,马丁·路德·金一开始也是领导美国黑人为掌控自己的命运,与强大的州政府和地方势力进行斗争。美国的欧裔新殖民主义统治力量,在施暴上同样无所不用其极。"二战"后的美国,时代同样在召唤前所未有的变革,马丁·路德·金的非暴力运动获得了部分北方人的支持,这些人在历史上就曾支持过《权利法案》、废奴运动、地下铁路运动、妇女投票权运动、罗斯福新政以及反法西斯运动。只要黑人不搬来做他们隔壁邻居,黑人就有权要求获得民权。

赤手空拳的无辜百姓勇敢地直面警犬和电棍。马丁·路德·金知道,同甘地手无寸铁的追随者被残杀激起英国人的良知一样,北方人的自由主义良知也将达到顶点。金博士的判断丝毫没错。他北方的朋友适时挺身而出,不早不晚。金博士将赢得战斗,可惜赢得的只是区域性胜利。

"一战"后,道格拉斯·麦克阿瑟为维护主子们的经济利益,曾下令让美国士兵在华盛顿屠杀退伍老兵。假如金博士仔细研究过这件事的前因后果,可能他就不会这么毅然决然了。他也会明白甘地的策略,北方人良知的支持在遥远的南方行之有效,但用在反对主流经济利益群体时,却将遇到巨大阻力。这些主流利益群体早就打好算盘,将他们的道德关怀选择性出口给不直接给他们物质利益带来负面影响的事件或地区。北方的就业、住房、教育被美国的统治阶层排除在道德关怀之外。

马丁·路德·金将精力和资源转移到反对越战上,超越了传统的民权斗争范围,他的同事们鲜有人愿意将国内公民没有民权自由和致使人失去做人尊严的贫困与万里之外新殖民主义远征军对古老民族实施的暴行联系在一起。他们不仅不愿意接受二者间的关联,甚至大部分人,不顾道德,愿意以支持越战为筹码,换取部分民权。

金博士拒绝这么做,并因此疏远了部分同事。这和甘地在成立伊斯兰国家问题上的经历如出一辙。被金博士终止越战决心惹恼的人还有大权在握的经济、军事、政治领导人,总统也算在内。这些人自以为通过推动民权立法已经收买了金博士的忠心。他们和躲在背后、财大气粗的企业利益集团感觉遭到了背叛。

与甘地反殖民主义斗争一样，20世纪五六十年代反对种族隔离的斗争也是时代使然。这两场斗争中出现的领导人物，成了人们希望和梦想的化身，制定了道德规则，为斗争提供了必要的主观因素。

越战也是如此。金博士正式宣布反对越战的时候，美国的越战行为并没获得大范围的民众支持。民众发现被欺骗，必然会有所举动。不断有士兵战死在前线，他们死得其所吗？1967年之前，还没有领头人出现，将浪费众多人的资源、有权有势的少数人却在受益的悲惨真相公之于众，也没有领头人把反对美国本土文化生活不断衰退的各个团体联合起来。

金博士填补了这一空白。让强大的经济利益团体和他们的代理人美国政府懊恼的是，金博士领导的反战运动得到了公众的认可和支持，越战已经越来越不得人心。他们通过非暴力活动和公民不服从表达不断增长的反战情绪，在全国范围内产生了重要影响。他们的手段包括：抵抗征兵、焚烧从军令、和平示威、静坐、宣讲会等。然而，随着人们开始采取暴力形式表达自己的不满和愤怒，先前的活动形式便无以为继。

1967年城市骚乱后不久，发生了五角大楼示威游行，20万人参加，示威人群主要由美国中产阶级组成。这次游行被认为是"穷人的运动"将在华盛顿开展活动的预演。

客观上，美国穷人贫困潦倒，每况愈下。在国内，他们受尽苦难。他们的孩子远在万里之外，随时成为炮灰。越战问题上，马丁·路德·金饱受煎熬。只要他对越南人民和派往越南消灭越南人民的美国士兵表达关切，其余民权领导人、国会议员、其他牧师就会对他发起攻击,指责他不集中精力争取民权。

有一次国内发生动荡期间,金博士下定了决心。后来回忆起那一刻,金博士写道:

> 那段时间,有天晚上,我读到一篇文章,题目叫"越南的孩子"。读完后,我想"我再也不能保持沉默了,越战正在摧毁美国的精神以及成千上万的越南儿童"。我的结论是,人生总有一个时刻我们必须要发出自己的声音,没人能替代我们发声。[69]

我就是那篇文章的作者,文章发表于 1967 年 1 月那期杂志。不久之后,我和金博士见了面。金博士越发坚定了反战决心。

美国城市生活质量不断下降,1967 年接下来 6 个月,暴力冲突在全美城市遍地开花。陆军情报部队从这些暴乱中得出结论:马丁·路德·金在城市贫民中的威望无人能比,而且正千方百计鼓动前所未有的大量美国贫民向华盛顿集结。按计划,这是一次和平扎营,目的是提醒国会美国还存在大量贫困人口,这些人也有面孔,能发声,有家人,有权利和没有实现的希望,而且他们就在那里,哪儿也不去。

和甘地组织起来抵抗大英帝国强权的破衣烂衫的大军一样,马丁·路德·金预计组织到首都华盛顿这批衣衫褴褛的人也要提出令当局难以置信的要求:为了让所有孩子不饿着肚皮上床,为了全民医保和教育,为了让衣食住成为美国人可以获得的权利,作为世界上最富裕的国家,美国应该重新分配社会资源和各种优先权。以上就是世界大同。当然,印度反抗大英帝国统治也是间接对英国政府维护的商业利益和财富的反抗,但目的是脱离白厅的政治管控和强加的决定,获得独立。关键是大英帝国已经开始衰落,印度独立不可避免。国大党和国民运动只是加速了这个进程而已。

在美国南部,持续的种族隔离也急需解决。布朗诉教育局案中最高法院的裁决推翻了普莱西诉弗格森案中"隔离但平等原则",实现了黑人和白人教育平等,宣布了种族隔离的结束。种族隔离的结束亦不可避免,马丁·路德·金和他的追随者拨快了种族隔离政策终结的时针,加速了它的灭亡。

马丁·路德·金在"穷人的运动"之前,正式反战那天起,就开始走上了对另外一种殖民统治和另外一个殖民宗主国进行斗争的不归之路。结果证明他的对手在全世界范围内都能一手遮天,绝无仅有。他人生的最后一年,与跨国企业殖民主义和其势焰熏天的代理人——美利坚合众国——组成的庞然大物展开殊死较量。

甘地和金博士先前面对的压迫力量气焰渐弱,金博士将目光转到经济不公上的时候,事情发生了转变。金博士意识到,美国生活中最根本、最隐晦的不公是将各种族与各文化里的贫困人口排除在获取哪怕是最低的生活保障之外。就这样,马丁·路德·金进入了一个崭新的战场。他所从事的不再是与区域性社会不公的斗争,而是直接与美国社会经济不公的核心问题进行斗争。这个问题与发动费用高昂的战争以及军国主义滋长密切相关。新的斗争导致他与联邦政府及其无数代理机构发生直接冲突,政府及其代理机构的使命就是服务于美国国内外企业利益集团,并为其保驾护航。1968 年,新战后企业殖民主义势头正旺。如果马丁·路德·金的反战行为不为企业利益集团所容,"穷人的运动"同样也不能为其所容。这场运动有发展成革命的可能。如果可能的话，只能通过屠杀美国人的方式来终结。但是，这样一来，至少千百万美国人就会不可避免地亲眼看见原来他们有着数量巨大、一贫如洗的同胞，而这些人以前都在他们视线之外。

对越战影响图文并茂的描述让占主流的美国中产阶级开始反战。他们每天看到成百上千万饥寒交迫的美国穷人，这可能导致他们进行抗议，要求政府有所作为。那时，再用画饼充饥来消除贫困未必还能奏效。政府恐怕只能通过实实在在提供培训和服务缓解本就巨大并在不断扩大的贫富差距，民众才能接受。

因此，"穷人的运动"更类似于一场阶级革命，而非反殖民主义斗争，不过其实两者的特点它兼而有之。讽刺的是，虽然马丁·路德·金一手主导了斗争的方向，并注定要屹立在风口浪尖，但是他从来都不是一名政治或者意识形态革命者。马丁·路德·金更像是个典型的自由主义者，而非激进运动领导者。他始终抱着希望，那就是美国的制度终有一天会不得不实现其所承诺的理想，并回应美国最贫困人口的真正需要。直到倒下那一刻，马丁·路德·金也称不上是个革命者，但和我们任何人一样，这并不能说他不易受到激进思想的影响。

假如马丁·路德·金没有去世，亲眼看到自由民主人士为了缓解广大民众的贫困疾苦的斗争以失败告终的悲惨结果，或许他会良心极度不安，从而提出对美国政府从头到脚进行改革。这也正是杰斐逊先生曾经敦促每一代人应当担负起的职责。

第十一章
官方的理由： 作案手段和动机

金博士遇刺案发生后至今,官方陈述始终如一。尽管我们从调查开始到现在的四分之一个世纪里,找到了大量新信息、新证人以及其他证据,但是官方对马丁·路德·金遇刺的说法始终只字未变。大量作家为官方说法背书。尽管从没给出过合理可信的作案动机,他们却几乎众口一词称詹姆斯·厄尔·雷单独作案,刺杀了马丁·路德·金。

此时,我认为有必要仔细审视一下这么多年来不同作家对此事的叙述以及官方给出的理由。最近写到此事的是杰拉尔德·波斯纳。波斯纳有关肯尼迪遇刺的书由于支持官方立场备受指责。尽管乔尔斯接受审判的时候,波斯纳一次也没有出席(他曾经说自己打算去"监控"审判),但审判过后,波斯纳先生在各媒体短暂报道事实真相的 12 小时窗口期过后,马上在全国各地网络电视和报纸对页版社论发文。他根本不知道陪审团在近一个月的审判中听到了什么证据,便劈头盖脸对陪审团、法官以及乔尔斯的辩护律师大肆指责。可惜波斯纳并不知道乔尔斯的辩护律师加里森曾提出过多个动议,试图让法官驳回审判,或者直接进行裁决。他也不了解斯韦林根法官虽然悠闲自得,却十分缜密。如果当初波斯纳来了孟菲斯,加里森律师肯定乐意给他发张传票,让他出庭做证,说说政府如何认定詹姆斯·厄尔·雷属单独作案。但他没选择宣誓接受法庭检验。

如前所述，除了《华盛顿邮报》刊登的一封长信以及《纽约时报》发表的200字书信，我没有机会给出我们对这件事的见解。我的同事们试图在各种主流报纸和期刊上发表文章，但是没人对他们的文章感兴趣。我与金的家人上了哥伦比亚广播公司早间电视节目，但只有2分钟的镜头。另外我们还上了一个法律频道的名流电视讨论会，不过讨论会中波斯纳先生的评论剪辑一个劲儿地被插进来播放。主流媒体至今还未曾发表过更正后的马丁·路德·金遇刺原因和经过的相关内容。

公开鼓吹政府立场的作家有很多，波斯纳先生只是最新加入的一位而已。其余的作家还包括20世纪六七十年代的威廉·布拉德福德·休伊、格罗尔德·弗兰克、乔治·麦克米兰。戴维·加罗写了一部历史著作，讲述金博士的民权活动。然后，在没有对刺杀案进行任何调查的情况下，20世纪70年代末80年代初，跳出来为政府立场辩护，而他对本案的实际证据知之甚少。[70]加罗教授的代表作是1986年出版的《背负十字架》（*Bearing the Cross*），但这本书与他写于1978年、1981年和1983年有关金博士民权运动的著作相比并无改观。20世纪七八十年代，加罗教授摇身一变，成了官方对刺杀案说法的主要背书者和代言人。虽然让人大跌眼镜，但也在预料之中。我估计，这是出于对马克·莱恩1978年发表的《代号佐罗行动》（*Code Name Zorro*）的回应。马克·莱恩的这本书是他实地研究的产物，而加罗教授在他624页的鸿篇巨制中，对金博士的最后一次孟菲斯之行仅仅用了4页，轻描淡写一笔带过。写金博士被刺杀的内容还不足两页，而且参考的都是二手资料。对照之下，有些专家，比如韦斯贝格·霍华德的作品《诬陷》(Frame up)，虽然全都基于严肃的一手调查，并指出 1969 年官方说法中前后多处相互矛盾，存在缺陷，却只能自费出版。

1989 到 1991 年间，菲利普·梅兰森教授出版过 3 本各种刺杀案专著，却乏人问津。虽然现在仍有人时不时搬出加罗的观点，但自 1998 年杰拉尔德·波斯纳的《杀死梦想》(Killing the Dream)出版之后，波斯纳便取代加罗成了政府立场最主要的代言人和宣传者。波斯纳参考了大量联邦调查局文件以及休伊、格罗尔德·弗兰克、麦克米兰等作家的作品，得出结论说詹姆斯·厄尔·雷蓄意杀人，单独作案。波斯纳还热情地提到谢尔比郡地方检察长吉本的办公室人员，并指出对他们的热情招待和通力合作深表谢意。他说，他们办公室"有时如同自己另外一个家……对于他们提供的帮助给出多高的评价都不为过……"[71] 波斯纳道，首席调查员马克·柯蓝科勒(乔尔斯审判的时候，柯蓝科勒宣誓后承认自己的调查小组只访谈了在陪审团面前进行过陈述的 25 名重要证人中的 2 名)"跟自己分享了他广泛调查后的内部消息。没有他的合作，就不可能解决雷的辩护团队最近提出的许多问题……"我很想知道他所说的是什么问题，这些问题又是如何解决的。波斯纳还得到了以前担任法官的詹姆斯·比斯利、罗伯特·德怀尔的帮助，说他们"非常慷慨，花时间重构最初调查中不为人知的细节"。[72] 比斯利与德怀尔逃避出庭做证，请州检察长提交动议要求传票作废，被法官驳回后，他们进行了上诉，得到了刑事上诉法院的支持。当然，这意味着他们不必就当年在认罪答辩陪审团面前表述的陈述接受交叉询问。想到交叉询问估计他们已经吓破了胆。

波斯纳在写作过程中,有意或无意地避开了菲利普·梅兰森教授有关此案的著作,明显站在政府和诉讼方立场谈论所有问题。他从未对詹姆斯·厄尔·雷进行过访谈,也从没跟我正式提出过访谈请求。他对雷的看法来自可能是线人的监狱服刑犯(他自己都承认了)、执法人员以及诸如休伊、格罗尔德·弗兰克、麦克米兰这样的御用文人。1978 年我同拉尔夫·阿伯内西牧师第一次见到雷的时候,发现雷跟我想象的截然不同。此前我们对他先入为主的印象与波斯纳毫无二致,也来自他所依赖的这些信息来源。

雷不是种族分子,也没有暴力倾向。虽说他的确没有主见,偷鸡摸狗,但不是个凶神恶煞、残忍成性的人。他也下不了手杀人。我和阿伯内西对此意见一致,在场的波士顿精神病学家霍华德·贝伦斯博士也持同样看法。波斯纳在书中用大量笔墨叙述了对雷的看法,进行的心理陈述并不科学,完全错误。他也不具备相应资质或专业知识进行心理评估。另外,不对研究对象进行访谈就做出这种评估,既违背了学术严谨性也不公平。波斯纳在对本案调查过程中,未对以下任何人物进行访谈:格伦达·格拉博、约翰·麦克弗林、埃米特·道格拉斯队长、内森·怀特洛克、拉瓦达·爱迪生、厄尔·考德威尔、梅纳德·斯泰尔斯、路易·沃德、卡瑟尔·威登、史蒂夫·汤普金斯、查尔斯·赫尔利、史蒂夫·卡博思、弗洛伊德·纽瑟姆、诺维尔·华莱士、芭芭拉·赖斯、劳埃德·乔尔斯、詹姆斯·麦克劳、威廉·B. 汉布林、J.J. 伊莎贝尔、詹姆斯·米尔纳、利昂·科恩、杰克·特雷尔、吉姆·史密斯(以及其他掌握重要证据的十几人)。如此多重要证人都不去调查清楚,如何进行严肃认真的独立调查? 真叫人想不通。[73]

孟菲斯陪审团发现存在串谋,串谋者包括劳埃德·乔尔斯、孟菲斯市政府探员、田纳西州以及美国联邦政府。另外,他们发现詹姆斯·厄尔·雷是个替罪羊,对案情一无所知。在这样的背景下,田纳西州以及波斯纳会如何处理真正涉及串谋的证据呢? 波斯纳之前写过一部关于肯尼迪遇刺的书,得出结论说约翰·F.肯尼迪死于单独行动的枪手,为官方说法背书。波斯纳的确对劳尔及阿尔法 184 小组组长进行过访谈。很明显,他关于肯尼迪的那本书让这些人对他无所顾忌。

对劳尔提起诉讼前,我试图对他进行访谈。我跟他说,我只想谈谈诉讼及我掌握的信息。假如他真不是那个劳尔,我肯定不对他提起诉讼。然而,他拒绝见我。

我也很想与阿尔法 184 小组组长面谈,但他行踪全无,我们以为他已经过世。我们既没能发现他的入狱记录,也没发现他去了哥斯达黎加后的地址。在军队帮助下,美国广播公司的确找到了他,但这家公司及其记者福雷斯特·索耶都无意进行公正深入的采访。

作案动机

从一开始,田纳西州和各位御用文人就发现给詹姆斯·厄尔·雷安一个合理的作案动机十分困难。休伊的观点是雷想借此出名,获得知名度(须提醒各位的是,休伊也从没当面采访过雷)。认识雷的人都知道这是无稽之谈。雷沉默寡言、羞涩胆怯,喜欢自得其乐而非吸引众人目光。无论雷把自己定位成什么人,从没迹象表明他认为通过伤害别人可以改变自己。即便失业、偶尔持枪抢劫,他都从没在手枪里装过子弹,因为他怕自己笨手笨脚打了自己的脚,或者伤了别人。

格罗尔德·弗兰克认为雷作案一是为钱,二是出于种族主义,二者交织纠缠。不过他的结论主要建立在一名服刑犯的叙述之上。这名犯人患有严重毒瘾,还是政府线人,早已臭名昭著。[74]

波斯纳最终得出了与众议院刺杀调查专责委员会一致的结论,认为雷定是出于金钱动机作案。他说这笔钱是雷做掉金博士的酬劳。波斯纳写道,根据罗素·G. 拜尔斯的叙述,密苏里的种族主义者约翰·考夫曼和约翰·萨瑟兰开价 5 万美元,让他杀死金博士。拜尔斯拒绝了这单生意,并将信息提供给一名联邦调查局线人。1973 年,这位线人向联邦调查局进行了汇报。然而,这一信息没引起联邦调查局的重视。拜尔斯有个妹夫在密苏里杰斐逊市监狱服刑,拜尔斯去探过监。詹姆斯·厄尔·雷也在这所监狱服刑,一次偶然的机会他认识了拜尔斯的妹夫。众议院刺杀调查专责委员会与波斯纳在没有获得任何直接证据的前提下,妄下结论,指出雷听说有人肯出钱买金博士性命,决心接下生意。波斯纳还引用了另外一名犯人的陈述证言。猜猜谁采集的证言?联邦调查局。

然而,他们的叙述与一些不可争辩的事实产生了矛盾:1. 詹姆斯·厄尔·雷从没见过考夫曼,也没见过萨瑟兰,甚至都没有听说过这两个人,也没听说过他们开价买金博士性命的事。没人列得出反证。2. 雷的目的是趁早逃到外国。他揣着在伊利诺伊州温内特卡市印第安足迹饭店打工的收入,前往加拿大港口城市蒙特利尔寻找途径逃出北美。在海王星酒吧遇到劳尔,受他摆布之前,他的目的明显是逃出北美。

波斯纳以及和他沆瀣一气的人怎能明目张胆曲解雷的这一

连串行动呢？怎么能在没有直接证据的情况下就把雷和赏金联系在一起了呢？真是百思不得其解。不过要是我们知道他们费尽心机帮政府圆谎，说詹姆斯·厄尔·雷存在作案动机，事实就简单清楚了：雷没有作案动机。詹姆斯·厄尔·雷没有任何理由，也没有任何诱因去杀死马丁·路德·金。

作案手段：政府及御用文人的说法

在极具说服力的若干新证据面前，尤其是 1992 年以来发现的新证据，另外还有官方早就掌握但长期被故意忽略、不予考虑、受到打压的其他证据面前，那些继续坚持凶手单独作案论调的个人及机构，日子越来越不好过。他们顽固不化的原因此处不予考虑，后面章节我会讨论答案。

为了让大家了解有些人费了多少心机对本案进行胡编乱造，我们将一一梳理关键问题。

关键问题

洛林汽车旅馆

1968 年 3 月 29 日，联邦调查局总部发了一个由 J. 埃德加·胡佛签字同意的反谍计划备忘录。这份备忘录主要针对金博士，并计划在金博士 4 月 3 日返回孟菲斯的时候让他住到洛林汽车旅馆。备忘录由种族情报部主管 G.C. 穆尔下发给主管国内情报部的助理主管威廉·C. 沙利文。备忘录建议在一家经常发布联邦调查局正面信息的媒体上发布一则信息。原文节选如下：

洛林汽车旅馆位于孟菲斯，由黑人独资，只面向黑人客户，口碑良好。3 月 28 日从游行示威现场匆匆离开后，金并没有住进这家旅馆，而是住进了豪华的假日汽车旅馆。这家旅馆属白人出资，白人经营，几乎只面向白人顾客。金已经放弃抵制白人商业，只有他的追随者还在抵制。[75]

众议院刺杀调查专责委员会以及许多政府御用文人的作品只字不提这份重要备忘录，竟也能顺利见报出书，令人匪夷所思。格罗尔德·弗兰克根本没提这档事，休伊也宣称洛林汽车旅馆始终是金的下榻之处。波斯纳则错误地听信了塞缪尔·比利·凯利斯牧师的一面之词，说金博士一直都住在洛林汽车旅馆。在他看来，这份备忘录或者什么新闻报道全都无关痛痒。不过，他倒是有一次公然歪曲我的作品。在一件趣闻轶事中，他写道：

詹姆斯·厄尔·雷的新律师威廉·F. 佩珀在作品《杀人命令》中根据一位匿名消息人士的话提出观点说："3 月游行那天晚上，有一组联邦探员对金博士在瑞蒙特假日宾馆的套房进行电子监控。"然而，问题是，3 月 18 日，金实际住在他的老地方，洛林黑人旅馆。[76]

匿名人士？我真希望波斯纳只是粗心大意或学术不严谨，但那也不至于啊。在《杀人命令》中，我写到了与吉姆·史密斯关于这一问题的对话：

既然金博士前几次到孟菲斯下榻之处存在巨大疑问，我便就此事询问了吉姆·史密斯。吉姆·史密斯说,至少有一次,即 1968 年 3 月 18 日,金博士下榻在瑞蒙特假日宾馆。吉姆·史密斯当时正为一个监视小组做助手,因此了解此事。在瑞蒙特假日宾馆的配合下,监视小组在金博士住的整间顶楼套房都安装了窃听器,然后在一辆停在街对面的面包车上,对金博士房间的所有对话进行监听。窃听器并非吉姆·史密斯安装,所以他不知道具体安装位置。不过另一名必须匿名的消息人士跟我描述了窃听器的安装位置:窃听器遍布金博士所住套间的每个房间,连卫生间也没放过,另外电梯、早餐桌下、隔壁会议室以及每位随从的房间都安了窃听器。他们还在面包车顶装了一个碗状窃听器,搜集来自阳台的信号。这个特制窃听器使用微波,能排除大量其他噪声,专门搜集对话。[77]

匿名消息人士只跟我独家爆料了窃听器的安装位置,我能精确描述爆料内容。金博士下榻在瑞蒙特假日宾馆实际是经吉姆·史密斯证实的。吉姆·史密斯在电视审判和民事诉讼中都出庭发表过相关证言。波斯纳从没对他进行过访谈。

波斯纳大错特错。3 月 18 日、3 月 28 日以及其他时候,金都住在瑞蒙特假日宾馆。实际上,3 月 18 日,在发表演讲前一天金博士在洛林汽车旅馆会见了社区民众,但是晚上却睡在瑞蒙特假日宾馆。3 月 28 日,金及阿伯内西预订的是皮博迪酒店,不过游行中断后,孟菲斯警察局将他们带去了瑞蒙特假日宾馆。其实,4 月 3 日晚上前,金从没在洛林汽车旅馆过夜。首先,马丁·路德·金来孟菲斯次数并不多。因为担心大家去自己住的白人旅馆见面不自在，金常常（比如 3 月 18 日）在洛林旅馆安排一个房间（我觉得是 307 房）接见民众。詹姆斯·劳森牧师跟我说，当时白人开的旅馆正在解除种族隔离，黑人领导认为他们有义务住到白人旅馆，展现黑人与白人的同等权利。

杰里·威廉姆斯队长在电视审判和民事诉讼中出庭做证说，每当马丁·路德·金来到孟菲斯，都由他组织和领导黑人警探安保队，为马丁·路德·金提供 24 小时保护。但最后一次金的孟菲斯之行，不是由他们组建的安保队。威廉姆斯证实金博士从未在洛林汽车旅馆过夜，并坚称金博士通常住瑞蒙特假日宾馆或本博将领宾馆，安保队 24 小时与他们形影不离。金博士主观上也能接纳黑人警探组成的安保队。当然，假如金博士通常或者以前就在洛林汽车旅馆过夜，那么联邦调查局也不必大费周章，通过让他难堪，逼他最后一次到访孟菲斯时不得不住进洛林。事实上，一切都有预谋。

波斯纳还辩称，洛林汽车旅馆的老板沃尔特·贝利曾说，宾馆记录显示金在那里住过 13 次以上，每次都在 306 房间。有证据表明贝利此番表述发表于 1968 年 7 月 10 日。[78]

沃尔特·贝利本身身份也很有看点。他经常在洛林汽车旅馆给妓女卖淫大开绿灯，与当地警察关系密切。刺杀案发生后，沃尔特·贝利曾跟司机威廉·罗斯说，金博士正在挑战包括政府在内的势力，以卵击石，必死无疑。1992 年，威廉·罗斯跟我转述了以上对话。4 月 5 日到 7 月 10 日之间，沃尔特·贝利可能与官方达成一致，并准备全面公开力挺官方说辞。

拉尔夫·阿伯内西在这个问题上的错误记忆，我真希望是他记错了，不过他说的话真是让人提心吊胆。拉尔夫·阿伯内西说金博士总是下榻在洛林汽车旅馆,而且一直是306房间。他还说,金博士最后一次来孟菲斯,306房安排了别人,得等一天才能入住,因此让金博士第一晚住到另一间房,第二天再换。[79]

睁着眼说瞎话,真是让人头疼。洛林汽车旅馆登记簿显示金博士和阿伯内西牧师4月3日入住306房间,孟菲斯警察局威利·里士满队长的监视报告上也做了同样记录。登记簿还显示4月2日306房间空着,不需要谁搬出去。"闯入者"成员也回忆说金和阿伯内西从一开始就住在306房间,包括詹姆斯·劳森牧师在内的其余访客也这么说。

另外,1978年8月,当着众议院刺杀调查专责委员会做证的时候,阿伯内西还说,最后一天下午,金去201房间看他兄弟A.D.,给阿伯内西打电话,让他也过去。后来阿伯内西真的也去了201房间,但不记得其他在场人姓甚名谁。[80] 11年后,即1989年,阿伯内西出版自传。自传中没提任何关于换房间的事,也没说自己去过A.D.的房间,而是说自己始终待在自己和金博士房内。[81]

也许阿伯内西只是出现了记忆偏差。4月4日下午4点左右,他到底去没去A.D.的201房间这样的小事记错了,情有可原。但记错他们每次去孟菲斯住哪里、有没有换房就不可思议了。

我相信,从支持官方说辞的人有意无意中忽视的有分量的证据来看,十分清楚的是,马丁·路德·金除最后一次到访孟菲斯,其余几次都没在洛林汽车旅馆过夜。有时他在格林汽车旅馆订房用作白天与大家会面,但晚上总是住在别处。

房间——306还是202?

4月3日至4日是金博士第一次在洛林汽车旅馆过夜。事实上,他本不应该入住无遮无拦、有阳台的306房。纽约市警探利昂·科恩退休后,搬到孟菲斯做了一名私家侦探,开始了自己的第二职涯,并与沃尔特·贝利成了朋友。如前文所述,科恩在4月5日上午进行的民事审判中做证说,刺杀案刚刚发生后,他跟沃尔特·贝利讨论刺杀案,沃尔特·贝利显得忧心忡忡,虽然他妻子在枪响后奔回房间,紧锁房门,之后脑出血发作,但他忧心的可不是这个。沃尔特·贝利的妻子同样被送往圣约瑟夫医院,几天后不治身亡。

科恩说沃尔特·贝利跟自己说,金博士本可逃过一劫。他说自己给金博士安排的是更隐蔽的202房间,不过金博士到达之前,他接到从亚特兰大南方基督教领袖会议来的一个电话,坚持让他把金博士换到306阳台房。沃尔特·贝利试图打消来电者的想法,说306不如202安全,但对方十分坚决。这样他才安排金博士与阿伯内西住进双床房306。

过了一段时间,韦恩·查斯顿与沃尔特·贝利进行了单独谈话,也得知了换房一事,只是这次沃尔特·贝利推卸了自己的责任,称南方基督教领袖会议派来一名先遣人员,找到他妻子,坚持换房。

1992年末,我对奥利维娅·海丝进行了访谈。海丝证实金博士原定住202房间,不知什么原因换到了楼上的306。

如此一来,我们已经有三个不同的独立证人,证明金博士换过房间。阿伯内西说当时306的客人还没走,等了一天才住进去的说法显然不成立。要是波斯纳对利昂·科恩、奥利维娅·海丝、金在当地的律师卢修·斯伯奇进行过访谈,抑或问问韦恩·查斯顿、戴维·凯伍德律师(后面这二人,波斯纳都进行过访谈)关于房间的问题,他就会得出不同的结论。

安保

官方的说辞是,金博士最后一次来孟菲斯,他们为他选派了一支警察安保队伍。事实上,唐·史密斯督察虽然并非如波斯纳所说是探长[82],但他的确派出了一组白人警探(包括乔治·戴维斯探长、威廉·舒尔茨探长、罗纳德·豪厄尔警探)于 4 月 3 日在机场迎接了金一行。不过,以前派出的都是黑人警探。到了洛林汽车旅馆,J.S. 加利亚诺督察、汉比探长、塔克探长也加入了这组白人警探。

这组白人警探以前从未负责过金博士的安保工作,并非安保工作合适人选。4 月 3 日下午,唐·史密斯督察以金方不肯合作为由向休斯敦探长提出撤回选派的安保人员,该安保队被撤回。詹姆斯·劳森牧师同霍齐亚·威廉姆斯都是南方基督教领袖会议工作人员,他们告诉我,虽然白人安保队没有得到大家信任,但大家并没有不合作。孟菲斯警察局警探杰里·威廉姆斯在电视审判和民事诉讼中都做了证,在《杀人命令》中有关于他的叙述。波斯纳清楚得很,前几次金博士来孟菲斯,黑人安保队起了重大作用。他即使原来不知道,那时应该明白,这次不安排黑人安保队存在重大问题。波斯纳对这支黑人警探组成的安保队只字不提,同时他也不提金只有最后一次到访孟菲斯时没有安排黑人安保队如此蹊跷的事。

至于特警 10 分队从洛林汽车旅馆周围撤出一事,官方始终坚持是应金博士一方某人的要求。波斯纳也是这个论调。[83]要是波斯纳听过菲利普·梅兰森教授在民事诉讼中的证言,阅读过梅兰森教授或者我关于此事的作品,就该知道山姆·埃文斯督察在不同时间,分别跟我们说过,是凯利斯牧师(波斯纳称跟他很熟)要求撤出特警 10 分队。我和梅兰森全都不信埃文斯督察这套鬼话。首先,凯利斯不是金集团的成员,跟南方基督教领袖会议并无瓜葛,也不在这个组织担任一官半职。凯利斯只是一名当地牧师,无权代表金方提出任何要求。不过,如果波斯纳知道山姆·埃文斯说的话,他就可以当面质问凯利斯。以前,凯利斯不承认自己提过这个要求,毋庸置疑,波斯纳问起,他还会否认。不过,这件事上,他应该说了实话。

撤走黑人警探埃德·雷迪特和两名黑人消防队员

波斯纳深知黑人警探埃德·雷迪特因为一条虚假人身威胁信息被撤走[84],但他并没深究,查清菲利普·玛努尔的身份。玛努尔是联邦官员,是他提供了这条虚假信息。我相信在刺杀案当日,第 902 军事情报组的约翰·W. 唐尼上校负责协调孟菲斯各个单位组成的军事特遣部队,而玛努尔也是第 902 军事情报组成员。在我看来,这至少是个有趣的巧合。而玛努尔所说的人身威胁纯属子虚乌有,撤走埃德·雷迪特探员显得更加不怀好意。早些时候,埃德·雷迪特因为将自己描述成安保人员而非由二人组成的情报小组的监控人员,致使自己的可信度大打折扣。然而,他的本职工作是社区关系警察,被临时调派到了情报小组。傍晚时分,因为他与社区关系密切,遭到怀疑,所以在刺杀前一小时,或一小时多一点,他被从岗位上撤下来,由阿金探长送到警察总局(在那里,雷迪特说自己有生第一次见到那么多军队铜管乐器),然后又被送回家。波斯纳对撤离雷迪特轻描淡写,一笔带过,他说"一名黑人警察代替了雷迪特……"[85]，人们不禁会问，这是哪冒出来的？舛讹百出。实际上，根本没有黑人警察代替雷迪特。剩下的一名黑人警察威利·里士满独自一人继续监控。

傍晚刺杀案发生前，弗洛伊德·纽瑟姆与诺维尔·华莱士接到上级命令，要求他们到别的消防站报到。15年前，二人告诉我，有关为什么被调到其他消防站，他们从没得到满意答复。电视审判的时候，以及后来的民事诉讼案中，二人始终保持这个态度。1979年众议院刺杀调查专责委员会的报告总结说，让二人到其他消防站报到，是埃德·雷迪特警探的命令。[86]然后，这就成了官方解释，波斯纳在书中也引用了这一说法。[87]但这个说法让纽瑟姆、华莱士甚至雷迪特都一头雾水。雷迪特没下过这道命令。他自己都属于不受信任之人，刺杀案发生当天下午被从消防站调离。世事总是如此，不走近事实本身，就无法揭开真相。雷迪特无论公开场合给出的证言，还是私下的证言，都证明众议院刺杀调查专责委员会报告结论有误。[88]

撤走雷迪特、纽瑟姆、华莱士的命令显然来自孟菲斯警察局。他们不想让与社区关系太过紧密的警探以及两名黑人消防员留在现场。里士满是情报人员，接受过正规训练，不会捣乱，所以不必调走。

波斯纳既未对纽瑟姆或华莱士进行过访谈，也未曾在书中提及二人。令人称奇的是，他书中对弗兰克·霍洛曼也只字未提。霍洛曼在联邦调查局做了长达25年的探员，退休前最后几年还担任了J.埃德加·胡佛办公室主管。当年，身为孟菲斯警察局兼消防局局长的霍洛曼在一间堆放军队铜管乐器的房间会见了雷迪特，告诉雷迪特他除了被护送回家，别无选择。

"闯入者"离开

下午五点五十分,"闯入者"突然离开,这件事没写进官方报告。包括波斯纳在内支持官方说法的人,在作品中也无一提及。刺杀案发生前 11 分钟不到,大约下午五点四十五分到五点五十分之间,"闯入者"接到逐客令。这并非无足轻重的巧合。我大胆推测,强行让他们离开(为节省房费或者避免所有人一起退房浪费时间的说法,都是无稽之谈)要么就像调走黑人消防员和黑人警探一样,是为了清除绊脚石,毕竟他们是黑人青年,可能构成不安全因素,要么就有更加骇人听闻的目的。可以想象,突然下逐客令有可能引发暴力反抗,造成整个汽车旅馆发生动荡,引起骚乱。鉴于现场还有民间狙击手以及军队狙击手,发生什么都不足为怪。

逐客令貌似由杰西·杰克逊下达,这也令人百思不得其解。詹姆斯·奥林奇牧师最近再次证实杰克逊牧师与"闯入者"毫无瓜葛,完全没理由下逐客令。[89]在我看来,或者是杰克逊的确没下逐客令,下令者另有他人,或者杰克逊也卷入了串谋。

凯利斯的因素

金博士生命的最后一小时,凯利斯牧师到底在不在金博士与阿伯内西牧师房间,并不是核心问题,但将其与比利·凯利斯牧师是否可信联系起来,则非同小可。假如凯利斯牧师并不像自己说的那样在他们房间,那么,如威利·里士满的监控报告所说,他可能的确下午五点五十分敲了门,敦促金博士走上阳台。当然,假如他在金博士房间,那他就不可能在金博士遭遇刺杀前几分钟让金博士出去,走上阳台。

关于此事,官方对那天下午的记录大都基于凯利斯牧师的描述,传得满城风雨的也是这个说法。我与拉尔夫·阿伯内西的最后一次谈话中,阿伯内西一再坚持说凯利斯牧师那天下午从来就没与他们共处一室过。(金博士在楼下他兄弟房间一直待到下午五点半,之后才跑上楼为赴宴做准备。)另外,金博士走上阳台后,阿伯内西写道:

> 我正往脸上喷古龙水,就听见他跟楼下院子里杰西·杰克逊牧师谈话。我很开心听到他们谈话和金博士热情洋溢的语调。周六开会,他们争辩过,这几天二人关系有些紧张。现在金博士显然有意在向杰克逊牧师示好。
>
> "杰西,"金博士喊,"今晚跟我们一起去吃饭吧。"
>
> 然后我听到从阳台对面传来比利·凯利斯的声音。
>
> "我们还没来得及邀请你,杰西就开始策划今晚的晚宴了。"金博士喊道,"告诉杰西别邀请太多其他人。"[90]

瞧瞧,拉尔夫·阿伯内西的记性有多糟糕。跟我最后一次谈话,还有几年后的自传中,他都说凯利斯在屋外。金出门走上阳台的时候,他甚至在阳台另一侧(北侧)。

威利·里士满写的监控报告上也明确指出凯利斯下午五点五十分敲响了金博士所在的 306 房间的房门,金开了门,两人简短交流了几句,然后金返回房间。凯利斯则沿着阳台向北走去,停下来,倚在栏杆上。1992 年我对里士满进行了访谈。1999 年里士满在民事审判时出庭做证。他的证言始终前后如一。凯利斯牧师在民事诉讼中为被告出庭做证的时候,指出里士满是个酒鬼,他估计里士满即便不自我了断,当时也应该不在人世了。陪审团刚刚听过里士满的陈述证言,我的助手阿金尼斯告诉凯利斯,里士满刚才就坐在证人席他现在坐的那把椅子上,陪审团听了这些话忍俊不禁。

波斯纳仅凭凯利斯一面之词得出各种结论,我们不禁疑惑他为什么不读读里士满的监控报告,不读读阿伯内西的自传。如果他这么做了,就根本不会听信凯利斯的胡编乱造。

查尔斯·奎特曼·斯蒂芬斯

当然,查尔斯·奎特曼·斯蒂芬斯是田纳西州的主要证人,事实上也是唯一的目击证人。如今,铁证如山,斯蒂芬斯在刺杀案发生的时候酩酊大醉,什么也没有看见。然而,这之前,政府的御用文人全都拿他的话当真。斯蒂芬斯说什么,格罗尔德·弗兰克就信什么。[91]波斯纳列出了官方说法,然后在注释中写道:

> 查尔斯·斯蒂芬斯那天喝酒没有,多年来一直存在巨大争议,尤其是他后来成了国家认定雷有罪的关键目击证人之后。即便处于清醒状态,斯蒂芬斯的证言也并不那么具说服力。他说自己看到离开犯罪现场的人在体型、头发、服饰特征上像住在5B的房客。然而,前孟菲斯凶杀案侦探罗伊·戴维斯警探告诉我:"刺杀案发生几个小时后,我在警察局给斯蒂芬斯录了书面口供。斯蒂芬斯并没醉得不省人事,但就在当时也并非完全清醒。我清楚地记得他说自己无法辨认看到的是谁。如果他是唯一的目击证人,我可不会根据他的话得

出结论。"[92]

消防站屋顶的军队摄影师

跟军队涉案一样,这件事 1995 年前没人提起,足见阻力之大,因为每当军队受到攻击,都能紧密团结,保持沉默。

不过,可以确定的是,1968 年 4 月 4 日上午,两名便衣军官找到卡瑟尔·威登,出示证件并请他带大家到消防站楼顶拍摄当天进行的各种活动。威登带他们走上楼顶,就离开了。走的时候,那些人在楼顶东北角正往外拿摄影器材。早就有流言蜚语说军队在场,但正如我们前文所说,直到遇见威登,我才了解具体细节。

1995 年我也写到过这件事,波斯纳未予理睬。卡瑟尔·威登掌管的消防站对本案这么关键,波斯纳本应该采访下威登,然而他并没有。

两辆野马车

从始至终,官方都坚持说只有一辆野马车,不是两辆,而且车是詹姆斯·厄尔·雷的。田纳西州声称有人误认为有两辆野马是因为雷移动过停在吉姆烧烤店门前的野马车。在他去南主街远处的约克武器公司买望远镜之前,野马车停在吉姆烧烤店前面。回来的时候,雷发现车位被占,只能停到位于出租房北面的卡尼佩娱乐公司南侧。

波斯纳全盘接受这一说法,并提出雷对自己在哪里停的车给出多个版本,一会儿说是六个街区之外,一会儿说是一英里之外,一会儿说两英里之外。[93]波斯纳并没有给出这些说法的出处,而是直接用它们来诋毁雷。他避重就轻,转移了人们的注意力,不再关注真正重要的问题,即两辆野马车一事。一开始,雷确实将野马车停在距吉姆烧烤店相当远的地方,徒步走到吉姆烧烤店。然后,折回去把车开过来,停在吉姆烧烤店正前方。雷一直这么说,只是他始终不确定第一次把车停在多远的地方。

弗朗西斯·汤普森是卡尼佩娱乐公司对面锡布鲁克公司雇员。他看见一辆野马车,即第二辆野马车,开到卡尼佩娱乐公司南面停下来。波斯纳随意将这辆野马车当作雷买完望远镜后折返回来开着的那辆野马。波斯纳还提到,佩姬·赫尔利下午四点四十五分下班出来,注意到有个人仍然坐在野马车内,车就停在她丈夫车前面。[94]波斯纳还是一如既往,既没有采访佩姬·赫尔利也没采访来接她的丈夫。要是他如我 1992 年那样采访了他们,从查尔斯·赫尔利电视审判以及最近的民事审判证言来看,波斯纳应该知道官方的说法漏洞百出。查尔斯·赫尔利把车开到一辆在卡尼佩娱乐公司南侧停放的野马后面,在那里等待妻子佩姬。等待过程中,他注意到野马挂的是阿肯色州车牌,而雷的野马挂的是亚拉巴马州车牌。1972 年,格罗尔德·弗兰克注意到田纳西政府的说法存在矛盾,并想方设法帮他们开脱。他说,阿肯色和亚拉巴马都是红白车牌,查尔斯·赫尔利弄错了。格罗尔德·弗兰克说得一点不错,只不过阿肯色州车牌开头是 3 个字母(查尔斯·赫尔利甚至记得其中的 2 个字母),而亚拉巴马州车牌开头的是数字。雷的野马亚拉巴马州车牌号是 1-38993。格罗尔德·弗兰克还有一件事没有告诉读者,那就是尽管两个州都用红白车牌,但是阿肯色州车牌为白底红字,亚拉巴马州车牌为十分醒目的红底白字。

事实上,雷去了约克武器公司不是一次而是两次。第一次没走多远,他就折返回来找劳尔问详细路线。他的野马车还停在吉姆烧烤店前面。休伊、弗兰克、麦克米兰、波斯纳只要找找以上事情的规律，或者问问史蒂夫·卡博思，或者其他在 4 月 4 日下午 5 点之后从泰洛造纸厂下班后去了吉姆烧烤店、注意到停在门前野马车的人，就不会搞错。比如，卡博思就告诉我，他对停在吉姆烧烤店门前的野马车记忆犹新，因为他说："我从这辆车和停在它后面的车之间走过，两辆车停得非常近，它们的保险杠把我的蓝色新西服蹭脏了。"他说他肯定这辆野马在下午五点十五分到五点二十分一直停在那里，车后保险杠与跟吉姆烧烤店连在一起的出租房北门"几乎水平"。卡博思说，联邦调查局找过自己四次。波斯纳和其他调查者轻而易举就能看到他的联邦调查局 302 文件。这一证据可以证明的确有两辆野马车，这已毫无疑问。

不在场证明

田纳西州长期坚称詹姆斯·厄尔·雷没有让人信服的不在场证明。其实，他有，只是没有帮自己确定这个不在场证明。雷跟我说，威廉·布拉德福德·休伊帮自己承担了第一任律师阿瑟·韩尼斯父子的律师费，这笔费用来自休伊和《看客》杂志签订的合同。雷说因为自己开始不信任休伊，所以至少有一次自己跟他讲了瞎话。他说：枪声响后，劳尔从出租房跑出，跳上野马车，拉了一张床单盖在自己身上，催促雷开车。这些都是为欺骗休伊胡编乱造的话。雷听说自己跟休伊提过的人，逐个被联邦调查局办事处问话，渐渐开始怀疑休伊与联邦调查局存在合作。不幸的是，编造故事似乎是雷的兄弟杰里·雷为恶搞想出来的主意。

杰里·雷玩过了火。有一次，为换取金钱，他肆无忌惮地跟作家乔治·麦克米兰编造故事。不过最终，杰里·雷对乔治·麦克米兰也彻底失去了信任。不论如何，虽然詹姆斯·厄尔·雷编的故事不像兄弟杰里和约翰那样多，但还是因为说谎损害了自己的信誉。

别人在这事上也让他雪上加霜。伦弗楼·海斯是阿瑟·韩尼斯雇的第一个私家侦探，在帮助雷寻求真相和正义的道路上，他可谓抱薪救火，无人能比。海斯说服了一个名叫迪安·考登的人做伪证，证明自己于刺杀案发生大约5分钟后，在距离出租房大约6个街区的一家德士古加油站见过雷。乔尔斯当时的律师马克·莱恩信以为真。结果1978年8月18日，当着众议院刺杀调查专责委员会发表证言的时候，考登竟然承认这个说法纯属编造。

我们曾一度到处寻找埃索加油站的服务员威利·格林。直到我看到全国广播公司厄尔·威尔斯对格林的采访，才开始对格林的话产生怀疑。格林的确认出了照片上的雷，还帮《孟菲斯弯刀午报》摄影师兼记者埃德·里德辨认过雷的照片，但是他对雷行为的描述，比如使用公共电话等，跟雷的记忆对不上号。由此，我对威利·格林的所见所闻的准确度产生了疑问。

雷的不在场证明与以上这些人的描述毫无瓜葛。波斯纳注明："雷称刺杀案发生的时候，自己在加油站，但是说辞经常前后不一，而且也没有目击证人。实际上，雷买完望远镜回到南主街的出租房后，没有证据表明他在金被刺前就离开了出租房。"[95] 此言差矣。

32年来，联邦调查局和谢尔比郡地方检察长始终握有雷的不在场证明。证据一出就能为雷洗刷罪责，但从一开始辩方就没能拿到这一证据。无论支持还是反对雷的写手，也始终没有发现或忽视了这一证据。

1992 年，我在为电视审判做准备，审核谢尔比郡地方检察长文件的时候，发现了两名证人向联邦调查局和孟菲斯警察局做的一份陈述。当时，我十分诧异，怎么辩方从没提过这份陈述呢？然后，我意识到他们从来就没提供给雷的律师这份陈述。其中一名陈述人是雷·A. 亨德里克斯，在河上一条驳船上作业的陆军工兵部队士兵；另一名陈述人是威廉·Z. 里德，摄影器材供货商销售。4 月 4 日下午，亨德里克斯和里德在吉姆烧烤店喝酒。二人住在不远处第二大街上的克拉克宾馆。他俩下午五点半到五点四十五分之间离开吉姆烧烤店。亨德里克斯发现外套落到店里了，便回去拿。里德在外面一边等他，一边细细观察停在吉姆烧烤店前面的野马车。他正打算买车，对这个型号的野马车也感兴趣，所以看得十分仔细。亨德里克斯回来后，两人沿着南主街朝北走去，走到几个街区之外的万斯路。正想过街，就见一辆白色野马车，同样沿着南主街向北一路驶来，与他们贴身而过，向右转入万斯路。尽管车速不是很快，但假如二人没有停下脚步，也许早被撞翻在地。里德发现开车的人一头黑发。过了一会儿，他们到达宾馆后，警报声响起。里德说虽然自己不是十拿九稳，但是转向万斯路的车似乎就是他们在烧烤店门口看到的那辆。亨德里克斯回忆说里德当时就说是同一辆车。

亨德里克斯和里德的陈述似乎支撑了雷的说法。雷说自己的野马车停在吉姆烧烤店前面，刺杀案发生前，他开车去看是否能修理轮胎。电视审判以及民事诉讼的时候，我提出了亨德里克斯和里德的陈述作为证据，并将其写入《杀人命令》一书，这三件事都发生在波斯纳调研出书期间。除此之外，前文已经讲过，早在 1992年我就偶然发现了这一陈述，不是在别处，而是波斯纳称为不是家胜似家的谢尔比郡地方检察长办公室。

劳尔

詹姆斯·厄尔·雷从头到尾坚持说有个给他"出主意"或者说"操控自己"的人。官方始终一口咬定此人并不存在,即便存在,也是雷的一个兄弟,其中,杰里嫌疑最大 。

杰拉尔德·波斯纳最近一次谈起劳尔时,首先指出,雷对劳尔名字(Rawl)的拼写存在问题,指控我们,削足适履,改了劳尔名字的拼写。波斯纳说,雷前面把此人名字拼写为"Raoul"。不过事实是,雷真不知道那个人名字怎么拼写,只能按照读音主观推测。实际上,一开始,波斯纳拼的不是"Raoul",读读他两万字的作品,大家就会发现,除了几处例外,他始终把这个人名拼成"Roual"。编辑发现这个名字对应两种拼写,一个是"Raoul",另一个是"Raul",因此统一给改成了"Raoul"。之前,在不知道还有另外一种拼法的时候,我们也用了"Raoul"这个拼法。

波斯纳审核了赫尔曼/比林斯的刑事辨认照片以及检察长办公室的调查,当时这个办公室正在纽约郊区劳尔家里对劳尔进行访谈。他们得出结论,此人不可能是我们要找的人。他们发现此人从葡萄牙移民后,在一家汽车制造厂上班,很少旅行,从没到过田纳西或者得克萨斯。此人还说自己没有叫阿马罗的亲戚。检察官派出的调查人员把此人指纹与金案中没被识别的指纹进行了比对,并不匹配,便结束了对劳尔的调查。波斯纳也获得了与劳尔面谈的机会,而且,除此之外,他还说自己能接触到所有劳动用工记录和对劳尔同事的访谈记录,甚至还有当地检察官办公室保存的退休金缴存记录副本。地方检察长办公室什么信息都跟一名作家公开,却不愿跟为犯人昭雪四处奔走的律师谈谈,这是极其不专业的。在我看来,这说明他们在这一案上,极尽拉拢之能事,而对提供可能被多方核实、经不起考验的信息和文件兴味索然。正因如此,他们才那么心甘情愿地与一个为他们摇旗呐喊的作家分享信息。

波斯纳试图诋毁格伦达·格拉博,并对她情绪是否稳定提出质疑。波斯纳指出起初格伦达说她认识的那个人的昵称叫达戈,而不是劳尔。波斯纳还关注格伦达对肯尼迪遇刺案的指控,以及格伦达声称见过劳尔和杰克·鲁比在一起的事。波斯纳指出,没有证据表明鲁比去过休斯敦。波斯纳明显没跟"旋转木马"的脱衣舞女们谈过,不然他就会知道自己是多么荒唐。

波斯纳称去找阿普里尔·弗格森与吉恩·斯坦利(代理本案非核心证人兰迪·罗森松的诺克斯维尔律师)谈的时候,两人吓跑了。赫尔曼与索尔特曼曾说以上两人认出了劳尔。至于锡德·卡休,波斯纳说卡休同英国右翼政治有关,证言不值得信赖。

波斯纳在分析结尾引用肯·赫尔曼的话说,奥利弗·斯通的电影已对本案下了定论。他还引用赫尔曼的话说:"在好莱坞,他们感兴趣的不是真相,而是一个好故事。"

赫尔曼是否说过这些话我无从知晓,但不幸的是,这些不假思索的言行,雷承受不起。而且这些言行竟然出自那些有义务帮助雷争取获得审判、拿薪酬并代表他利益的人之口。尽管赫尔曼和比林斯都坚持认为波斯纳对他们的话断章取义,曲解并误传了他们的本意,在我看来,但凡波斯纳传播的版本有一点真实性可言,那么这二人的行为往好了说是愚昧无知,往坏了说是十恶不赦。波斯纳所有的话都在掩盖真正的问题,即纽约郊区那个人(在我的动议下,这份档案已经封存)是否为雷的操控者。

随着时间推移,我们获得了新的证据,进一步表明此劳尔就是彼劳尔。我对阿普里尔·弗格森与吉恩·斯坦利是否辨认出了照片中的人一无所知。杰克·索尔特曼坚持说,阿普里尔在他在场的情况下,毫不迟疑地辨认出了劳尔。

至于格伦达·格拉博,事实上,他跟索尔特曼所说的话,与宣誓后跟我说的一模一样。她丈夫罗伊和弟弟罗伊斯分别确认过她的陈述。罗伊斯当时虽然年纪小,但清楚记得第一次见到劳尔或者"达戈"时他的长相。格伦达同罗伊知道我们跟踪劳尔之前,就打电话到了劳尔家里,并向我提供了电话费账单原件。话费账单显示,1996 年 4 月 20 日,二人通过电话,聊了 6 分钟。[96]

波斯纳指出,雷也认出了劳尔的照片。但波斯纳的错误在于,称这是雷第一次认出劳尔。波斯纳试图证明雷的指认存在问题,理由是雷有时说这个人像劳尔,有时又说另一个人像劳尔。雷的确如此。实际上雷 1978 年拿到我们那沓刑事辨认照的时候,第一次辨认出了劳尔。那次他对劳尔的指认甚至还见了报,但未得到广泛报道。[97]

波斯纳没能告诉读者雷 1978 年就认出了劳尔这件事,导致大量读者相信了他 1994 年对雷再次辨认的诋毁,认为雷的指认存在问题。

在此期间,劳埃德·乔尔斯辨认出了劳尔的照片,认定他就是那个给自己送来作案武器的人。

波斯纳没提,也许因为出版日期临近,来不及提及联邦调查局探员唐纳德·威尔逊在雷车上发现的文件,上面清楚地写着劳尔的大名。那么,白色野马车里的文件不仅表明劳尔果有其人,还证明格伦达·格拉博所言不差。劳尔名字前面赫然写着杰克·鲁比位于达拉斯的拉斯维加斯俱乐部的电话。

波斯纳的书出版后,他说由于唐纳德·威尔逊联系的是我,所以他对文件存在质疑。实际情况是唐纳德·威尔逊想帮助金的家人,找的是他们,金的家人又让他来找我。

不论出于什么原因,波斯纳同时也没提英国电视制作人杰克·索尔特曼。索尔特曼在劳尔女儿结婚前后,在电话里和劳尔谈过。谈话中劳尔承认自己在休斯敦有个亲戚名叫阿马罗。另外,波斯纳提到索尔特曼拜访了劳尔的女儿,但没提在劳尔家门口,用磁带记录下了索尔特曼与劳尔女儿的对话。[98]

因此,民事诉讼中陪审团清清楚楚听到的证言,波斯纳根本没有展示:劳尔的女儿看着索尔特曼手中的照片(只有一张),说"我爸爸的照片也不稀奇,谁都可能拍到"[99]。

这就对了。女儿确认照片上是她父亲,照片上这个人还被劳埃德·乔尔斯、格伦达·格拉博、锡德·卡休、罗伊斯·威尔伯恩、贝弗利·奥利弗、沙里·安杰尔、马德琳·布朗以及詹姆斯·厄尔·雷认出是劳尔。这还不够吗? 如果真不够,那么加上葡萄牙记者芭芭拉·赖斯接到传票后的证言,总够了吧?

读者们可能记得赖斯告诉陪审团,她用葡萄牙语采访了乔尔斯家的重要成员。那人告诉她,尽管他们遭到围追堵截,但令人欣慰的是,政府给予他们大力援助。赖斯说,政府探员至少三次登门拜访,给他们提供咨询服务,并对他家实施了电话监控。[100]政府竟然给一名地位卑微、退休的老汽车工人这么无微不至的关怀,真是闻所未闻!

最后,波斯纳提到了雇用经历记录。我通过发传票拿到了劳尔的劳动用工记录，并有人告诉我他们给美国司法部长团队的报告跟给我的一模一样，除此之外，劳尔没有其他记录。我不知道他们说的是真是假。我拿到的记录表明，劳尔经常几天请假不去上班。尽管劳尔请假使用了各种借口，但我相信，他很可能去休斯敦的窝点从事枪支贩卖生意去了。

军队涉案

调查本案过程中，最敏感的话题是军队涉案。军方对国内平民政治活动展开了广泛监控，1972年此举遭到参议院司法委员会宪法权小组（欧文委员会）的严厉谴责。那之后，军队对曝光其哪怕一点点的情报活动或其他秘密国内行动都异常敏感。

欧文委员会关注到20世纪60年代，军方的监控对象是南方基督教领袖会议这样的社会变革组织及其领导人。金博士位列监控名单前列。欧文委员会发现，军队监控行为最猖狂的时候，"覆盖范围极广，肆无忌惮"。军队投入了超过1 500名便衣特工，进行信息搜集工作。搜集到的信息存放在遍布全国各地的信息中心。凡是表达"异见"者，无一幸免，全被纳入监控。这些人的信息，事无巨细统统进了某台军队电脑。军队振振有词，为这一行动正名，说监控十分必要，一旦需要，就能在美国城市部署军队开展行动。

批评我们工作、说我们是"串谋论者"、对我们的工作不屑一顾的势力和个人，他们自己在20世纪60年代率先提出了串谋理论，认为存在蓄意推翻政府的特定政治积极分子团体，是他们导致了所有的动荡和不安。欧文委员会发现"串谋论是军队监控项目实施的基础之一"[101]。这个委员会还经历了军队以及五角大楼不予合作的情况,他们对军队给予的许诺产生了怀疑。

欧文委员会 1972 年的报告总结说:"军队监控没有得到授权,而且违反了第一修正案。"监控行动最嚣张的时候是 1961 年 9 月到 1968 年 3 月,正是金博士遇刺之前。定于 1968 年春举行的"穷人的运动"让某些人十分恐慌,调集了第 109、111、116 军事情报组全体参与渗透这个运动。[102]

欧文委员会曾一度短时间内集中调查第 902 军事情报组,他们发现这个情报组当时听命于情报副参谋长威廉·亚伯勒少将。与其他由各地区负责的陆军情报组不同,第 902 军事情报组负责在全世界范围内展开各种敏感的反间谍任务。同时还对美国国内平民组织进行秘密渗透。后来第 902 军事情报组拒不承认这些行为,但是铁证如山。

没几个人知道,1967 年到 1968 年,军队广泛参与了司法部平定内乱组织,并在其中担任重要角色。军队是目前为止最大的特遣队来源。当时,联邦调查局 6 300 名探员中,只有 40 名黑人。军队情报系统在随时提供适龄黑人间谍、渗透黑人组织上更具优势。在孟菲斯的马雷尔·麦科洛就是其中之一。1967 年马雷尔再次应征入伍,被分配到孟菲斯警察局,渗透"闯入者"。这一项目还渗透了南方基督教领袖会议。[103]

搜集相片,制作"大头照相片簿"(读者们可能还记得沃伦向史蒂夫·汤普金描述过他们的功用),以及被监控对象在不同城市哪里落脚,有关住处设施、办公室、行动基地、教堂、个人住宅的具体细节,都是军队想要了解的信息。欧文委员会指出:"搜集这些信息的目的始终没有得到解释。"[104]值得注意的是,各位特工人员收到特别指示,并未强调搜集有利于军队清街或实施宵禁的信息,而是强调搜集有利于辨认个体和组织及个人活动的信息。各位特工常常拿着假身份证,扮成摄影师和记者到处行动。

出现如1968年3月和4月孟菲斯平民骚乱那种警戒状态的时候,警察局会与当地驻军情报办公室的情报应急管理中心设立"专线"。同时,军队自动电话网会将每个地方的军队情报应急管理中心与霍拉伯德哨、五角大楼、当地驻军司令部以及所有特遣部队串联起来。我相信,4月4日,孟菲斯便是如此。欧文委员会指出,情报和安全司令部在6本"大头照相片簿"中的第4本里公布了一个黑名单。上面有1 000多人的照片和他们的人物简介,还将每个人与一个或多个组织或机构联系起来。人物简介除了个人信息之外,还有政治理念。这些如同罪犯照片集的"大头照相片簿"的功用,从没公布过。1970年,它们的存在被曝光后,军队火速下令将其销毁。至于为什么要制作这些相片簿,至今没有任何解释。[105]

他们搜集了几百万人的个人资料(仅霍拉伯德哨一地就有800万人的资料),超过770个组织被纳入监控范围,其中许多还被定为渗透目标。1968年,情报副参谋长亚伯勒少将差点儿和其他人一起遭到起诉,军队许诺改过自新,他才逃过一劫。

欧文委员会的报告很可能只触及了冰山一角。报告中频繁指出军队没有对用到的各种手段、各种利害关系以及各种具体行为给出解释。23年后的1995年,只要出现任何信息指向1968年军队更加邪恶的勾当,军队就会一致对外,严把口风。

波斯纳对《杀人命令》中军队一章曝光的内容进行了评论。他先说,我在模拟审判的时候,雇用了汤普金斯做顾问。这显然与事实不符。审判过后4个月,我才找到汤普金斯,那时候他还没答应做我的顾问。波斯纳根据官方记录,认为第20陆军特种作战群从没归过联邦政府管辖,因此1967年没一个成员出现在沃伦跟汤普金斯所说的地点。带着"大头照相片簿"的狙击小组出现在那里,并没有写在官方记录上,对此我毫不怀疑。

波斯纳引用丹尼尔·艾尔斯伯格的陈述说,汤普金斯收到的那份电报或者"命令"是假的。真假我不作评价,但我始终认为沃伦这样的"越战老兵"既没能力,也没兴趣伪造这种电报。我也相信如果汤普金斯认为电报是假的,他不会将电报给我。那样做毫无意义。

第20陆军特种作战群知情人士和波斯纳都坚称,这个作战群从没去过我所列出的任何一个地方,包括谢尔比军营。这就怪了,杰克·特雷尔(《杀人命令》中,我称他为卡森)告诉我他最好的朋友约翰·D. 希尔每年都到谢尔比军营,完成第20陆军特种作战群年度训练任务。波斯纳故意不提特雷尔。波斯纳说,花名册上没找到罗伯特·沃利(阿尔法184独立行动小组副组长)以及约翰·D. 希尔的名字。波斯纳或者他的人肯定用了亚拉巴马的花名册,那就难怪了。我拿到的花名册里,罗伯特·沃利属于路易斯安那部队,约翰·D. 希尔属于密西西比部队。至于那时阿尔法184独立行动小组还没成立的说法,汤普金斯始终坚持说,不仅当时,即便现在该小组都始终存在,但保密级别十分之高。军队和波斯纳还称1968年4月4日,约翰·D. 希尔并非现役军人。他们的记录显示1966年5月7日,约翰·D. 希尔离开部队,刺杀案之后的1968年5月7日再次应召入伍。我无法对这些官方记录作出评价。我只能确认杰克·特雷尔(不仅我,还有其他人,包括美国广播公司在内都觉得此人非常可信,美国广播公司还一度请他担任顾问和消息提供者)总跟我们说起约翰·D. 希尔对他讲的话:他参与的阿尔法 184 独立行动小组或者其中一个小组执行了孟菲斯行动。在一个脚注中,波斯纳承认第 20 陆军特种作战群消息人士鲁迪·格雷沙姆跟他说,自己找到了沃利,但 1968 年的官方证据显示,那时他并非在役军人。据说沃利死于一场车祸。

之后,波斯纳写到美国广播公司《转折点》节目。我雇的私家侦探说阿尔法 184 小组组长已经不在人世,没想到节目中他们竟然挖出了这名组长。波斯纳再次在脚注中标明,此人因为"在伯明翰触犯法律",逃出了美国。[106]

波斯纳写道,这名士兵在酒吧与人发生口角,犯了过失杀人罪。这可能是以前的一个案子,因为没有找到目击证人,被驳回了。这次过失杀人案中,据说有个男人从外面走进酒吧,提刀向他走去,被他射杀。我请的私家侦探怎么也找不到这名士兵。沃伦告诉我们他相信有人正在对他们进行"清洗",因此我们相信这名士兵已经死了,但我们没猜对。对我称为沃伦的人,汤普金斯出于保护他的目的,给了我一个假名,这也可以理解。一方面,我多么希望汤普金斯跟我直截了当地讲他不能告诉我此人真名;另一方面,我也能理解他必须对消息来源的身份保密。波斯纳提出,沃伦和墨菲可能是我们编造出来的人物。这俩人真有其人。我研究的手稿里有标注,手稿的部分内容在民事审判中被纳入证据,沃伦如果不在现场,不可能提供那么多细节。他甚至说得出枪响之前安德鲁·扬在做什么。汤普金斯与那名我认为是第 902 军事情报组领导的约翰·W. 唐尼上校见面的时候,这个人告诉汤普金斯自己法律上已经死亡,如今用的是新身份。我越来越觉得汤普金斯见的这人是个特工,根本不是唐尼上校,目的就是故意泄露假情报给我们。波斯纳说我宣称经常与这名上校见面。[107]我从未发表过此番言论。恰恰相反,我始终清楚表态,是汤普金斯而不是我见了唐尼,我称此人为"加德纳"。波斯纳批评我军队涉案观点的时候,甚至一句都没提到第 902 军事情报组与艾瑞克・S. 高尔特的关系。高尔特担任联合碳化物公司加拿大仓库主管期间,竟然拥有绝密级许可。如前文所说,雷使用艾瑞克・S. 高尔特身份的时候(1967 年 8 月),真正的艾瑞克・S. 高尔特正为了推进某个特定项目与第 902 军事情报组军官会面。这可能说明军队涉案时间比我们前面认为的还早,但是,波斯纳书中《军队骗局》那章,在整个错综复杂的事件中,忽略了很多方面,也没提以上这点。

至于约翰・D. 希尔在孟菲斯参加了一个狙击小组一事,美国广播公司对特雷尔进行了 3 个小时的访谈,但一秒钟也没有播出。而特雷尔以前一直是个受到高度重视、信誉极高的消息来源。美国广播公司似乎听信了军队给他们的一份官方记录。没有任何迹象表明,波斯纳曾设法采访特雷尔。波斯纳从来没提过希尔的说法,而希尔与沃伦和墨菲的叙述基本互相印证。波斯纳引用前亚伯勒少将助手格雷沙姆的话说,他得到了组长所在的伯明翰消防站的工时记录。据说记录表明 4 月 4 日此人根本没有上班,而是处于"待命"状态。波斯纳断定,刺杀案发生当日,这个所谓的组长本人在伯明翰与一组家装油漆工在一起干活。[108]

在一份庭外采证中,此人坚称自己那天在帮人盖房子。[109]他不知道的是,他从前的上级亨利・科布将军说,4 月 4 日他有三四次看到此人在消防站附近。[110]这些人在捣鬼。

波斯纳不知道卡瑟尔·威登证实,他带领心理战行动部,即我们所说的"雷诺兹和诺顿"这些战士来到消防站楼顶,以便能拍摄到 1968 年 4 月 4 日发生的事情。波斯纳无从知道,因为他和以前的官方调查人员一样,从来没有对威登进行过访谈。

也许最关键的问题是,军队和马尔切洛团伙狼狈为奸,走私枪支,波斯纳以及其他为军队辩护的人却只字不提。沃伦一讲到自己怎么开车将武器运到位于卡洛斯·马尔切洛地盘的驳船上的时候,他的可信度就受到了质疑。那些武器是从谢尔比军营偷出来的,就是那个第 20 陆军特种作战群声称从没有去训练过的军营。他说一个叫"奇皮"或者"奇普"的人替马尔切洛收货。运货过程中,他们得到一个名为乔·科波拉的电话号码,一旦用卡车运送枪支遇到麻烦,可以与此人联系。正如别处我说的那样,核实信息过程中,我发现"奇普"全名叫奇皮·奇门托,是马尔切洛的心腹兼同伙。而乔·科波拉竟然是路易斯安那州高速公路巡警局局长。一名第 20 陆军特种作战群军官充当路易斯安那的联系人被部署在巴吞鲁日情报网络。武器绕过墨西哥湾,进入休斯敦,在那里卸货,并做好准备最终运给拉丁美洲和南美洲买家。这些武器就是格伦达·格拉博描述的货物。格伦达说自己偶尔会开车与劳尔一起去码头接货。这种关系其实在公众面前露出过端倪,当年军队主管卡尔·C. 特纳元帅替人顶包,承担了盗窃武器的罪责,锒铛入狱。这次武器盗窃行为牵扯到南部以及东南部大部分军火库、基地和军营。发现了这一关系之后,在我有关金博士刺杀案的新作中不加入后备军队特遣部队的内容已经不可能。

直到 4 月 4 日晚上,军队特遣部队也没有收到行动命令。沃伦坚持说,只有发生骚乱的情况下,他们才会收到命令开枪。汤普金斯也这么说。我始终没理解这一点,直到有一天,我听说全副武装的"闯入者"突然被以极其粗暴的方式勒令立即离开酒店,才明白其中的深意。

我方证据存在的明显困难在于许多信息来源要求身份保密,也不想站出来,并且需要和中间人(一般是汤普金斯),而不是与我直接接触。杰克·特雷尔直接提供了支撑性证据,这属于特例,他让我们化被动为主动。他的爆料实际上证实了屋顶上有两名心理战行动部士兵,对1968年4月4日发生的事件,包括刺杀案进行了摄像。

另一方面,杰拉尔德·波斯纳与军队存在相互勾结。波斯纳过于依靠"官方"文件:即便对政治一无所知的门外汉,如今也知道,为了赢得公众信任,政府什么记录、什么文件都炮制得出来。

最后,波斯纳莫名其妙地指责我,称我对军队涉案进行调查,忽略了帮雷争取审判的职责。我与波斯纳不同,他对此案产生兴趣是一时兴起,而在他出书的时候,我扑在此案上已达20个年头。从我确信雷是个一无所知的替罪羊那刻起,就同意为他辩护。我意识到把此案查个水落石出是雷获得审判的唯一途径。发现马尔切洛集团与军队狼狈为奸、走私枪支之后,将军队排除在外已不可能。我联系的第一个出版商曾许诺,如果我不把有关军队的段落写入书中,会给我丰厚的报酬。

军队涉案到了什么程度也许永远是个谜。在这件事上,我们看到的极有可能只是冰山一角,而军队势力太大,行事诡秘,纪律严格,深入探究几乎没有可能。

《杀人命令》出版后，我接到了丹·马尔温上校来电。马尔温以前是"绿色贝雷帽"成员，他说在布拉格堡的时候，有人找到他，请他刺杀一名美国人，这名美国人非常敏感。马尔温没答应，称自己签约受雇的时候工作内容并不包括在美国国内从事这种任务。马尔温说自己是狙击手，在国外执行狙击任务毫不犹豫，不在美国对美国人下手是他的底线。他还知道另外一名职业杀手也被找过，不久后那人便莫名其妙心脏病发作死了。马尔温上校告诉我，读了《杀人命令》，他又惊又怕，军队扮演的角色终于要大白天下了。他拿起电话，打给了早已退休的亚伯勒少将，向他表示祝贺。他以为是亚伯勒少将向我提供的信息，没想到亚伯勒少将矢口否认给了我任何帮助。马尔温说，有人让他找鲁迪·格雷沙姆。他们取得联系后，马尔温向他讲述了发生在自己身上的事，可格雷沙姆建议他保持沉默、牢记誓言，马尔温却一心想着事实和宪法。

来复枪

田纳西州从没正视以下事实：雷购买的来复枪，即后来在卡尼佩娱乐公司门前找到的包裹里的来复枪无法被证明是作案枪支。刺杀案发生后第二天上午联邦调查局进行的弹道检测并不能证明这把来复枪是杀死金博士的那把枪，也不能排除其他枪支的嫌疑。为政府背书的波斯纳等人，完全忽视了联邦调查局做的射击精准度测试。报告一清二楚地写着这杆来复枪没通过测试，即瞄准镜没经过校准。用这把枪射击目标，意味着子弹会朝目标一侧 3.5 英寸、下方 4 英寸的地方偏离。

据说证物中的来复枪，是雷看到消防站车道人行道边上停了辆警车，逃跑前扔到卡尼佩娱乐公司门口的。波斯纳将当时的场面画了出来。[111]

这个长期存在的说法存在诸多问题。事实上，消防站车道和车道边上的停车场之间长有一排高大的树篱，即便有车停在那里，在树篱的遮挡下，雷也无法看见。

波斯纳画的那个场景的确有一排树篱，但树篱画得又矮又稀，而且更靠近人行道。[112]在《杀人命令》中，我放了一张照片，照片中是刺杀案发生后一名警察站在包裹前。从警察左肩上方能清晰地看到那排树篱。

因为树篱的存在，官方说法站不住脚，结果第二天树篱就连同出租房后面的灌木丛被砍伐了。我弄到了一张树篱遭砍伐后的照片，清楚地显示树篱倒在原地的场景。书中，我还写到道格拉斯的陈述。对这个证据波斯纳心知肚明。因为与官方说法以及他自己的说法冲突，所以他视而不见。

伪造犯罪现场——砍伐灌木丛

官方长期坚称，并没有在刺杀案第二天砍伐出租房后面的灌木丛。当然，他们如果承认砍伐了灌木丛，就相当于承认孟菲斯警察局大面积破坏了犯罪现场。在证物调查中，这是不可想象的。

波斯纳说，众议院刺杀调查专责委员会翻看了孟菲斯市公共工程部的记录，没有发现砍伐清理的记录，但不排除的确发生过。波斯纳说，《孟菲斯弯刀午报》记者凯·布莱克在刺杀案发生后，首先提出了树篱的问题。

然后，波斯纳就宣布他已解决这个谜题，称清理工作是 8 月初进行的，那已是刺杀案发生后 4 个月的事了。波斯纳说，即便刺杀案发生后的确有过砍伐树篱行为，也只是小规模清理，旨在清除

"多余植被"，协助警察破案。[113]

无论众议院刺杀调查专责委员会，还是波斯纳，都没有对公共工程部部长梅纳德·斯泰尔斯进行过访谈。4月5日早上七点，斯泰尔斯接到了山姆·埃文斯督察关于进行大规模清理工作的命令。早在1978年，凯·布莱克就跟我说，那天上午，她接到前市长威廉·英格拉姆的电话，让她赶去出租房，那里正在发生大规模破坏现场行为。[114]

作为证据的包裹

官方说法称下午六点三分左右，枪声响后大约两分钟，装有来复枪的包裹被丢在了卡尼佩娱乐公司门前。丢弃包裹的人随后驾驶停在卡尼佩娱乐公司南面的白色野马车逃走。每本有关此次刺杀案的书都千篇一律重复着这一论调。

事实上，小阿瑟·韩尼斯法官跟我说，并且在民事审判中发表证言，卡尼佩告诉他，包裹在枪响前就丢在那里了，而且愿意出庭做证。如今我们还知道，第二辆野马车挂的是阿肯色州车牌，而且有人见雷在枪响前早已驾车离开。以上清晰表明有人拿了雷的东西，丢在卡尼佩娱乐公司门前陷害雷，然后驾第二辆白色野马车离开现场，造成雷逃离现场的假象。官方提出的诬陷之词，受到一批御用文人追捧。但是，一旦我们发现有第二辆野马车的存在，从卡尼佩娱乐公司边上的人行道上也看不到孟菲斯警察局警车，包裹是枪响前丢下的，那么他们的话已经不攻自破。[115]

劳埃德·乔尔斯认罪

乔尔斯的新证据给了官方说法以及御用文人们狠狠一记耳

光。这些人叫嚣着乔尔斯的话不可信，全是为了金钱胡诌乱扯。而事实则是检察长办公室的调查人员从未设法对乔尔斯进行访谈，当然，波斯纳也从来没对乔尔斯进行过访谈。

不幸的是，以前因为有人想借乔尔斯的故事大捞一笔，这让劳埃德·乔尔斯涉案的具体细节变得扑朔迷离。尽管乔尔斯自己一个子儿的好处也没拿到，反而搭进去了一切，老婆也跑了，但是一些不相干的人为了从乔尔斯的爆料中发家致富，掩盖了乔尔斯的陈述的重要性。

还有一个事实，那就是乔尔斯多年来都坚持另外一套说辞。他自然从不想牵扯进刺杀案。1978 年我见到乔尔斯的时候，他还将自己描绘成一个无辜的旁观者，不过，他倒是愿意指认当天下午出现在吉姆烧烤店的一名神秘陌生人。

乔尔斯手下的女服务员贝蒂·斯帕茨 1969 年第一次浮出水面。她告诉一名当地保释代理人，她认为"老板"乔尔斯刺杀了金博士，雷是冤枉的。波斯纳说，贝蒂跟两名调查人员讲述过这件事，调查人员进行了记录。波斯纳说，贝蒂还说"一些支持金博士的人"给她 5 000 美元，让她编造了这个故事。我与贝蒂·斯帕茨相识长达 10 年，波斯纳从未与贝蒂有过交谈。那段时间，检察长办公室不是要起诉贝蒂这个儿子，就是要起诉贝蒂另一个儿子，没完没了。而这个办公室也是希望她闭嘴的那个检察长办公室，他们希望贝蒂不要交代自己看见乔尔斯拿着来复枪从灌木丛中跑出来。贝蒂始终生活在官方的施压和恐吓之中。

波斯纳想诋毁乔尔斯，说乔尔斯指名道姓地称兰克·霍尔特是他雇用的刺客。事实上，乔尔斯从没说过这话。乔尔斯的伙伴威利·埃金斯（刺杀案发生后与乔尔斯见过面）说，刺杀案发生的时候乔尔斯在灌木丛里,被贝蒂和霍尔特看见了,所以他想让埃金斯杀死二人。因此,赫尔曼一帮人找到了霍尔特。波斯纳没有对埃金斯进行访谈。埃金斯因此事获刑,我去了他服刑的休斯敦当面跟他谈过。埃金斯说,自己和贝蒂有感情,下不了手,霍尔特则逃走了。埃金斯还告诉我 20 世纪 70 年代初,乔尔斯的确告诉他自己参与了刺杀,这话一般都是在酒后才说。[116]

接下来波斯纳攻击了约翰·麦克弗林。麦克弗林说弗兰克·利贝托涉案,验证了乔尔斯对利贝托的指控,即利贝托是刺杀案的始作俑者。麦克弗林偶然间偷听到利贝托的电话,之后便疑神疑鬼,他的确称自己在利贝托公司附近见到过雷(这都是他的想象),但现实中又辨别不出雷的照片。麦克弗林还想象自己听到电话里提到了雷的名字,不过我们仔细研究他实际上的所见所闻,再对比一下他一开始跟官方调查人员的汇报(而不是听说刺客是詹姆斯·厄尔·雷就改口的那种情况),他的叙述实际上 32 年来始终如一。[117]波斯纳说麦克弗林是妄想狂。对的,麦克弗林确实一直精神紧张,因为他站出来之后,曾遭人毒打,被人开枪射击,还有一次有人试图毒死他,有人拒绝给他的车加油,他持续受到威胁。麦克弗林在民事审判中出庭做证,宣誓后,再一次讲述了自己的所见所闻。波斯纳说,戴维·凯伍德律师跟他说不记得麦克弗林提到过"在阳台上"。麦克弗林在皮博迪酒店接受联邦调查局和孟菲斯警察局访谈的那晚,凯伍德和麦克弗林待了一小会儿。[118]后来我跟戴维·凯伍德谈过。他告诉我,首先,麦克弗林接受问询的时候,他不在屋内,也不记得自己说过上面的话。他记得的是,访谈结束后,联邦调查局探员一组组走出房间,他们好几个小时都在说相信麦克弗林说了实话,因为他们问麦克弗林还有什么要说的,让他补充一下,麦克弗林说没了,他不知道其余的事。麦克弗林将细节讲了一遍又一遍。

波斯纳继续诋毁乔尔斯的陈述,指责出租车司机麦克劳说去接查尔斯·斯蒂芬斯发现他酩酊大醉,离开房间前发现卫生间空无一人,当时距离枪响只有几分钟,这些统统是扯谎。然而,麦克劳可是在宣誓后做的证。波斯纳说出租车公司记录的确显示当天下午麦克劳在上班,但没有他接到电话去出租房的记录。检察长与波斯纳都觉得没理由相信麦克劳其余的话,即刺杀案发生后那天,乔尔斯给他看了作案武器。

波斯纳指出,金直到 3 月 30 日才决定返回孟菲斯,然而乔尔斯说利贝托之前就来找过自己。事实是,乔尔斯从头到尾都坚持说的是,利贝托在金博士 3 月 28 日回来参加游行之前,找了自己。金博士在 3 月 18 日的演讲中许诺参加游行。利贝托在 3 月 18 日到 3 月 28 日之间找的乔尔斯。波斯纳忽视了金博士第二次返回孟菲斯的许诺。

波斯纳引用了乔尔斯打给马克·柯蓝科勒的电话内容。有天晚上乔尔斯喝醉后,在家人围攻下,给检察长的人打了电话,想方设法让他们不要骚扰自己家人。被逼无奈的情况下,乔尔斯说雷的枪就是作案武器。他告诉我和他的律师,此为让那些人放过自己家人的无奈之举。

波斯纳坚持说,乔尔斯拿着作案武器跑回吉姆烧烤店纯属杜撰,最强有力的反驳证据是乔尔斯一开始在证言中曾说自己在吉姆烧烤店听到枪响,他问一名叫阿罗德·帕克的顾客(已离世)听没听到声响。几分钟后,一名副警长走了进来,命令餐馆打烊。1968 年 4 月 15 日,帕克在不知道乔尔斯证言的情况下,证实了他的叙述。[119]

事实上,乔尔斯在枪响后 20 秒内就带着作案武器回到厨房。他拆完枪,大约几分钟后进了大堂,并立即走到帕克身旁,问他是否听到声响,以便让帕克注意到自己并没离开吉姆烧烤店。乔尔斯从厨房进入大堂后 2 分钟左右,副警长多拉海特出现在烧烤店门口。波斯纳忽视了事件发生的真实时间。枪响后,乔尔斯立即返回了吉姆烧烤店。

波斯纳还忽视了拉瓦达·爱迪生·怀特洛克无懈可击的证言。宣誓后,拉瓦达说弗兰克·利贝托跟自己承认参与了刺杀案。波斯纳还想诋毁拉瓦达的儿子内森。内森跟利贝托确认过他是否涉案。然而,波斯纳从没找内森谈过。当然,波斯纳也没问过拉瓦达以便查明乔尔斯以及利贝托涉案是否属实。

波斯纳也没对麦克劳的室友威廉·B. 汉布林进行过访谈。15 年来,汉布林一直说乔尔斯给了他一杆来复枪,让他处理。波斯纳也没找詹姆斯·米尔纳或 J.J. 伊莎贝尔问过,20 多年前乔尔斯就跟两人承认过自己涉案。

政府御用文人的一贯伎俩就是诋毁反对他们言论的人。比如,肯·赫尔曼一口咬定我花了 14 000 美元买了一张照片,又说我花了 25 000 美元买了有关军队的消息,这都是无端的不实指控。他们从不跟我核实,一遍遍地重复这些谎言。杰拉尔德·波斯纳有次联系我,我坦白地说以前他不来找我就发布了那么多言论,我认为他不可信。不过,我还是同意回答他的问题,但是要留下痕迹,所有的问题和答案都必须以文字形式进行记录。他再也没联系过我。

波斯纳的信息来源主要是大量其他御用文人的作品,可信度大都不高,比如休伊、格罗尔德·弗兰克、麦克米兰。这些人有着相似的写作意图,另外还充斥着大量政府(联邦调查局、众议院刺杀调查专责委员会或检察长的报告)文件和记录。即便如此,波斯纳也只是片面取材,这很明显。尽管波斯纳装作一副首次揭秘检察长文件的模样,其实,根据田纳西州的阳光法案,文件早已公开多年。1992 年,我和同事们就花了多日全身心扑在这些文件上。在这些文件里,我们发现了长期被隐匿的亨德里克斯与里德的陈述,以及灌木丛被夷为平地的照片。波斯纳肯定也看到了这些材料,但就像对待大多证人、证据一样,他对这些与官方说法相悖的材料视而不见。

最后,小阿瑟·韩尼斯法官似乎能极佳地总结杰拉尔德·波斯纳对调查的态度。请牢记,韩尼斯法官说,他收到波斯纳来电,韩尼斯法官请他会面,他会给波斯纳看证明詹姆斯·厄尔·雷没有杀死小马丁·路德·金、纯属冤枉的证据。结果,韩尼斯法官说从此自己再也没收到波斯纳的消息。当着陪审团的面陈述了自己所见所闻的几十个证人也没收到过波斯纳的消息。正是基于这些证人证词,陪审团做出了裁决,认为劳埃德·乔尔斯以及负有更大责任的孟菲斯市、田纳西州以及美国政府公务人员联手进行了串谋。

第十二章
美国司法部长的报告

在与克林顿总统会面后，金的家人提出请求，希望成立一个"真相与和解委员会"，克林顿总统决定请司法部长在小范围内开展调查。调查主要围绕唐纳德·威尔逊提供的新证据以及劳埃德·乔尔斯的供词展开。1998 年 8 月 26 日，在司法部长领导下，美国司法部民权司在刑事司协助下展开调查。

调查小组包括司法部的 4 位检察官、3 位调查人员。检察官分别是来自民权司的巴里·科瓦尔斯基、丽莎·斯塔克、塞思·罗森塔尔以及刑事司的杰里·马西。调查人员是美国联邦法警局的伊冯娜·邦纳督察、烟酒火器与爆炸物管理局特工布拉德·法恩斯和美国邮政总局的 R. 诺兰·卡维尔督察。

调查方法

据称司法部的这个工作组审查了"几万页联邦、州、当地政府文件……还有几百件证据，几百份证人证言以及私人调查报告"。[120]

就官方记录而言，他们称审查了"1968 年联邦调查局、田纳西州和孟菲斯当地执法机关及州检察官办公室进行的刑侦活动文档和证据；1976—1977 年司法部工作组调查；1977—1979 年众议院刺杀调查专责委员会的调查；1993—1998 年田纳西谢尔比郡地方检察长办公室的调查；自 1979 年开始被封存在国家档案馆的 14 卷发布过的证人证言、其他证据和相关记录。联邦调查局、中央情报局、国防部也提供了相关证据，有些证据由于此前始终处于保密状态，从来没有提供给其他调查人员"。[121]

2000 年 6 月，历经 22 个月，调查报告终于出炉。报告说工作组对乔尔斯和威尔逊的指控亲自进行了一手调查，对超过 200 名证人进行了访谈，有的是面对面访谈，无法面对面采访的则进行了电话访谈。

另外，司法部工作组还对唐纳德·威尔逊提供的两份文件进行了科学检测和分析。请了一名密码破译专家对其中一份含有"一串数字和单词"的文件进行分析，看是否使用了密码。[122]同时还从相关物品上提取了笔迹样本与威尔逊文件上的笔迹进行比对。

报告说，工作组还咨询了福特汽车公司的"专家"，以便对找到野马车时拍摄的照片进行评估，判断副驾驶一侧的车门开合状态是否如唐纳德·威尔逊所说（唐纳德·威尔逊说车门没开，而是锁着，但有条缝隙）。

我相信，逐个部分阅读这份报告，有助于我们理解为什么司法部长指派的工作组最终驳回了所有新证据，得出了与 32 年前官方一模一样的结论，即刺客就是詹姆斯·厄尔·雷，雷是单独作案。

劳埃德·乔尔斯

报告强调说，刺杀案发生后的 25 年里，乔尔斯都没交代自己涉案。这当然千真万确。乔尔斯从来都不想把自己拖下水去坐牢。1993 年，因为知道我们已经从贝蒂·斯帕茨、詹姆斯·麦克劳、博比·鲍尔弗那里掌握了显示他有罪的直接证据，乔尔斯才站了出来。

乔尔斯深信无论哪个大陪审团听了以上证人的证言，都会判自己有罪。为了力挽狂澜，乔尔斯请律师出面，寻求豁免权。他们提出条件，交换豁免权，可惜谢尔比郡地方检察长尽管要求他们提出交换条件，收到申请后却无动于衷。报告还指出，给乔尔斯豁免权并非全无可能，但要"以交换为条件"。报告完全没提乔尔斯已经提出了交换条件供检察官审核，只是说条件不足。其实，在乔尔斯通过律师提出的交换条件中，说过自己曾从真正的刺客手中接过作案武器，拆卸隐匿作案武器的过程，承认涉案。在我看来，这和 1993 年那次一样，如此直言不讳的认罪应该足以引起检察官重视，至少要对乔尔斯进行访谈。但检察官不仅没有做出回应，反而视若无睹，令人扼腕。假如司法部长派来的工作组真的不遗余力寻求真相，以我之见，对这么大的疏忽置若罔闻，实在不应该。

报告错误地指出："1993 年爆料以来，唯一一次宣誓做证，乔尔斯并没认罪。具体说就是，距《黄金时间现场》里第一次现身时隔一年，即 1994 年 11 月雷诉乔尔斯案中，在乔尔斯宣誓之后的庭外采证里，没有像《黄金时间现场》里那样承认自己涉案。"[123]这并不准确。乔尔斯的庭外采证长篇大论。由于害怕受到起诉，乔尔斯的确有好几次辩解说自己不曾涉案，但我最后追问乔尔斯，《黄金时间现场》里他的叙述是真是假，他确认是真的，同意承认《黄金时间现场》里自己的陈述转写内容都是事实。[124]就这样，在 1994 年 11 月 2 日对乔尔斯的庭外采证中，宣过誓后，乔尔斯完全承认自己参与刺杀了马丁·路德·金。[125]

至于刺客的身份，乔尔斯后期始终指认孟菲斯警察局的厄尔·克拉克探长涉案。报告并没对此给予考虑。报告说，乔尔斯早先称当地黑人弗兰克·霍尔特和劳尔可能是刺客。的确，这两个名字乔尔斯有段时间总是提起，但尚不清楚乔尔斯对这两个人的了解到了什么程度。（调查人员根据杰拉尔德·波斯纳一份道听途说的证言做出判断。波斯纳说有一次刘易斯·加里森跟自己说，劳尔是刺客。加里森对此矢口否认。无论如何，反正这也不是乔尔斯说的。）报告引用了并没有可信度的美国广播公司对乔尔斯的测谎结果，却没提民事审判中有证言指出整个测谎过程是为诬陷乔尔斯设计，也没提进行测谎的专家因为行为不端受到了处罚。[126]有很长一段时间，也包括乔尔斯接受安德鲁·扬大使、德克斯特·金与我的访谈时，他始终坚持说给自己送来复枪的是克拉克。乔尔斯做上述表态的时候，完全没有撒谎的必要。[127]

1993 年，乔尔斯同意接受《黄金时间现场》山姆·唐纳森的采访，那时，他就已经明显有意想将事情和盘托出，有所保留的是自己直接涉案部分。因此，他说自己参与了赏金支付，还帮忙寻找杀手。就利贝托送 10 万美元到他手里一事，他的说法始终前后一致。[128]

至于乔尔斯知道多少，我毫不怀疑乔尔斯对来龙去脉都很清楚。毕竟密谋除掉金的地方近在咫尺，就在他开的吉姆烧烤店里，他本人也在店里。参加密谋的有孟菲斯警察局警员，其中两名还是他的老熟人。尽管他为了在金家人面前能够心安理得，竭力否认自己知道刺杀计划，但我不相信他对于密谋内容和对象一无所知。早期，乔尔斯已经提过，利贝托之外的某个人跟他说，有人会找他在刺杀计划中助一臂之力。他指名道姓地说到那个似乎知道内情的人，不过从那之后，他就不想再让人们知道那人的姓名。我们对此人进行了庭外采证，但是此人称自己根本不可能未卜先知，这也在意料之中。

报告说乔尔斯并不知道劳尔确切名字叫什么。乔尔斯有听力障碍，多年前他就总说，他觉得名字听起来像"罗亚尔"。另外报告还忘了提乔尔斯毫不犹豫地从一沓照片中选出了劳尔，就是那个给他送作案武器的人。[129]

至于孟菲斯警察局的涉案情况，至少在我们与乔尔斯的接触中，他的叙述始终如一。乔尔斯一直坚持说利贝托跟自己保证周围不会有警察。另外乔尔斯一直坚称，参加刺杀计划讨论会的人有自己以前的朋友约翰·巴杰督察、便衣警察马雷尔·麦科洛、厄尔·克拉克探长以及一名乔尔斯不认识的警察。这真是让我越来越百思不得其解。

报告不停地引用美国广播公司测谎结果证明乔尔斯前后不一，但那个结果本身就不可信。具体我无法评论，如前文所说，美国广播公司固执己见，拒绝提供他们的资料给我审查，另外其聘请的联邦调查局测谎专家因为此次扯谎行为已被田纳西州监管机构处罚。我可以在此声明，乔尔斯的律师加里森测谎时全程在场。他说，谈到孟菲斯警察局涉案以及警察涉案的时候，乔尔斯在陈述中从来没有模棱两可。报告对现有证据进行了分析，看孟菲斯警察局涉案是否证据确凿，得出的结论是并没有确凿证据。

司法部工作组认为不可能有人能告诉乔尔斯下午六点整等在后门，除非金集团存在内鬼。报告下结论说，金博士下午六点前出现在阳台"纯属巧合"。[130]

　　乔尔斯说，枪声响后，自己立即从刺客手中接过作案武器（刺客身穿蓝色裤子、白色 T 恤），然而报告指出司法部调查没有发现确凿证据证明这是事实。我早就认为乔尔斯并非站在后门，而是如贝蒂·斯帕茨所说，和刺客一起待在灌木丛中，或者就在刺客附近，然后从刺客手中接过来复枪，冲回烧烤店。

　　报告指出没有提取到任何足印（对小巷中的足印视若无睹）表明乔尔斯或者其他什么人在灌木丛附近。首先，因为第二天灌木丛就在孟菲斯警察局监视下彻底清除，所以包括司法部工作组在内，没人知道灌木丛一带发生了什么。其次，覆盖在地表的灌木虽然已经湿了，但还是能够承受走在上面的人的重量，不会让脚印留在地上。[131]

　　我记得贝蒂·斯帕茨总说乔尔斯的裤子湿漉漉的，仿佛曾跪在潮湿的灌木丛中一样。报告提出，贝蒂陈述前后不一，的确如此（我相信，这是贝蒂自身及子女安全受到威胁等原因导致的）。报告对贝蒂是否在烧烤店提出了疑问。那天贝蒂不当班是真的，她说自己下午快六点的时候来到烧烤店，进厨房找乔尔斯。乔尔斯否认贝蒂那天出现在烧烤店，因为贝蒂的叙述直接证明他参与了刺杀，而非如他所说只是帮了几个无关紧要的小忙。毋庸赘言，假如乔尔斯真和刺客在一起，或者在刺客附近，那么贝蒂·斯帕茨的叙述就准确无误了。

　　司法部工作组认为乔尔斯/贝蒂对将来复枪带进烧烤店藏到柜台下这个过程的描述不可信。而实际上，乔尔斯和贝蒂的措辞十分谨慎，可信度极高。报告还说，没有令人信服的证据表明子弹是由吉姆烧烤店后面的灌木丛射出的。

报告简直目空一切,完全没有把以下证人的证言看在眼里,比如所罗门·琼斯、詹姆斯·奥林奇牧师、《纽约时报》记者厄尔·考德威尔。当时仍做记者的韦恩·查斯顿无意中听琼斯说看见一人从墙头翻下,其他几名目击证人也做了同样的证言,但报告草率行事,全都不予采纳。琼斯身为孟菲斯警察局线人,我相信他最初主动说出的话很可能就是实情,不应有错。过了一段时间,他倒是有可能在孟菲斯警察局诱导之下进行一定程度的编造。报告却认为琼斯后来的陈述可信,早期的话不可信。另外一棍子打死的还有詹姆斯·奥林奇牧师的证言。奥林奇牧师说枪声刚响过,他眼见"灌木丛中升起了白烟"。报告不采纳奥林奇的证言,提出的理由是"泥泞区域没找到脚印……"。[132] 什么泥泞区域?我们必须重申,灌木丛及地表植被异常茂盛,留不下脚印,另外就算有脚印,整个区域第二天破晓就遭到清理,现场已被破坏。不可思议的是,报告写道,即便奥林奇所见属实,"也不能说明灌木丛中藏着刺客"。[133]

至于厄尔·考德威尔,报告得出的结论是,如果考德威尔看见灌木丛中有人,那很可能是警察。格罗尔德·弗兰克对考德威尔进行过采访,报告引用这次采访,说采访中考德威尔并没提看见有人蹲在灌木丛里。不过,报告可没讲格罗尔德·弗兰克与联邦调查局的关系。报告说考德威尔承认自己在《纽约时报》的报道中并没提及自己看到灌木丛有人一事(他反复申明,《纽约时报》有政策要求报道不得含有记者的观点或感情)。20 世纪 70 年代,考德威尔在一篇手稿中记录下自己目睹的一切。考德威尔还在刺杀案发生后的一次《纽约时报》谈话栏目中,提到自己看到的情况。司法部报告自相矛盾,一方面说考德威尔从没有提及过此事,另一方面又说，"在一篇《纽约时报》谈话栏目的文章中、模拟审判中发表的证言以及在我们的调查访谈中，考德威尔回忆说自己刚刚看见灌木丛中的人影，就见所罗门·琼斯驾驶金博士的汽车在自己屋前来回倒车。事实上，他说正因为看见所罗门·琼斯奇怪的开车方式分了心，没注意灌木丛人影后来的动向"[134]。

无论如何，报告以孟菲斯警察局没有发现脚印为由，不遗余力地试图证明琼斯、奥林奇、考德威尔各自的独立证言并不成立。

谈到多个证人枪响后目击一名男子越墙而下的时候，报告干脆就没有考虑韦恩·查斯顿关于刺杀案发生后不久听到的琼斯的话。报告还诋毁路易·沃德，认为他讲述的关于同事、出租车司机巴迪（全名可能是保罗·巴特勒）的话并不真实。报告也不相信路易·沃德的证言，认为刺杀案发生后那一刻，没有证人或照片表明洛林汽车旅馆周围有出租车。[135]司法部调查人员明显没有对特拉姆佩特宾馆的老板欧内斯廷·坎贝尔进行过访谈。刺杀案发生后，欧内斯廷的车停在那里，正要驶离。通过副驾驶后视镜，她见一辆黄色出租车停在洛林汽车旅馆车道上。民事审判的时候，欧内斯廷告诉了我她所见到的一切，但是她顾虑重重，不敢做证。那之后，她还跟我确认过这件事。

奥利维娅·卡特林说看到有个人在车道上一路奔跑——而报告把奔跑说成"散步"——然后上了一辆停在赫林路上的汽车，在警察设的路障前疾驰而去，报告认为"刺客选择这条逃跑路线不合理"。[136]从来没人说这可能是"刺客"，而只是可能参与串谋的嫌疑人而已。事实上，4月4日中午过后，贝尔南方电话公司修理工哈泽尔·赫卡比就见过此人。当时赫卡比在弗雷德·高尔特仓库修理电话线路，他将卡车停在赫林路上。1999年奥利维娅·卡特林的证言佐证了 1992 年赫卡比跟我说的话。当时赫卡比斩钉截铁地说,那人装成一个醉鬼,但衣着过于体面,跟当地醉酒之徒丝毫不同。所以他怀疑那是警察或联邦调查局探员之类的人。

卡特林见一人从小巷尽头的建筑里窜了出来,那栋建筑与出租房相连。当时拍摄的多幅照片表明,那栋建筑有个窗户,紧邻出租房卫生间窗户,用棍子撑开着。我们对这人的底细毫不知情。另外,灌木丛中到底藏了几个人我们也不知情,然而司法部工作组似乎一心否认所有与官方说法相左的事实和证据,让人大失所望。

进一步证明这一点的还有报告脚注中的一条结论[137],结论说没有证据表明南主街上所谓的第二辆野马车与刺杀案有任何关系。这是对查尔斯·赫尔利言之凿凿的证言的完全无视。查尔斯·赫尔利说,刺杀案发生前大约 75 分钟,一辆挂阿肯色州车牌的野马车停在卡尼佩娱乐公司南侧。车里坐着一名男子,身穿防风夹克,而雷那天穿的是西装。在卡尼佩娱乐公司门口丢弃包裹的那辆野马车,就停在这个位置。雷的野马车停在远处,靠北的吉姆烧烤店门前,下午四点到五点四十五分,多名证人注意到这辆车始终没有移动过位置。显然丢弃包裹的人开走的是挂阿肯色州车牌的野马,之前雷已经开着挂亚拉巴马州车牌的野马走了。五点半到五点四十五分之间,威廉·里德、雷·亨德里克斯走出吉姆烧烤店,目睹了雷离开。里德和亨德里克斯在联邦调查局和孟菲斯警察局都留下了 302 文件,虽然多年以来没人注意,司法部工作组想要的话肯定不难。在我看来,这种证据也能视而不见,明显说明有人不顾一切拒绝翻案。

刺客的位置——出租房

报告支持官方提出的观点,认为刺客是从二楼卫生间窗户开的枪,而不是吉姆烧烤店后面的灌木丛。

上文提到,雷提交的辩诉交易对自己造成了负面影响,两名出租房住客的证言也对他不利。这两名租客全都酗酒,其中一个叫安舒茨,称自己见有人走出雷的房间,认不出是谁。实际上,田纳西州主要证人查尔斯·斯蒂芬斯在刺杀案发生的时候醉得不省人事,根本分不出谁是谁。这一点不仅有当时还是记者的韦恩·查斯顿做证,孟菲斯警察局的托马斯·史密斯队长也是证人。刺杀案发生后不久,托马斯·史密斯对斯蒂芬斯进行了询问。不过,报告对斯蒂芬斯醉酒一事只字未提。

司法部工作组调查人员还认为出租车司机詹姆斯·麦克劳的证言不可信。詹姆斯·麦克劳说,自己驾车到洛林汽车旅馆接乘客查尔斯·斯蒂芬斯,结果发现他烂醉如泥,无法搭车。麦克劳走出汽车旅馆的时候,距离枪响还有 5—10 分钟,当时卫生间空无一人,麦克劳的证言从没变过。

至于作为证据的来复枪,报告对其的描述同所有其他官方调查人员一样,完全颠倒了例行法医刑侦程序。报告只字不提射入金博士体内的弹头与所谓的作案工具不符,而是将注意力集中在无法完全排除这杆来复枪不是作案工具上。界定后者比界定前者难上百倍。实际上,如果金博士体内提取的弹头与作案工具不符,那就说明这杆来复枪还不能作为作案工具成为证据。主持来复枪听证的乔·布朗法官得出的结论是,这杆来复枪不是作案工具,但报告对乔·布朗法官的结论置之不理。乔·布朗法官得出以上结论最重要的依据是联邦调查局的一份报告。刺杀案发生后第二天上午，联邦调查局对这杆来复枪进行了检测，检测结果表明来复枪瞄准镜没有校准，无法做到精准射击。出乎意料的是，报告说"射击实验对 205 英尺外目标进行测试，发现瞄准镜只是略微向右偏离 3 英寸，向下偏离不到 1 英寸，微不足道"。首先，向右偏离 3 英寸这个误差可不是"微不足道"。其次，联邦调查局检测报告注明，由于瞄准镜没有校准，打出的子弹偏下 4 英寸，而非所说的不到 1 英寸。司法部工作组分明在信口开河。

报告还驳回了小阿瑟·韩尼斯法官的证言，肆意篡改韩尼斯法官的证言。韩尼斯法官在证言中说到盖伊·卡尼佩跟自己讲，装有来复枪及雷随身物品的包裹在枪响前大约 10 分钟就被丢到了公司门前。报告说韩尼斯法官的证言是"即兴回忆"[138]，实情则是小阿瑟·韩尼斯 32 年来始终记得这回事。

司法部工作组一心反驳韩尼斯法官的证言，顾此失彼。[139] 报告提到卡尼佩 1969 年的证言，证言中说包裹扔到公司门口约 10 分钟后，警察到了。卡尼佩没听到枪响，所以只能参照扔包裹的时间。

当天特警 10 分队由治安官办公室贾德森·戈姆利警长率领。从一开始，戈姆利就一口咬定说自己在枪响后 2—3 分钟到达卡尼佩娱乐公司门口，发现了包裹。戈姆利称因为"脆弱的骨头"，所以没敢直接翻墙而下，而是从消防站一路跑到南主街。

1974 年 10 月，在雷的证据听证会上，戈姆利发表了如上证言。那次听证会上，前公设辩护律师小休·斯坦顿做证说，一份调查文件表明盖伊·卡尼佩曾说，包裹在警察到来之前 15 分钟前就被丢在了公司门前。这不就是证据吗？

枪响两三分钟后,戈姆利到达卡尼佩公司门口,发现了包裹/来复枪。盖伊·卡尼佩证实包裹被丢到公司门口 10 分钟（1969年向辩护律师做的证言）或 15 分钟后（1969 年《公设辩护律师调查报告》）警察才到。

司法部报告采信了前者,也就是包裹被丢到公司门口 10 分钟后,警察才到。如果首先到达的警察戈姆利用了 2—3 分钟跑到这里,说明至少枪响七八分钟前,包裹/来复枪就已经被丢在卡尼佩娱乐公司门前了。

这个逻辑无可辩驳,而且证据全部来自 1999—2000 年司法部工作组以及 1968 年孟菲斯警察局和联邦调查局可获取的资料。詹姆斯·厄尔·雷购买的来复枪在马丁·路德·金遇刺前近 10 分钟的时候,早就被故意丢在那里。贾德森·戈姆利警长到达之前,丢弃包裹的人就已逃之夭夭。难怪贾德森·戈姆利从消防站朝出租房方向,沿南主街人行道向北一路狂奔时,并没见有车疾驶而过。车至少在 5—7 分钟前已经开走了。

来复枪是为故意栽赃放在那里的,已铁证如山。然而在缺乏科学证据证明证据中的来复枪就是作案工具的前提下,司法部公然得出结论,称这杆来复枪就是作案武器,子弹从卫生间窗口发射,刺客是詹姆斯·厄尔·雷。是的,就是那个将车停在卡尼佩娱乐公司南侧、枪响前就驾驶挂阿肯色州车牌的第二辆野马车走掉的雷。

作案工具在何处

报告拒绝考虑乔尔斯的证言,乔尔斯证言中说他收到来复枪后，用布包好，将枪从厨房拿到烧烤店大堂放在柜台下方。报告称并没有顾客亲眼看见乔尔斯拿来复枪，也没人看见他藏枪，并指责乔尔斯的证言"缺乏逻辑"，他的行为"不可能发生"。[140]

工作组调查人员还拒绝相信出租车司机詹姆斯·麦克劳的证言，他说乔尔斯给自己展示了来复枪。调查人员试图证明麦克劳不可信，他们指出麦克劳多年来的陈述越来越玄。其实，证人往往害怕自己过多卷入，即便知道很多，也常有所保留，随着对调查人员信任的增加，才会知无不言。

4月4日，查尔斯·斯蒂芬斯烂醉如泥，出租车无法如约接送；刺杀案发生前几分钟内，卫生间还空无一人。在这两件事上，麦克劳的叙述始终一致。即便如此，司法部调查人员仍然我行我素，对他的证言不屑一顾。麦克劳从没改过口的，还包括他听说厄尔·克拉克探长发出威胁，要在金博士回孟菲斯后干掉金博士。得到乔尔斯确认之前，贝蒂·斯帕茨就说过乔尔斯将来复枪藏匿在柜台下面。她的证言印证了麦克劳1992年的陈词。司法部调查人员懒得重构吉姆烧烤店的内部结构。假如他们能设身处地，就不难发现厨房门到柜台后只有几步之遥。

乔尔斯（最终还有麦克劳）机关算尽，一心想规避与刺杀案的直接联系，以免获罪，在如何处置真正作案工具的问题上多次变换说辞。乔尔斯打死也不会承认自己找人将作案工具扔进了河里，所以，他扯谎说将枪给了劳尔，后来又说给了弗兰克·利贝托的一名雇员。如今已经撒手人寰的麦克劳有一样的心病，他从没向我们承认自己拿走并丢弃了真正的作案工具。如果跟我们坦白了这点，他就会直接涉案。麦克劳的老朋友威廉·汉布林说，麦克劳只有喝多了才会谈及此事，且每次说起的内容都一模一样。基于以上所有事实,麦克劳酒后吐真言的概率很高,而且汉布林在宣誓后还发表了证言。但司法部工作组仍对此不以为然。

利贝托涉案

报告讨论了约翰·麦克弗林证言中提到无意中听见弗兰克·利贝托告诉电话那头"狗娘养的走上阳台,就一枪崩了他"或类似的话,以及乔尔斯对利贝托涉案的指控。司法部调查人员发现麦克弗林前面对詹姆斯·厄尔·雷有过不实指控,所以断定他对利贝托的指控也不足取信。4 月 8 日傍晚,对麦克弗林进行正式问询的时候,孟菲斯律师戴维·凯伍德也在场。报告引用了凯伍德的话说他不记得麦克弗林说自己听到了利贝托说"走上阳台"几个词。此事前文有过交代,后来我也问过凯伍德,他说自己不仅没有发表过以上言论,而且坚持说自己跟轮番录口供的调查人员交谈后,调查人员也都认为麦克弗林的陈述前后一致,显然没有说谎。录口供的时候,凯伍德没在屋内,只是坐在外面。无论当时还是现在,约翰·麦克弗林都没理由对听到的话撒谎;报告也没有给出任何解释,阐明麦克弗林可能会撒谎的原因。麦克弗林的确在听说詹姆斯·厄尔·雷被捕、认罪伏法后,错以为 LL&L 农产品公司合伙人吉姆·拉奇把电话交给利贝托那刻,两人谈话中提到了雷的名字,不过这是刺杀案发生 8 年后提出的,麦克弗林最初的证言中从来没有提过此事。[141]

后来还陆续出现了其他利贝托涉案的证据,不出所料,这些证据和前面的证据一样——遭到搪塞,没被采信,从而保住了官方说法。就连利贝托对内森·怀特洛克及他母亲拉瓦达·怀特洛克分别做出的认罪声明,也遭遇了同样下场。

报告把内森·怀特洛克描绘成一个妄想狂和牟取暴利之徒,因此他与利贝托的对话并不可信。的确,内森·怀特洛克以开出租车为生,生计艰难,他想把自己掌握的照片卖个好价钱,有什么不对吗?为什么他要把照片无偿提供给以牟利为目的的商业机构呢?我认为这根本不影响他证言的准确性或可信性,即刺杀案发生后第 10 年,利贝托直言不讳承认自己涉案。而且利贝托一开始就已经跟内森·怀特洛克的母亲拉瓦达·怀特洛克承认了自己的罪行。

司法部调查人员想破了头也找不出什么理由诋毁拉瓦达·怀特洛克,就将利贝托对她说的话定义成"为显示男子气概自吹自擂"。[142]他们认为拉瓦达不想听到利贝托的这些话,是因为她本身就不相信利贝托。无稽之谈。拉瓦达不想卷入此案,这是人之常情。她不想听利贝托说这些口无遮拦的话,那些话让她坐卧不安。利贝托根本不是"为显示男子气概自吹自擂"。据拉瓦达的描述,利贝托看见饭店电视上播放金博士遇刺案相关消息,做了这番表述。他说话时斩钉截铁,但是语气平和,甚至若有所思。

报告不遗余力,矢口否认利贝托家族与卡洛斯·马尔切洛存在任何关系。脱衣舞俱乐部老板阿瑟·鲍德温的证言给我的印象与此相反。鲍德温详细描述了利贝托与孟菲斯教父以及马尔切洛黑手党组织的关系。利贝托跟拉瓦达·怀特洛克说自己年轻的时候,在新奥尔良常和卡洛斯·马尔切洛一起推手推车运货,这跟他们之间的关系对得上号。

报告称利贝托有所谓黑社会关系的消息来源"不可靠"。果真如此的话,孟菲斯警察局特遣部队因为利贝托有黑社会关系,从事非法活动,而对他实行监控,那一定也"不可靠"。S.O. 布莱克本是这个特遣部队的成员,假如司法部调查人员对他进行过访谈,就会知道利贝托名下位于卡尔霍恩的雷蒙特咖啡馆是乔尔斯和利贝托的赌窝。乔尔斯同利贝托的关系可见一斑。[143]

《时代周刊》特约记者威廉·萨尔托尔在刺杀案发生后,立即在孟菲斯进行了广泛调查。他的调查同样可以证明利贝托与马尔切洛黑手党组织有关联。司法部调查组对这个调查结果竟然完全置之不理。我搜集到的所有关于萨尔托尔的调查文件至今存放于马丁·路德·金图书馆兼档案馆,同我对此案调查的其余资料放在一起。司法部工作组曾花费数天阅读过这些材料。

乔尔斯说自己收到 10 万美元,由 M.E. 卡特农产品公司从新奥尔良运送过来,放在卡特蔬菜盒子最下面。报告称没有发现确凿证据表明乔尔斯的这些话属实。

杰克·索尔特曼坚持说,第一次对乔尔斯进行访谈的时候,当时《黄金时间现场》节目还没开始录制,乔尔斯称自己留下 9 万美元,只付了别人 1 万——据说这人就是刺客。乔尔斯的律师加里森对这段谈话存在持怀疑态度。索尔特曼将细节描述得活灵活现。正如索尔特曼称乔尔斯承认的那样,刺杀案发生后不到一年,乔尔斯就收购了退伍军人出租车公司。乔尔斯明显从哪儿捞了一笔横财:索尔特曼总是说,乔尔斯告诉他用的就是自己留下的那 9 万。尽管事实摆在眼前,报告却说,"我们审查过的乔尔斯的财务记录并未能表明刺杀案发生后任何一段时间,他的生活方式有明显改善。我们访谈的证人,包括乔尔斯的家人,都没发现乔尔斯有发了意外之财的迹象。因此,没有证据支撑乔尔斯在刺杀案中收到 9 万美元酬劳的说法(明显他现在已经不提此事)"。[144]

没错,乔尔斯后来的陈述中,尤其是跟德克斯特·金的谈话中,声称自己只是负责把收到的 10 万美元交给劳尔。报告提出没有独立证据表明乔尔斯到了 10 万美元,事实上,贝蒂·斯帕茨同她妹妹艾达·梅·华盛顿都说,她们见过吉姆烧烤店厨房的废弃烤箱里藏着大量成卷现金(索尔特曼对二人进行访谈的时候,就这一点也得到了二人的证实)。

就在 1993 年乔尔斯认罪前夕,艾达·梅最后撤回了证言,称自己在刺杀案发生后数月才开始在吉姆烧烤店上班。但撤回证言不是艾达·梅的本意,也不是贝蒂的本意。

鉴于以上事实,为了让乔尔斯与利贝托撇清关系,把利贝托从黑手党组织以及其他利贝托自己承认所犯罪行中摘干净,司法部工作组显然主观性地挑选了哪些人证、物证可以采信。完全无根无据的官方说法得到了厚颜无耻的支持,与从前如出一辙。

孟菲斯警察局涉案

报告接着讨论了孟菲斯警察局涉案一事。当然,这也涉及乔尔斯的陈述。司法部调查人员考虑了以下问题:

1. 涉嫌撤走警员,为刺杀提供便利条件。

2. 孟菲斯警察局警员涉嫌参与在吉姆烧烤店的密谋。

3. 孟菲斯警察局探长厄尔·克拉克涉嫌参与刺杀。

谈到"撤离"安保人员的细节,报告避重就轻,对以下问题装聋作哑:以前每次金博士来孟菲斯都由黑人警员杰里·威廉姆斯等黑人警探组成安保队,为什么最后一次没有?相反,却安排以前从没为金博士执行过安保任务的白人警探组成安保队,而且金博士来的当天,即 4 月 3 日傍晚时分就撤离呢?报告引用凯利斯牧师的话说,金博士一行提出不需要警察保护。假如司法部工作组就这一问题对詹姆斯·劳森牧师进行了访谈,他们就会得知以上绝非事实。劳森牧师会跟他们讲,他们以前用的都是黑人警探组成的安保队,而且无论是南方基督教领袖会议还是当地罢工支援团体都没做过以下决定:拒绝杰里·威廉姆斯以及从前为他们提供安保的黑人警探小组为他们提供保护。南方基督教领袖会议以及当地罢工支援团体的会议凯利斯牧师都鲜有参加(凯利斯牧师在南方基督教领袖会议不担当任何职务)。威廉姆斯队长的说法一直很一致,对于为什么不让他组织黑人警员成立安保队,而是派出一组并没有十足把握能完成任务的白人警员,从来没人给过他满意的解释。报告进一步混淆视听,将有人要在飞机场暗杀埃德·雷迪特探员一事与所谓拒绝使用孟菲斯警察局以前提供的黑人安保队两件风马牛不相及的事情扯在一起。雷迪特的监控人员身份遭到曝光,有人对他不满合乎常理。但大家从来没有对杰里·威廉姆斯及他率领的安保队有任何不满。前几次执行任务的时候,他们兢兢业业 24 小时守护金博士的安全。执行任务过程中,杰里·威廉姆斯和组员从没遇到过拒绝合作或力不从心的情况。詹姆斯·劳森牧师记得安保队一度拍着胸脯讲,只要安保队在,就能保证金博士毫发无损,他们的真挚深深感动了劳森。

金博士最后一次到访孟菲斯,执行安保的并非黑人警员小组。司法部工作组报告对此视而不见,甚至对为何不用该安保队的问题只字不提。

把特警 10 分队从洛林汽车旅馆撤到周边消防站一事,报告中提到过两次。报告称看到了威廉·克拉比督察的证词,证词说特警10分队队长山姆·埃文斯请求把分队从洛林汽车旅馆撤出,表面上说是金集团内部成员提出的要求(埃文斯分别向菲利普·梅兰森教授和我指出这名内部成员是凯利斯牧师)。报告不承认埃文斯提出过这个请求,并且接受了凯利斯牧师声称从来没有为金集团提过这个请求的说法,他说自己无论如何也无权代表金集团。

报告还想混淆视听,不承认特警10分队被撤回,称枪响的时候,许多特警10分队的车都停在那个区域。是啊,他们是在这个地区,只是山姆·埃文斯一声令下,从洛林汽车旅馆撤到了周边的消防站而已。

谈到菲利普·玛努尔谎称雷迪特有生命危险,致使埃德·雷迪特被撤离的时候,报告称玛努尔是麦克莱伦参议院调查小组委员会的工作人员,并得出结论说当时大家对雷迪特有生命危险的消息信以为真,所以撤走雷迪特不是阴谋。无论如何,报告指出另外一名黑人警探威利·里士满仍然留在监控点继续工作,假如撤离雷迪特是为刺杀清除障碍,那么把威利·里士满留下就说不过去了。

报告忽视了一个事实,那就是威利·里士满在孟菲斯警察局情报部久经考验,而雷迪特则是被临时调往监控点的,他的本职工作是社区关系警察。作为一名社区关系警察,雷迪特与社区民众关系紧密,对大家充满同情,所以雷迪特与里士满截然不同,面对刺杀金博士这样的事,雷迪特很可能不够牢靠。为了万无一失,将雷迪特调离作案现场,再合理不过了。[145]

乔尔斯指控说孟菲斯警察局警员在吉姆烧烤店碰头,谋划刺杀金博士。司法部工作组调查人员的结论是,乔尔斯对这项刺计划讨论会的表述模糊,无法采信。的确,乔尔斯为了隐瞒自己事先对刺杀金博士一事知情,没承认自己参与了刺杀计划讨论会。如此一来,他就很难说通自己如何知道会议内容一定是策划刺杀金博士。然而,报告没注意乔尔斯说的是刺杀案发生后,自己才意识到那些碰头会的内容。报告还忽视了孟菲斯警察局警员来吉姆烧烤店碰头的整个时间、地点大环境。还有一点我们不能忘记的是,一开始利贝托找乔尔斯帮忙的时候,就告知乔尔斯,孟菲斯警察局在刺杀中有份,刺杀案发生的时候现场周围不会有警察。

警察出身的乔尔斯甚至很可能也参加了密谋会,毕竟他的两位朋友巴杰与克拉克也参加了,即便他没参加,根据他的背景,也断然能推测出这几位孟菲斯警察局警员聚在一起,一定是在商议利贝托以前跟自己提起的刺杀计划。

这几位警员(仍然在世那些)矢口否认曾经参加过这种聚会,报告竟然对他们空口白牙的抵赖言辞信以为真。说真的,我们难道期待这些警察不打自招吗?报告把马雷尔·麦科洛称为"便衣警察"。据说马雷尔等通过了测谎,并发表了一份宣誓证明书,毫不含糊地指出,他"从没见过乔尔斯"。[146]

暂且不谈测谎,既然我们看不到测谎的具体操作步骤,而且知道学习了相关技巧或者遇到手段高明的测谎专家,测谎结果都可以操控。对于马雷尔为什么要从中央情报局总部打电话给山姆·唐纳森(电视新闻播音员)的制作人伊拉·罗森,说自己实际上的确认识劳埃德·乔尔斯,报告完全没有理会。

报告提到乔尔斯指出的每一个人(仍健在的)都同意接受访谈,其中两名还在宣誓后提供了证言。相比之下,即便跟乔尔斯讲他有机会获得豁免权,乔尔斯还是拒绝与司法部调查人员交谈。

如前文所写,报告忽视了这一事实,那就是自从 1993 年以来,乔尔斯就跟谢尔比郡地方检察长提出过交换条件,但从没被接纳过。假如司法部工作组真心实意想跟乔尔斯谈,那他们就应该拿一份官方豁免书,把他们认为合理的条件都一并附上。乔尔斯的律师加里森说,他们收到的全是模棱两可的许诺和空头支票。

报告对金诉乔尔斯等案中,乔尔斯指控他人的时候并没有宣誓进行了进一步批评。这一点顶多算是不够真心实意。民事审判开始一个星期后,乔尔斯病症加重,卧床不起,无法参加庭审。事实上,加里森律师就以代理人无法参加庭审并协助律师为自己辩护很可能造成无效审判为由,提出动议。尽管加里森说得有理有据,但动议没有通过,不过这都没有改变事实,无论被告还是原告都无法从乔尔斯那里获得证言,这不是被告人的错。

乔尔斯指控孟菲斯警察局的厄尔·克拉克队长是刺客,证据单薄,报告寥寥几句就将其否决。报告说:"我们没发现确凿证据表明乔尔斯对厄尔·克拉克探长的指控成立"。[147]

司法部工作组访谈了厄尔·克拉克的第一任妻子丽贝卡·克拉克,二人于 1975 年离婚。[148]

报告在脚注中提到"我们对一名警方证人进行了访谈,此人说孟菲斯警察局 1968 年就有了移动无线通信设备(对讲机)",然而民事审判中律师向丽贝卡·克拉克提问时,丽贝卡提供了一个截然相反、毫无根据的回答。[149]简直不可思议,司法部工作组竟然没有或者不愿意询问下丽贝卡,放在餐桌上的对讲机长什么样。真是越来越不像话。

至于丽贝卡向司法部工作组陈述的事实,如果说她真的在听说刺杀案发生后"立即"叫醒了丈夫厄尔·克拉克,当时是厄尔·

克拉克进家门后 45 分钟左右，那说明厄尔·克拉克是在下午五点十五分到五点半之间到的家。从这个推断来看，丽贝卡的陈述证明自己到家后，丈夫一个多小时后才到家，而不是她所说的"不久"。如果司法部工作组真的想找出事实真相，判断克拉克是否如乔尔斯所说参与了刺杀，以上时间上的出入至少应该引起他们重视，从而开展进一步的调查。

司法部工作组位高权重、资源丰富，对这么重要的问题都置之不理，进一步说明整个调查过程充满偏见。如果他们进一步调查，就会发现确凿证据，证明厄尔·克拉克的前妻丽贝卡对于自己以及丈夫刺杀案发生当天下午的行踪，全是扯谎。(小)托马斯·登特宣誓后留下的证言清楚表明厄尔·克拉克下午并不在家。即便如丽贝卡所说，厄尔·克拉克在家，后来派丽贝卡去取警服都是真的，丽贝卡到干洗店的时候，干洗店也已经打烊了。司法部工作组的调查就是一场闹剧，结果早已内定，他们对厄尔·克拉克的不在场证明的处理方式就是绝佳例证。

报告写到乔尔斯的地方，大部分都在诋毁他的声誉，称乔尔斯对获取豁免权不严肃认真。(的确，加里森律师与被代理人乔尔斯以及司法部工作组之间产生了极大的分歧。)我始终相信向司法部调查组提出的豁免权的申请，辩方并没有竭尽全力。不过，我是控方律师，有些事我不便越界。报告说乔尔斯以赚钱为目的，希望将刺杀案描述得耸人听闻、有了市场价值后，从中大赚一笔。这真是讽刺，因为乔尔斯坦露一切之后，变得一无所有，不名一文地离开了人世。[150]

报告对于为什么出现这么多"虚假"信息进行了猜测，对许多我认识和尊重的人所持动机表示怀疑。为了削弱这些人的证言的可信性，报告多次重复提到"传闻"一词，却没告诉从未接受法律专业知识培训的读者，传闻证据也经常作为可信陈述得到采纳。[151]

报告的无端猜测、对乔尔斯以及其他认识和不认识乔尔斯的人所持动机进行的蹩脚分析、对负面评述严重缺乏调查却全盘接受，以上几点让他们在劳埃德·乔尔斯是否参与了马丁·路德·金刺杀案一事上，得出的结论以偏概全、有失公允。

唐纳德·威尔逊的指控

报告说，1998 年 9 月 16 日，司法部工作组调查人员会见了唐纳德·威尔逊，并指出此次会面中，唐纳德·威尔逊说，1968 年 4 月 11 日，自己从雷的野马车里拿到五份文件。其中两份是业务名片，两份是带有手写笔记的纸，最后一份上写有联邦调查局亚特兰大办事处电话。

报告简要回顾了事情的来龙去脉，以及司法部工作组最终拿到五份文件中两份的经过。

泰晤士/家庭影院频道播放对詹姆斯·厄尔·雷模拟电视审判和金家族公开呼吁对雷进行审判之后，威尔逊联系了我与马丁·路德·金中心。随后，他与佐治亚州富尔顿县的保罗·霍华德检察官会面。威尔逊发表公开声明，希望能将文件转交给司法部长雷诺。虽然这个愿望始终没有实现，但威尔逊最终于 1998 年 9 月 16 日见到了司法部工作组。

报告说，工作组接到华盛顿命令，派出一名法警带着对威尔逊银行保险箱的搜查令，去了威尔逊的银行。听说此事后，威尔逊不同意向他们展示文件原件。第二天上午，威尔逊上交了据他自己说从雷的野马车里掉出来的其中两份文件。

报告遗漏了这段历史的一些关键细节。首先,唐纳德·威尔逊从一开始就希望见到司法部长雷诺,将文件交给她。威尔逊在亚特兰大与地区检察官霍华德会面后,连续三四天都在想方设法联系雷诺,可每次打电话过去,总被转给别人。虽然威尔逊从未收到雷诺的回音,联邦调查局却发表媒体声明宣布威尔逊的文件以及他的指控全部属于伪造。他们说,记录表明没有派威尔逊去检查雷的车辆,当时威尔逊根本不在场。也就是说,威尔逊在招摇撞骗。

唐纳德·威尔逊坚持不懈、竭尽全力与司法部长雷诺取得联系的时候,联邦调查局继续在媒体上对他展开攻击。一面是司法部长雷诺对威尔逊不屑一顾,一面是联邦调查局在说他招摇撞骗。因为这种状况,威尔逊打了退堂鼓。后来,1998年9月,威尔逊接到司法部工作组组长巴里·科瓦尔斯基一封诚挚的来信,信中说,威尔逊对司法部调查至关重要。威尔逊反问科瓦尔斯基,如果司法部觉得自己至关重要,为何联邦调查局还公开称他为骗子,说他的文件纯属伪造。科瓦尔斯基的回答是"联邦调查局不归我们管辖"。对此,威尔逊回信说"司法部长是联邦调查局的上级"。科瓦尔斯基顾转移了话题,说他们想做一个公开透明、开诚布公的调查。这样,威尔逊才同意接受访谈。

威尔逊说,会面的时候自己感觉很自在,对方说话"十分妥帖"。威尔逊决定交出文件原件,随即带领工作组代表到他做董事的那家银行,找到一间会议室,打算在那里完成交接。交接正要开始,一名秘书示意他过去一下。秘书告诉他,银行工作人员发现有男子长时间观望银行,怕他打算实施抢劫,便报了警。

警察到后，包围了那人所在车辆，令他下车，把双手放到车顶。那人交代说自己是司法部科瓦尔斯基先生的手下，对威尔逊及这家银行实施监控。

约翰逊返回会议室，直截了当地问道："外面停车场前面那名联邦法警是你们的人吗？"

场面尴尬极了。科瓦尔斯基及手下哑口无言，面面相觑。威尔逊道："刚才警察来了。那人说是你们的人。他在这干什么？把银行的人吓坏了。"

科瓦尔斯基回应说："这是华盛顿的决定。我们不了解您。不知道您是否值得信任。"

威尔逊说："我不明白您在说什么。我是证人，在帮助你们。我是调查对象吗？为什么要监控我？"

没人回答他。

威尔逊便告诉他们："科瓦尔斯基先生，我刚才准备给您文件原件，但现在只能给您复印件，原件我要保留，因为我感觉我们之间的关系在迅速变坏。我无法相信这个调查能做到开诚布公、客观公正。现在我感觉自己成了调查对象。"

威尔逊说当天司法部工作组仍然对他进行了一段时间的访谈，但问题全都围绕德克斯特·金、奥利弗·斯通以及我展开，而不是围绕调查中的证据。[152]临走时，科瓦尔斯基说周五会给威尔逊答复。威尔逊说，当天下午晚些时候，科瓦尔斯基打来电话，从此开始了一连串的威胁。

据威尔逊叙述，科瓦尔斯基在电话里威胁道："我会让你去坐牢。我们已经拿到了司法部长和联邦法官签名的搜查令。"威尔逊说，当晚，科瓦尔斯基又几度打电话过来。周四上午，威尔逊离家上班以后，科瓦尔斯基再次打来电话，把威尔逊的妻子臭骂了一顿，说她的丈夫信口雌黄。他妻子听了打电话跟威尔逊哭诉。威尔逊说自己电话联系了科瓦尔斯基，科瓦尔斯基继续威逼恫吓，扬言要派人去学校，而且还派人去了银行会议室。有一次，威尔逊向对方抱怨自己不胜其扰，结果科瓦尔斯基的回答是："不论你的感受，还是你家属的感受，都不在联邦政府考虑范围之内。"

这出闹剧上演的时候，我正在东欧。我致电巴里·科瓦尔斯基，对他的做法提出质疑。巴里·科瓦尔斯基回答说，这只是为了得到重要文件所采取的必要手段。不然，唐纳德·威尔逊既不会将原始文件交给政府，也不会交给我。基于我对威尔逊的了解，我相信，毫无疑问，他自始至终都愿意坚持做正确的事情。他甚至不愿意相信联邦调查局对他的攻击与司法部相关。直到后来，他发现自己成了监控对象，被当成犯罪嫌疑人，而不是愿意合作、提供关键材料的证人。

由于不胜其扰，威尔逊将原始文件中的两份交给了司法部工作组的邦纳督察。威尔逊称邦纳把文件从塑料保护套中取出，要求威尔逊在原件上面签名，并署上日期，从而达到污染两份文件证据的目的。威尔逊对此大为震惊，但为了保存事实证据，证明工作组缺乏专业素养，他依言行事。这么做都是为了获得原始证据材料。威尔逊说，自己签完字后，这名官员就将文件塞进一只旧牛皮纸信封。

接下来的周日，即 9 月 20 日，德克斯特·金与科丽塔·金致电威尔逊，表达对他的支持，第二天，威尔逊妻子的车胎在单位停车场被划。

报告继续从多个方面对唐纳德·威尔逊进行批评，比如：

1. 第五份文件（写有亚特兰大办事处电话那张纸）披露时间过晚。

2. 他何时何地翻看了文件的叙述前后不一（当场看的还是当晚回家后看的）。

3. 藏匿文件的原因前后不一（害怕自己要为污染犯罪现场负责，还是发现雷与当地联邦调查局存在关联）。

4. 关于某些文件的丢失，前后叙述不一（两张名片在办公室"丢了"还是"被盗"）。

5. 所称的文件存放地点并不属实（是不是在他银行的保险箱里）。

报告得出结论说唐纳德·威尔逊的叙述前后不一，不是对金的家人、我、地区检察官霍华德，就是对司法部工作组和媒体提供了不实信息。报告得出的另一结论是，无法解释威尔逊的"缺乏诚意"。威尔逊对存在第五份文件"披露时间过晚"，报告因而质疑他关于文件的其他陈述是否可信，其中包括他获取文件的方式。

我们不需要特别丰富的刑侦经验就能知道刑事案件，更不用说涉及政治刺杀这样敏感的刑事案件中，可能掌握关键信息的证人对将所有细节和盘托出几乎都存在重重顾虑。他们不可避免地会有心理负担。证人可能出于保护某人，或者感觉有所保留是自己的责任而隐瞒整件事中的一些细节和方面。要求这类证人知无不言、言无不尽，往好了说是头脑呆板、不谙世事，往坏了说是故意转移众人注意力。我从来都不相信司法部工作组不谙世事人情。

因此，久经考验的从业人员早就学会平心静气，充分利用此类证人提供的信息，尽量使其成为可被采纳的证据。

我从一开始就接受了一个事实，那就是从联邦调查局出来后，唐纳德·威尔逊参与了某些服务国家的事件和活动。他不能与我谈论这些，也不能向别人透漏，这在情理之中。即便某些文件从他手里消失，他也无计可施。但是这绝不妨碍我们客观看待他提供的其余文件。

至于细枝末节前后存在的出入——何时翻看文件（我相信他当场匆匆瞄了一下文件，晚上回家后才进行了仔细研究），为什么把文件藏匿了 30 年（他给出的不同原因并不互相矛盾），为什么以前没披露写有亚特兰大办事处电话号码的那份文件（信息最敏感，所以最谨慎）——如果把所有事实都考虑在内，包括报告中没有披露的那些事实，那么威尔逊内心充满矛盾、不敢轻信他人、踌躇再三，不仅不难理解，而且完全合情合理。

威尔逊刚刚透漏一点风声，就立即遭到围攻。另外，威尔逊一心以为司法部长至少愿意侧耳倾听，没想到等来的是司法部长的置若罔闻，一再冷落。那么，对威尔逊一开始的有所保留，需要大惊小怪吗？想想威尔逊决定合作后受到的待遇，对骚扰他生活的政府代表彻底失去信任，需要大惊小怪吗？

尤其触目惊心的是，司法部工作组能看到所有官方记录与信息，我相信他们十分清楚唐纳德·威尔逊是何许人也，在其他领域为国家做了什么贡献，然而即便知道，他们也不愿相信威尔逊以及与他发现证据的相关叙述。

报告就唐纳德·威尔逊从雷车里拿到文件的具体细节展开讨论，声称司法部工作组对发现和搜查野马车时的在场证人进行了访谈，也对搜查雷在亚特兰大租住的房间时的在场证人进行了访谈。（威尔逊还说，自己参加了一项行动，在没得到授权的情况下，对雷的那间房进行了搜查。）司法部工作组还说，他们检查了所有相关报告、记录及其他文件。报告得出结论说没有独立证据表明威尔逊从那辆车里拿到了这些文件，也没有证据表明威尔逊参加了对雷租住房间的搜查。相反，报告说调查人员发现了确凿可靠的反面证据。

曾经出现在现场的证人无一人声称曾见过唐纳德·威尔逊，当时拍摄的照片里也没找到威尔逊的影子。

唐纳德·威尔逊始终说，副驾驶一侧车门锁着，但有条缝隙，于是他偷偷打开了车门。没人看见他的举动不足为怪。车门打开后，一个装有多份文件的信封掉在他的脚边。四处张望确认没人注意后，威尔逊用一只膝盖顶着关上车门，拾起信封。由于害怕承担不小心破坏犯罪现场的罪名，他迅速将信封藏入口袋。威尔逊说，自己走开后，匆匆查看了一眼文件。他第一反应是看有没有办法把信封放回车内，然后就注意到其中一份文件上写着当地联邦调查局的电话及一个分机号码。威尔逊说，那一刻，他打定主意要把这些文件藏起来。

报告说后来到达的亚特兰大办事处探员不记得执法人员之间发生过任何争执。（威尔逊说带自己来的高级探员与亚特兰大办事处探员起了争执，在此案由谁来管问题上各执一词。威尔逊从来没如报告所说，声称争执的问题是开前车门还是后车门。）

威尔逊回忆说，自己驾驶联邦调查局的车，从首府住宅项目停车场返回，一路跟随拖着那辆野马车的卡车。带威尔逊来的高级探员坐在卡车里。威尔逊跟随卡车直接开进联邦调查局车库。一度有人告诉威尔逊，司法部工作组听说一名高级探员的确记得曾在现场见过一名低级别探员。

报告无法彻底驳倒威尔逊对野马车内部的描述，威尔逊说车里全是垃圾。不过报告说威尔逊说的可能并非事实，因为大部分目击证人并不记得野马车的内部情况，暗指车内并没什么特别之处。[153]

报告说威尔逊的叙述无凭无据，"几乎不可信"。[154]对于威尔逊提出的自己没早些交出文件的原因，报告并不接受。威尔逊解释说他对联邦调查局以及监管联邦调查局的司法部本身有着强烈的不信任感，但是报告不信他的解释。威尔逊跟司法部工作组讲述了自己早期的职业经历，那些往事让他相信联邦调查局中存在种族歧视。

文件的刑事检测

报告最后考虑了唐纳德·威尔逊交给司法部工作组的两份文件。美国特勤局实验室发现从一本1968年达拉斯电话簿上撕下来的这页与电话簿本身的老化程度相吻合。另外，证据中这页纸上印的单词与1963年达拉斯电话簿第386页上印的单词一模一样。纸上没有任何细微纤维剥落，证明字迹并非最近才写上去的。然而，报告继续写道，美国特勤局检查员拿到了1963年电话簿第386页，"用同样的力度、角度以及不同基材试过后"[155]（问题是他们怎么知道这些细节的呢？），得出的结论是威尔逊的文件可能是利用1963年达拉斯电话簿上撕下的第386页，在上面用铅笔写下信息，最近伪造所得。因此，由于用来检测的那页电话簿没有任何细微纤维剥落，科学检测无法回答威尔逊的文件是否权威、手写信息具体书写时间以及是否真是1968年从雷车里掉落出来的。

美国特勤局表示电话簿上撕下来那页的手写信息太少，无法通过对比詹姆斯·厄尔·雷、杰里·雷、约翰·雷、唐纳德·威尔逊或者(纽约的)劳尔的笔迹样本确定是何人所写,但又下了第二份文件不是以上任何人所为的结论。文件上没有找到指纹。

　　既然美国特勤局得出结论说纸上的字是从电话簿上撕下来之后写上去的,报告也点出一个可疑之处:那页纸是沿着劳尔的名字和看起来像 1963 年达拉斯区号"214"的地方撕下的。如果顺序是先撕后写,大家最初的猜测,即撕下前纸上写的可能是劳尔完整电话号码似乎就不成立。美国特勤局和报告都认同这个顺序,并认为在空白处加上"劳尔 214"这几个字可能是为了故意混淆视听。然而,以上分析忽视了这页纸可能被撕过两次的可能。起初,字迹全都在一张纸上。为了掩藏电话号码,撕下来的这页电话不排除被人从右边,在"劳尔 214"后边,又被撕过一次。因此,存在另一种可能,那就是这页纸从电话簿上撕下来之前,就写有完整号码,为了防止别人知道电话,劳尔或者其他什么人撕掉了写有电话的一侧。

　　另外,司法部工作组还没有考虑第三种可能,那就是"214"并非电话号码区号,而是分机号,或者旅馆的房间号。

　　事实上,这页纸上的另外一个达拉斯电话号码,即杰克·鲁比的拉斯维加斯俱乐部的电话号码,前面并没有区号,只有达拉斯的号码"LA‐4775"。另外,报告没考虑过以下可能性:第二份文件中劳尔名字后面换成"x213"开头,或者"劳尔 x213"本身就是完整信息。实际上,变换一下数字,我们就会发现很有可能"214"和"x213"一样,不是区号,而是分机号,或是旅馆的房间号。

　　司法部工作组完全忽视了这一可能,尽管报告说无法得出确切结论,但他们说来说去都在证明文件可能是伪造的。

美国特勤局实验室得出了一个十分有趣但我怀疑他们不想看到的结果,那就是两份文件上的字迹出自两个不同的人。[156]因为如果这是真的,那串谋就是显而易见的了。但他们文过饰非,从未对此展开详细调查和讨论。另外,实验室还得出结论,"劳尔214"那条记录与杰克·鲁比的电话号码并非同时写下,但对两份文件是否由同一个人"伪造"只字不提。[157]

雷不承认威尔逊的文件,这引起了轩然大波。但雷从来都不是个贸然承认之人。

劳尔有野马车钥匙,也开过那辆车,很可能是他在雷不知情的情况下,在车里留下了一堆乱七八糟的东西。事实上,1967年有一次雷开车从墨西哥去加利福尼亚之前清理汽车的时候,发现了一张自己不认识的名片,名片上的人很可能劳尔认识。

报告攻击唐纳德·威尔逊,因为他不接受联邦豁免权(我发现里面没提阻挠执法这一更为严重的指控),也不肯接受测谎。联邦豁免权只对威尔逊与官方见面之前发生的行为有效,所以威尔逊怕跳进陷阱。

至于唐纳德·威尔逊为什么在获得文件的途径这件事上"撒谎"(工作组相信他在撒谎),为什么要"制造"这些可能纯属伪造的文件,如何"制造"的,这意味着什么,报告总结说司法部调查无法给出解释。

我们确实还不清楚这些文件的重要性,但经过通盘考虑,我提出如下观点:证据表明这些文件正如唐纳德·威尔逊据理力争的那样,的确是从雷车里掉出来的,文件一清二楚地向我们证明劳尔涉案,串谋者中有一个或更多人以前可能与杰克·鲁比有过联系,此外文件还表明存在串谋。

劳尔

报告开篇就指出:"詹姆斯·厄尔·雷定罪后的 25 年间,为他代理的律师等人,指认过多达 20 个不同的人为劳尔。"[158]雷只知道劳尔的名字,而这个名字单单从读音上看,也可能拼成法语写法的"劳尔"①,劳尔本人也的确这么写过,另外还可能是西班牙/葡萄牙拼法。我们认为他的名字为后者,本书我们也始终采用了这个拼法。报告作者(们)选择法语拼法指代被指控的罪犯"劳尔",以便与我们认为事实中参与犯罪的"劳尔"区别开来。

我调查此案近 25 年,做雷的律师长达 10 年,我相信只有一个劳尔。我当然无法为所有"代理他的律师等人"的行为辩护[159],但我希望司法部调查人员别让雷为某些没有指名道姓的人所做的陈述负责。雷指认过的劳尔只有一个。1978 年,在众议院刺杀调查专责委员会听证会上,有人匿名送给雷一张移民局的照片,雷一眼就认出照片中的人正是从 1967 年 8 月开始到刺杀案发生当日操控自己各项活动、为自己提供资金之人。照片背后写了个名字,但雷害怕这是个陷阱,所以尽管他公开宣布自己终于见到了劳尔的照片,但并没承认此人就是劳尔。大约 22 年前,有媒体公开报道了雷的指认。[160]

报告最终得出结论,称劳尔这个人物纯属编造,并说许多人被指认为劳尔,又被一一推翻。早些时候,报告脚注中提过,有个叫哈丁的人在洛杉矶圣弗朗西斯酒店给雷留过信息,有些人相信哈

---

① 法语拼法为 Raoul,西班牙/葡萄牙拼法为 Raul。——译者注

丁可能就是劳尔。报告指出时过境迁,已经无法确定哈丁身份。[161]

司法部工作组调查人员称,分两次对劳尔进行过 4 个多小时面对面访谈。报告说劳尔全面配合调查,并提供了自己的笔迹样本,但与威尔逊文件中的笔迹并不吻合。(不过,我记得报告前面曾说美国特勤局声称无法对主要文件,即从达拉斯电话簿撕下的那页纸进行笔迹对照。)[162]据说司法部工作组调查人员对劳尔的多名亲属、与他同住一个社区的若干人、一名财务、一名医生、多名他的同事、老师和店主进行了访谈。

报告得出结论,纽约的劳尔没有参与金博士刺杀案,也没有参与肯尼迪总统刺杀案,与两案中的涉案人员没有任何接触。具体来说,报告对纽约的劳尔有以下发现:

1. 那沓刑事辨认照具有强烈的暗示性,得出的辨认结果存疑。

2. 纽约的劳尔在刺杀案发生期间不会说英语。

3. 刺杀案发生期间劳尔有全职工作,收入丰厚,常常积极参与社区活动。

4. 格伦达·格拉博不可信。

5. 劳埃德·乔尔斯、詹姆斯·厄尔·雷非可靠人证。

在一个脚注中,报告还对其他辨认结果进行了批评:锡德·卡休("英国政治极端分子");罗伊斯·威尔伯恩(太年轻);沃伦(史蒂夫·汤普金斯始终没有找到沃伦,如今汤普金斯称沃伦不可靠)。

司法部工作组、谢尔比郡地方检察长派出的调查人员以及政府御用文人杰拉尔德·波斯纳都对纽约的劳尔进行过访谈,然而我们始终没有机会与他这样接触。在这件事上,我们从一开始就处于不利地位。

我们用的那沓刑事辨认照最初由肯·赫尔曼搜集,的确存在不足。但事实不容辩驳,在没有给予任何提示的前提下,九人当着我的面,一人没当着我的面,还有纽约劳尔自己的女儿,都独立并毫不犹豫地选出了劳尔的照片,而照片中的人正是在刺杀案相关场景或活动以及在格伦达·格拉博所说的环境中出现过的人。那么这些证人无一可靠吗?

在我看来,有四个重大事件明确指向纽约劳尔涉案。但司法部工作组调查人员对这些证据视而不见,报告中也没有提及。我认为这种故意忽视行为是对劳尔问题调查活动可信度的终极检验,也是终极标准。考虑到调查和报告的官方态度,假如以下事件能够被诋毁或被搪塞过去,那他们可能不遗余力拼命这么做。

首先是电视制片人杰克·索尔特曼同纽约劳尔的女儿在门口的对话录音。索尔特曼展示了劳尔的照片,就是其他人从那沓刑事辨认照中辨认出来的那张,劳尔女儿指着照片说是自己父亲。其次是早些时候杰克·索尔特曼与纽约劳尔的通话。电话里劳尔已经开始谈论自己在休斯敦的经历,还谈到了亲戚阿马罗,不过后来因为劳尔要为女儿婚礼做准备,终止了谈话。再次是格伦达·格拉博和纽约劳尔有过六分钟通话。[163]最后是葡萄牙报纸记者芭芭拉·赖斯在金诉乔尔斯等案中,宣誓后的证言。证言表明赖斯访谈了纽约劳尔家一位重要成员,得知这位家庭成员对"政府"给予家人无微不至的帮助感激不尽。

至于说纽约劳尔不会英语这件事,20世纪90年代中期,我跟他通过电话,他的英语我完全能听懂,他也能听明白我的话。关于劳尔的工作时间安排,20世纪90年代中期,我请私家侦探去通用汽车工厂进行调查,私家侦探告诉我,遇到的资方及管理人员一点也不配合，不过似乎劳尔干的是计件工，上班时间相当自由。[164]

司法部工作组并没向外界公开原始调查数据，仅凭参考他们的调查结果、对调查结果的分析以及他们给出的结论，做评价分析既无意义，也无可能。司法部工作组认为，他们获得的某些原始数据和信息表明纽约劳尔没有参与金博士刺杀案。

报告指出刺杀案发生下午雷进行了许多活动，但他对细节的描述前后不一。报告援引雷的不在场证明，即刺杀案发生的时候他正在加油站，但众议院刺杀调查专责委员会举行听证会的时候，加油站员工否认了这一说法。事实是谁也不知道雷去了哪个加油站，雷自己都不知道，他只是想修好瘪掉的备胎而已。有一名调查人员当着众议院刺杀调查专责委员会想推翻雷的不在场证明。其实这么做根本没必要，早有记录表明雷不在场。不幸的是，这个记录被深深淹没在已经公开的文件中。报告没提及雷·亨德里克斯和威廉·里德的陈述，但联邦调查局 302 文件访谈记录里有记载，孟菲斯警察局访谈证言里也有记载，只是他们全都藏在一堆厚厚的控方文件里。

因此，报告得出结论，说纽约的劳尔不是雷的操控者，劳尔本身也是詹姆斯·厄尔·雷随意杜撰出来的人物。

另一方面，考虑到报告里的证据，加上司法部工作组忽略或者拒绝考虑的其他证据，我相信劳尔在马丁·路德·金刺杀案中扮演了重要角色，并花了 10 个月时间设计陷害雷。我毫不怀疑政府掌握了劳尔的全名、地址以及电话号码。他在金博士刺杀案中有功，很可能还为政府做了许多其他贡献，因此政府极力为他提供庇护。

金诉乔尔斯等案以及其他不知名串谋审判中的串谋指控

报告第七部分倒数第二节考虑了金诉乔尔斯等案审判中提出的证据。报告声称大部分用来支持"政府一手导演的串谋的指控"其证人和裁决"全是二手、三手传闻及推测"。[165] 报告还提出，花样繁多的刺杀情节实际上相互矛盾。报告以这种独特的方式批评了我们纳入的传闻证据，说得仿佛传闻证据从来都不得到法庭采纳，从没有过例外一样。事实上，司法部工作组律师比谁都清楚地知道，符合特例之一的传闻证据完全可以得到采纳，成为可靠证据。最常使用的特例就是违反利益的证言。也就是说，如果某人跟我说他杀了人，我证实他跟我说过这话，这种传闻证据虽属传言，但因违反了说话人的利益，很可能是真话，因此可以被采纳。假如一名联邦调查局探员承认联邦调查局或其他政府机构下令刺杀了金博士，他必然置自己于不利境地，可能遭到起诉或处罚。同理，如果一名服刑犯跟雷的律师说有人愿意出钱杀死詹姆斯·厄尔·雷，而且说出钱的是政府，并将对话记在宣誓证明书上，不言而喻，服刑犯提供这样的信息冒了生命危险，所以他的话应该作为证据得到采纳。报告大肆批评当着陪审团的面提出的证据，以上只是两例。

辩方律师加里森也使用了一名"佚名"证人，我觉得这名证人并不可信：不是因为他声称自己参与了刺杀案，而是因为他对犯罪现场的描述与事实不符，因此他不可能在现场。尽管多位作家及一家调查性报纸文章的一手证据都是调查所得，但我将他们的证言列为证据同样遭到严厉批评。

报告称,与传闻性证言相反,只有三名证人提供了与串谋指控相关的一手信息。我无言以对。吉姆·史密斯、伊莱·阿金、卡瑟尔·威登这三人的确提供了存在串谋或者掩盖串谋的一手证言,但以下证人同样提供了一手证言:杰克·索尔特曼(劳尔女儿的指认)、约翰·麦克弗林(利贝托的证言)、科比·史密斯博士("闯入者"对3月28日大游行爆发暴力冲突的调查)、孟菲斯警察局托马斯·史密斯队长(已退休,看到官方关键证人酩酊大醉)、查尔斯·赫尔利(第二辆野马车)、菲利普·梅兰森教授(特警10分队撤离)、所罗门·琼斯(看见灌木丛有人)、凯·皮特曼·布莱克、梅纳德·斯泰尔斯(灌木丛砍伐)、奥利维娅·卡特林(赫林路上的男子)、安德鲁·扬和德克斯特·金(乔尔斯的供认)、小阿瑟·韩尼斯法官(包裹的丢弃)、博比·鲍尔弗(乔尔斯禁止人上二楼打扰)、罗伊斯·威尔伯恩(证明劳尔的身份)、锡德·卡休(证明劳尔的身份)、乔·B. 霍奇斯(茂密的灌木丛)、芭芭拉·赖斯(政府给劳尔提供保护)、威廉·B. 汉布林(詹姆斯·麦克劳的供认)、詹姆斯·伊莎贝尔(劳尔的供认)、威利·B. 里士满探长(已退休,塞缪尔·比利·凯利斯牧师的活动)、阿普里尔·弗格森(蒂姆·柯克的供认)、杰克·克肖(有人贿赂雷)、路易·沃德(巴迪所见所闻)、约翰·史密斯(没有警察)、拉瓦达·爱迪生(利贝托)、内森·怀特洛克(利贝托)、埃德·雷迪特警探(已退休,被调离现场)、杰里·威廉姆斯队长(已退休,没有安保人员以及马丁·路德·金下榻旅馆)。

正如前文详细讨论的那样,以上每名证人都就某个具体方面、事实或事件提供了直接证据。这些证据无论多微不足道,加在一起形成了完整的证据链。

报告继续对联邦政府参与串谋的证据一一进行驳斥。首先，报告反驳威廉·汉布林的证言，说"理发店生意冷清，闲得没事嚼舌根子"[166]，还提出汉布林从来没解释自己称珀迪是联邦调查局探员有何证据。实际上，汉布林解释过，他说自己和朋友麦克劳一起租了珀迪的房子，得知珀迪是联邦调查局探员。因此，当珀迪说中央情报局下令刺杀金博士的时候，汉布林同他老板弗农·琼斯更加认识到问题的严重性。弗农·琼斯与珀迪是多年的老相识。报告没有否认珀迪被派往孟菲斯办事处一事。

报告指出，司法部工作组检查了中央情报局记录，其中部分记录还处于保密期，并没有发现任何证据表明中央情报局参与串谋。中央情报局档案里没有自己的犯罪证据，这一点谁都不会感到意外，只有工作组不这么想。细想之下，也许他们对此才真正见怪不怪。

沃尔特·方特罗伊牧师听说，1977 年 6 月，雷越狱后 24 小时之内，有支由联邦调查局探员组成的特警部队被派往田纳西州立监狱，而且这次越狱行为看起来属于人为安排。但报告说这纯属谣言。如果是"谣言"，方特罗伊牧师竟然能以此"谣言"说服众议院刺杀调查专责委员会主席路易斯·斯托克斯致电田纳西州州长雷·布兰顿，告诉他如果他不介入，众议院刺杀调查专责委员会就会失去最重要的证人，而且布兰顿自己也会坐进大牢（方特罗伊牧师于 1992 年跟我讲述了两人的对话，之后布兰顿对此还进行了确认）。布兰顿当即搭乘直升机，前往监狱。抵达后，他发现一队由 20—30 名狙击手组成的特警部队，正在监狱周围的山上一寸一寸地搜寻。一名探员用手枪枪柄连续击打逮到的一名越狱犯，气急败坏地向他逼问雷的藏身之处。布兰顿知道狙击手现身于此，是要杀人灭口，而非抓捕犯人。至于这些人最初出现在此的原因，他也有疑问。越狱属于州管辖范围，跟联邦毫无关系。布兰顿质问："谁请联邦调查局介入了？"并命令他们撤离，救了雷的命。

报告对沃尔特·方特罗伊牧师的观点，即联邦调查局狙击手特警部队此行目的是除掉詹姆斯·厄尔·雷不屑一顾。显而易见，他们不愿调查是否真的有联邦调查局特警部队在场，即便他们进行了调查，也不愿意就调查结果给出任何评论。

美国公设辩护律师阿普里尔·弗格森在金诉乔尔斯等案中做证，1978年，众议院刺杀调查专责委员会听证进行的时候，她是詹姆斯·厄尔·雷的律师。服刑人员蒂姆·柯克跟她说，阿瑟·鲍德温出钱让他做掉雷。鲍德温是当地一家脱衣舞俱乐部的老板，与黑手党有关联，是一名政府线人。柯克后来怀疑政府参与了此事，便联系了弗格森。弗格森听取了柯克的陈述，同时还让他写了宣誓证明书。如果政府参与了雇用杀手，这明显违反了柯克的自身利益。

司法部调查组拒绝接受弗格森/柯克提供的证据，说柯克没提供"鲍德温是联邦政府探员或者线人……的信息细节和来源"。[167]然后，接下来一段，报告写道："我们的确发现鲍德温在联邦政府调查过程中协助了政府……"还有比这更胡编乱造的吗？

阿瑟·鲍德温从谢尔比郡劳改农场释放前，还未去世时，我对他进行了访谈。阿瑟·鲍德温明确跟我说他给柯克打过电话，并参与了由联邦政府下令除掉雷的行动，时间是众议院刺杀调查专责委员会举行听证会前后。他告诉我，孟菲斯黑手党教父跟他讲，雷离开孟菲斯之前就应该被做掉，但是利贝托"搞砸了"。然而，司法部调查人员却说他们没有发现证据证实有人要干掉雷。

接着,报告考虑了金诉乔尔斯等案中有关军队涉案的证据。在这部分,报告讨论了史蒂夫·汤普金斯提供给我关于沃伦所起的作用、阿尔法184特种部队狙击小组、消防站屋顶上心理战行动部摄影师们的笔记/报告,还讨论了汤普金斯1993年在《孟菲斯商业诉求报》上发表的调查性文章。报告对瓦伦丁·道格的作品《凤凰计划》中提到的屋顶所摄照片一笔带过。对杰克·特雷尔有关约翰·D. 希尔所说在阿尔法184特种部队狙击小组的所作所为做了同样处理。特雷尔的证言被描述为"已故消息提供者的传言观点"[168]。这点不假。但是报告没提的是,因为他的证言违反了自己的个人利益,是可采纳证言。

因庭审中引入证据的记录、大量有关军队出现在孟菲斯的信息都由史蒂夫·汤普金斯提供,所以司法部工作组对汤普金斯进行了访谈。报告指出,史蒂夫·汤普金斯跟工作组调查人员提供了以下信息。

1. 他证实自己对一个人进行了访谈,并提供了此人姓名,但没办法确认此人身份。这人跟他说自己和搭档在消防站楼顶拍下了发生的一切,包括刺杀过程及隐藏在灌木丛中的刺客(他搭档拍下的)。

2. 他不相信此人所言属实,假如被传唤出庭做证,他会跟陪审团说同样的话,而且他说跟我表达过自己的立场。

3. 他给我写过一封信,讲述了自己无法确认提供信息之人的身份,也无法确认此人所言是否属实。(这封信在庭审时并未出现。)[169]

4. 他说自己心存怀疑是因为无法取得佐证,另外就是此人提出要用金钱交换据称能佐证他所说全部属实的照片。

5. 他的结论是，此人没有任何照片，建议我不要付钱。[170]

的确，史蒂夫·汤普金斯通过一个长期可靠的消息来源，即我称为沃伦的那个人，与两名心理战行动部摄影师中的一位取得了联系。第一次面谈是在芝加哥凯悦酒店。会见结束后，汤普金斯跟我说，有人跟踪自己。会后，我们进行了谈话，他似乎十分肯定见面的人值得信任。他相信此人说的金博士倒地瞬间抓拍了四五张照片，此人搭档（我称为诺顿）调转了三脚架上相机的方向，从对准停车场转到对准灌木丛，拍下刺客放下来复枪的瞬间。汤普金斯认识沃伦，沃伦称自己见过这些照片，而且还安排了与这名心理战行动部摄影师的会面，所以汤普金斯当时相信这位摄影师的确并非杜撰的人物。汤普金斯还相信，照片交给了第902军事情报组的约翰·唐尼上校。唐尼上校是包括临时调派的心理战行动部摄影师在内的特遣部队的总指挥。

首先，汤普金斯除了给我一份简短的报告之外，从来没有附上过信件，也没有这个必要，因为当时我们两人都清楚，除了沃伦的证实之外，没有其他佐证。

其次，由于我不想让别人知道我们正在努力得到那些照片，所以我在前一本书《杀人命令》中省去了一些信息，但汤普金斯和我一直都知道另一名摄影师的身份。这名摄影师以前（现在也许仍然）住在哥斯达黎加。而且与报告所声称的情形相反，汤普金斯和这名摄影师见过面，千真万确。摄影师来迈阿密地区时汤普金斯与他会过面。那时，汤普金斯已遭人跟踪。他觉得跟踪自己的是一个联邦调查局小组，因此我们都认为这次会面也受到了监控。讽刺的是，汤普金斯跟我说，从机场一路跟来的尾巴被载他去碰头地点的出租车司机发现了。另一位心理战行动部摄影师想加价是实情,不过他提出来后,汤普金斯(我相信当时他一定怒气冲冲地)指出远处有车在对他们实施监控,这起到了敲山震虎的作用,但二人的会面也因此戛然而止。

我跟汤普金斯讨论民事审判的时候,汤普金斯说得很清楚,他不想出庭做证,我尊重他的意愿,没再强迫他。我们没谈到他会如何做证,因为他没有出庭的打算。我相信汤普金斯最终慢慢意识到了我们无法与心理战行动部摄影师达成交易。但无可置疑的是,我们尽一切可能,希望成交。为了照片交易的事,汤普金斯在我的要求及资助下,与两名摄影师都见过面。

报告写道,尽管在 1968 年 3 月到 4 月的环卫工人大罢工中,第 111 军事情报组以及田纳西国民警卫队参与了和此次罢工相关的国内骚乱监控,但司法部调查组详细检查了国防部、国家档案馆、亚拉巴马国民警卫队(第 20 陆军特种作战群)的档案,并没找到他们在孟菲斯对金博士进行监控的任何记录。官方记录表明没有其他军事组织于 1968 年 4 月 4 日派人来过孟菲斯,第 902 军事情报组也没有。报告还承认以下为事实,即"第 902 军事情报组的任务不包括国内情报工作"。[171]事实上,司法部工作组能确定的是,《欧文参议院委员会报告》指出,他们收到的信息表明:"第 902 军事情报组参与了对美国国内平民组织的秘密渗透工作,而且的确派出了拍摄小组监控华盛顿特区的游行示威活动。反谍委情报分析部有情报分析任务,执行这些任务的人员的工资由第 902 军事情报组发放。另外,第 902 军事情报组的一支反谍部队为五角大楼提供安保。"[172]我们不禁好奇,这些信息怎么能逃过司法部工作组的广泛调查呢?

报告写道,有迹象表明,一名第 111 军事情报组成员可能于刺杀案发生前几天出现在消防站屋顶,而不是刺杀案发生当日,目的是为拍摄洛林汽车旅馆金集团的访客寻找最佳拍摄地点。

然而,司法部工作组在金诉乔尔斯等案件中孟菲斯前消防站站长卡瑟尔·威登的证言证据上出了严重纰漏。威登毫不含糊地证实,4月4日上午,自己带领两名部队摄影师上了消防站楼顶,并说自己离开楼顶的时候,摄影师们正在架设装备,对洛林汽车旅馆及邻近区域进行拍照监控。

刺杀案发生那天,消防站楼顶有摄影师,卡瑟尔·威登的独立证言佐证了这一点。从各种迹象来看,这些摄影师就是史蒂夫·汤普金斯和我接触过并进行了会谈的两名心理战行动部军官。

金诉乔尔斯等案审判后不久,有一次,我与司法部工作组律师巴里·科瓦尔斯基简短讨论威登的证据。当时,科瓦尔斯基说,没人知道这些部队摄影师在楼顶待了多久。也许就几分钟。威登承认,自己没看到这些人离开。然而,报告岔开了话题,说威登承认"他可能是在刺杀案发生前什么时候,而不是刺杀案发生当天带军队摄影师上的楼顶"。就这样,报告认为第111军事情报组军官的记忆真实可信,那名军官说可能是刺杀案发生前几天"消防站的人带他们上了楼顶"。

报告发布后,我再次跟卡瑟尔·威登谈过。威登全面否认自己曾跟司法部工作组调查人员或者律师们讲过他于别的时间,而不是1968年4月4日刺杀案发生那天,带军队摄影师上过楼顶。威登十分肯定就是那天带人上的楼顶,尽管他不知道这些人布置在哪个方位、如何布置监控设施。

我认为卡瑟尔·威登的佐证已经能帮我们得出最终结论。[173]

报告接下来考虑的是沃伦和墨菲的指控。其中有些指控在与第 20 陆军特种作战群两名成员进行了一系列会面后，史蒂夫·汤普金斯给我的报告中也提出过。

报告承认，史蒂夫·汤普金斯的调查在发表于 1993 年《孟菲斯商业诉求报》的文章中做了最好的呈现。汤普金斯提出，他看到的人事记录表明事实上第 20 陆军特种作战群有军队被派往孟菲斯。其中一名成员是我称为沃伦的人。汤普金斯说沃伦声称自己执行的是侦查任务，并非作为狙击手射杀金博士。报告提出，汤普金斯证实，沃伦从一沓刑事辨认照中辨认出了纽约的劳尔，说他就是在新奥尔良参与走私枪支的人。

报告还说，在司法部工作组对史蒂夫·汤普金斯的访谈中，他提出，他怎么也无法佐证沃伦和墨菲的指控，而且自己也不再相信这二人。这就和报告中的另一些叙述出现了偏差，报告中指出，汤普金斯看到了一些独立的确凿记录，表明第 20 陆军特种作战群有士兵被派往孟菲斯。

如果史蒂夫·汤普金斯如报告所说，不再相信沃伦的指控，我只能好奇地问，是什么让他改变了主意呢？我们通力合作期间，汤普金斯始终说沃伦的话句句属实，从没质疑过沃伦的人品。[174]

报告说，1997 年组长现身，指出我们对他做了不实指控，起诉了出版商和我。（出版商最后以妨害行为为由与他达成庭外和解。）这名组长的名字以及他涉案的记录，在汤普金斯的采访记录和给我的报告中随处可见，我们以为此人已不在人世（在亚拉巴马被定罪后，去了哥斯达黎加）。报告说，此人拒绝承认自己参与刺杀活动，并提供了 1968 年 4 月 4 日自己的行踪。司法部工作组并没有发现任何破绽。工作组错过或者忽视了一个破绽，那就是此人的不在场证明和与他关系紧密之人所做陈述明显冲突，因此这个不在场证明无效。（附录 3 中，我附上了史蒂夫·汤普金斯对沃伦的真实采访记录内容。）

假如报告所说属实，即史蒂夫·汤普金斯已经断定沃伦的话不可信，否认与第二名摄影师会了面，否认与约翰·唐尼上校——或更有可能的是，否认与一名自称约翰·唐尼上校的人——会了面，那虽然令人痛心，但也让我十分不能理解。

在我的第一本书《杀人命令》里，汤普金斯证实了关于部队参与刺杀金博士细节描述的准确性，而且 1968 年 4 月 4 日部队就在孟菲斯。报告不得不指出的是，该书出版前，汤普金斯在我要求下签署了两份宣誓证明书，我还写信给汤普金斯询问后来是否改变了对这些问题的看法。自那本书出版之日起，汤普金斯就给我发邮件，跟我说他不希望再通过电话或者邮件谈论此事。

司法部工作组把电子监控问题搞得越发扑朔迷离。他们肯定早就听说，或者逐渐发觉，军事情报组只实施了人工跟踪盯梢，或是非秘密监控。吉姆·史密斯参与的对金博士在瑞蒙特假日宾馆的监控，可能是美国陆军保安局所为，这符合他们进行秘密监控的行事风格。

正如我们刚刚讨论的那样，报告驳回了卡瑟尔·威登以及道格·瓦伦丁提供的信息，否认在消防站楼顶有摄影师。报告还以传言为由，驳回了杰克·特雷尔在民事审判中的证言。证言中第 20 陆军特种作战群军官约翰·D. 希尔跟特雷尔说，自己参与了刺杀金博士的计划，但是这项计划最终半途而废。史蒂夫·汤普金斯给我的笔记中（前文阐述过）有个关于第 20 陆军特种作战群的有趣细节，说在塞尔玛到蒙哥马利的游行中，约翰·D. 希尔瞄准了金博士，结果金博士转了个身。

最后，报告谈到金诉乔尔斯等案审判中的证据，看金博士同事是否涉案，审查重点是金博士在洛林汽车旅馆的住宿、特警 10 分队撤离、洛林汽车旅馆的"闯入者"、金博士怎么站上阳台把自己暴露在刺客枪口之下。

就金博士入住洛林汽车旅馆一事，报告采纳了现在的官方观点，说金博士曾多次在洛林汽车旅馆过夜。只要查查金博士去孟菲斯支持罢工工人都住在什么地方，就会对金博士的住宿习惯一目了然。3 月 17 日，金博士第一次去孟菲斯，下榻瑞蒙特假日宾馆。（这是吉姆·史密斯及他们监控小组驻扎的地方。金博士的旅馆套间遭到全面监控。3 月 28 日，金博士来孟菲斯，原定下榻皮博迪酒店，游行被迫解散后，金博士又被送到瑞蒙特假日宾馆，按照计划，下一次来孟菲斯金博士还会住这里。）

联邦调查局发起舆论攻势，大肆攻击金博士入住白人旅馆，不去住黑人老板经营的舒适的洛林汽车旅馆，这才迫使金博士最后一次到访决定在洛林汽车旅馆过夜。拉尔夫·阿伯内西的证言说，在他们的要求下，旅馆等 306 房间客人一走，就安排金博士住了进去。事实证明并非如此。如果司法部工作组调查人员检查了洛林汽车旅馆 4 月 2 日和 3 日的登记簿，就会发现金博士一行于 4 月 3 日到达的时候，306 房间根本没人。工作组的调查结果早已内定，凡是与结果相悖的证据，即便放在眼皮底下，他们也视若无睹，以上又是一个活生生的例证。

换房间同样不怀好意，但报告没提这一点。我相信前纽约市警探利昂·科恩与沃尔特·贝利的谈话属实。科恩完全没理由撒谎。莫名其妙的是，报告没提司法部工作组曾对利昂·科恩进行过访谈，去听听他的一手陈述。我相信科恩 1999 年宣誓后的证言属实，其中一个原因是 1992 年我从奥利维娅·海丝那里听到过同样的叙述。海丝是洛林汽车旅馆的一名雇员，1968 年 4 月 4 日她当班，知道换房一事，但她一直不敢透露。

至于撤离特警 10 分队，孟菲斯警察局山姆·埃文斯督察告诉梅兰森教授，后来也告诉过我，塞缪尔·比利·凯利斯牧师跟他提出要求，将特警 10 分队从洛林汽车旅馆撤走。埃文斯的确撤走了特警 10 分队，但是我对撤离是应凯利斯牧师要求的说法持高度怀疑态度，因为凯利斯牧师在南方基督教领袖会议没有职位，在罢工组织支援团体中的地位也微不足道。我慢慢觉得，就因为警察认识凯利斯，凯利斯常与孟菲斯警察局联系，埃文斯便随口报出了他的名字。

说到"闯入者"，依奇·哈林顿最初告诉我是杰西·杰克逊下令让他们离开，说南方基督教领袖会议不再为他们的房费买单。因此，与报告所说相反，"闯入者"成员查尔斯·凯贝奇的叙述并非没有佐证，他的话与依奇·哈林顿 1992 年前后向我进行的叙述互为佐证。

凯利斯牧师说刺杀案发生前，"我走到一边，他才能瞄准"。报告将其描述成"用艺术的手法，解释了事情发展的先后顺序，突出了金博士从说话者身边走开后，遭到射击的事实。不能算说漏嘴"[175]。我不明白是什么驱使凯利斯牧师脱口而出，说了这番话，是心理学上的潜意识，还是什么别的。他在庭审现场做这番表述的时候，整个法庭目瞪口呆，陷入沉默。我知道并且早就讨论过以下事实，但同样被司法部工作组忽略了，那就是凯利斯牧师说金博士遇刺前他和金博士一起待在房间，并同金博士一起走上阳台，尽管这么说对凯利斯牧师自己有利，但两者皆非事实。凯利斯牧师敲响了 306 房间房门，金博士走出来跟他攀谈了几秒，随后便关上门。凯利斯牧师朝阳台相反的方向（向北）走去，再也没出现在金博士身侧。事实上，金博士走上阳台等待拉尔夫·阿伯内西的时候，凯利斯牧师故意远离金博士身侧，甚至都不走近金博士。司法部工作组只要看看孟菲斯警察局负责监控的警察威利·里士满的证言就能确认凯利斯的活动轨迹。

报告因此拒绝了所有跟官方结论相悖的事实、陈述、信息以及证据。从一开始就内定了詹姆斯·厄尔·雷独自行动刺杀了美国最伟大的民权主义倡导者的结论。如果各级政府参与了刺杀金博士的行动，相信由政府主导的对政府的调查能将真相大白于天下，那就太幼稚了。他们不会主动坦白自己干的丑事。在对金博士刺杀案的调查中，这种伎俩一再上演。凡是与内定结果不一致的证据，凡是无法诋毁的证据，就当没有看见，甚至提也不提，更不会加以讨论。

我相信，金家族以及我自己犯了一个错误。总统不同意成立"真相与和解委员会"，而是提出让司法部进行调查，我们本应该说"不用了，谢谢您"，明确态度，表明我们不能，也不会与另一个依附于权力机构的"官方"调查合作。我们相信，这些机构是贼喊捉贼。我们没有明确态度，我认为在这点上我们做错了。不过，民主精髓的最深处，还有我们从小就被教导的希望，希望我们的政府有朝一日对这样的事情能做出正确的选择，希望我们最不想见到的恐惧不要成为现实：在拥有财富和权力的特殊利益集团面前，在那些躲在背后主导美国公共生活和公共权力机构的利益集团面前，不要让我们看到一切都是谎言，不要让我们看到我们的民主只是一个虚幻的假象、一个编造的谎言甚至是一个逐渐消失的空中楼阁。

尾　声

　　审判结束,唯一一次围绕马丁·路德·金刺杀案进行的司法程序尘埃落定,此时距离千禧年仅 3 个星期。金博士生命的最后一年下定决心展开较量的巨大经济利益集团显示出了极大的适应性。金博士最恐惧的事情已经噩梦成真。经济被企业主导,国家明显跨国企业化,大企业的权力几乎在美国公共生活和私人生活的各个方面都越发巩固。在正式全球化过程中,跨国企业还将触角延伸到了世界各地。

　　玛格丽特·撒切尔、罗纳德·里根、自始至终尽职尽责的布什家族、赫尔穆特·科尔这样的走卒,以及一群日本小兄弟恪守信仰。他们与老掉牙的国际货币基金组织、世界银行,还有全球化的新引擎世贸组织通力合作,确保资本的利益不会被世界上 30 亿贫困人口的衣食住行、医疗卫生和教育问题伤到一丝一毫。

　　与之前的拉斯金、甘地一样,马丁·路德·金深知摆在自己面前的问题不是贫困,而是被贫困剥夺的贫苦大众获得基本保障的权利,他们因而无法过上体面的生活。“二战”后,金博士发现人民的权利一步步变成跨国公司权力的从属物。1995 年 1 月 1 日,金博士逝世 27 年后,这场不可阻挡的全球化运动已经彻底完成。

　　1945 年后的经济框架主要由美国和英国制定。在这个框架下,创立了 3 个多边机构,分别为世界银行、国际货币基金组织与国际贸易组织。最后一个多边机构建立之初还不是国际贸易组织，其前身是关贸总协定，是一个制定和推行多边贸易协定的机构。然而，到了20世纪90年代初，苏联解体，这个世界除了让企业殖民主义肆意蔓延之外，已别无他选。

1995年新年那天，世界贸易组织在关贸总协定乌拉圭回合期间静静地诞生了。在低收入"发展中国家"，世界银行、国际货币基金组织灌输的概念是，大规模借款能带来经济发展。主权经济体成了贷款的奴隶，为了还债以及达到贷款要求，不得不削减必要的社会服务和扶贫项目，而为了购买商品和服务，它们贷入的资金最终还会被西方企业赚走。这些商品和服务有些本来都是可以当地生产，不必转移到国外的。

随着世贸组织变得通行无阻，如今这个组织变成了一批世界最大企业的全球性代表机构，拥有自己的立法和司法权，以保护这些企业权利为目标，避免政府和公民干预，而理论上，政府要为公民负责。比如，所有国家法律都规定，进口货物必须符合国家健康、安全、劳动以及环境标准，但如果立法要求严于世贸组织接受的国际标准，就可能被世贸组织视为不公平贸易行为。一个国家限制自己的鱼、林或矿藏产品出口这样的保护行为，也可能被视为不公平贸易行为。任何成员国都可以代表一个或者多个本国企业，对其他成员国的标准发出质疑，包括致癌物禁令、汽车安全要求、商品标签、食品监督规定等。

跨国公司在各自国家的世贸组织代表团成员中占有很大比重，毫无疑问，具有举足轻重的影响。据此，我们认为，2000年的时候，马丁·路德·金对穷人问题关注的焦点应该是世贸组织，这个世界上最有权力的立法和司法组织、跨国公司的新管家。1968

年,马丁·路德·金打算展开较量的只是利益集团在美国国会的代理人而已。

金博士去世后,这些新发展对美国人民和世界人民意味着什么呢? 在我写这本书之前,根据道琼斯和纳斯达克指数表现以及资产价值(虽然包含通货膨胀成分),各种媒体中心,每天12次,都在跟我们讲当今世界空前繁荣。企业繁荣,包括股民拥有的巨大财富,表面来看十分真实。2002年,泡沫破灭,贪婪的恶果如开闸的洪水,道琼斯指数急剧下跌至前所未有的新低,纳斯达克上市公司损失了75%的市值。但是即便如此,经济权力集中的趋势仍然没有停止。2002年,世界最大的经济体中50个是企业,即便以1991年为截止点,世界最大的10家企业销售额也超过了世界上100个最小国家的国民生产总值之和。1992年,单单通用汽车的销售额(大约是1 330亿美元)就相当于坦桑尼亚、埃塞俄比亚、尼泊尔、孟加拉国、扎伊尔、乌干达、尼日利亚、肯尼亚、巴基斯坦几国国民生产总值之和。以上国家有5.5亿人口,占世界人口的十分之一。[176]

大企业合并几乎每月都在发生,随之而来的是权力不断集中。企业操控了资本、市场和科技,全球化将持续削弱竞争。所有这些对人民的影响都反映在我们通常所说的"向下竞争"上。这是因为跨国公司灵活性越来越大,可以在世界范围内调动设备:所有国家、所有地点以及这些地方的工人全都参与到竞争中来,企业坐收渔利。结果就是为了在竞争中取胜,绝望的人们不得不忍受低到不能再低的薪资、社会环境和雇佣环境。

这类令人毛骨悚然的故事数不胜数。然而,无须赘述,一个席卷全球的毒瘤正在滋长。生产过程中人的因素变得越来越可有可无,对人的依赖越来越小。跨国公司资本主义变得越来越纯粹,其目的只剩下获取利润和权力。别忘了,拉斯金曾提醒我们,对财富的渴望其本质是对人的控制权:为了自身利益,获得和利用他人劳动。当今时代,唯一不同的是可供控制的对象变多了,甚至完全不利用人的劳动也可以实现控制,如此一来,对人和社区将造成毁灭性后果。

看看中产阶级在这个欣欣向荣的时代的生活境况,我们就会恍然大悟。工资足够养活一家四口的全职中产阶级工人数量稳步下降。据美国劳工部估计,1994 年到 2005 年间的毕业生有 30% 将会加入失业大军,或者面临就业不足的问题。[177]

如今就连双职工家庭的开支也捉襟见肘。越来越多的中产阶级个人和家庭不能按期偿付账款。新闻报道中日复一日鼓吹我们的经济多么繁荣,不能给他们带来丝毫安慰。尤其是 2002 年年末,成百上千万中产阶级股民的毕生积蓄或者退休金,其中一个,或两者兼有,一夜之间蒸发得无影无踪。

那么,不断增长的世界贫困人口,又该何去何从呢?这些是基督徒称为精神上有福但为数不多的人。一百多年来,美国不是如艾玛·拉扎勒斯所说对他们敞开了怀抱吗?

> 把你那劳瘁贫贱的流民
> 那向往自由呼吸,又被无情抛弃
> 那拥挤于彼岸悲惨哀吟
> 那骤雨暴风中翻覆的惊魂,
> 全都给我!

我高举灯盏伫立金门！[178]

　　我们不仅对贫困人口的窘境视而不见，而且很少公开承认他们的存在，对其在世界范围内人数的不断增长更是讳莫如深。地球上这 25 亿的可怜人，他们的全部财富还不到 200 名亿万富翁拥有的财富之和。这些人是谁？他们在什么地方？

　　1967 年到 1968 年，罗伯特·F. 肯尼迪宣布竞选总统后生命的最后一年，来到南方亲自视察贫困人口的生活状态。面对他们肮脏不堪的住所，肯尼迪潸然泪下。

　　我相信肯尼迪的眼泪是真诚的。四年前我认识他的时候，他还住在威斯切斯特县，在他竞选国会参议员的纽约州竞选委员会担任主席。我能感觉到那段时间，他与四年前已经大为不同。

　　1999 年，克林顿总统视察包括印第安保留地和贫民窟在内的美国贫困地区。克林顿之行被誉为"新市场计划"。可惜他根本没去看穷人的生活现状，穷人不在他视察之列，只是被巧妙地冠名为"新市场"。

　　我们已成功让贫苦大众变得比以往任何时候都更隐秘。这些人活动范围受限，没钱旅行，大部分时候只能待在市区或郊区的同一个地方。媒体很少采访他们，报道他们的生活状况，当然，大部分美国人也不会涉足他们待的地方。即便他们生活在我们中间，我们也总是要么没时间，要么忙于更重要的事情，无暇顾及他们。在其他国家度假的时候，我们偶尔会遇见这些人，但在极度富裕的美国，他们的存在却让他们的美国同胞极不自在。对我们同胞的悲惨遭遇视而不见比正视这个问题容易得多。

　　毫无疑问，穷人与我们生活在不同的世界。本杰明·迪斯雷利这样评论 19 世纪英格兰的这种现象：

> 这是两个没有交集、没有同情的世界。两个世界的人对彼此的生活习惯、思想感情浑然不知，仿佛他们生活在完全不同的国家，或来自不同的星球一样。不同的教养和食物造成了他们的差异，他们遵循的礼仪和法律也存在差异……一个是富人的世界，一个是穷人的世界。[179]

在我们的时代，许多极度富有的个体和大部分人一样，对穷人视而不见，但为了缓解良心上的不安，他们进行了这样或那样的慈善捐款。这总比没有好吧？当然比没有好。只是一些富人乐善好施，自古有之。早在迪斯雷利之前的一个世纪，塞缪尔·约翰逊就提醒我们"扶贫政策能真正检验文明程度"[180]。国家的行事准则、优先考虑的事项最为关键。虽然有些个体出于各种私人原因，让慈善事业得以延续，但是国家是否参与、重视不重视，才是决定一个社会文明程度的关键因素。1968 年的时候，马丁·路德·金就知道穷人是一种多么隐形的存在。他也知道穷人不能继续在美国人民面前隐形，必须让大家睁开双眼，正视穷人数量之众，华盛顿作为首都，是穷人亮相的最佳场所。同时，金博士还相信，国会议员应该与穷人接触，通过一手资料，了解这些来自不同世界的人们的困难和疾苦。

然而，他们不允许马丁·路德·金强迫美国人及政府直面穷苦的美国人——这些可怜的透明人。

哈维洛克·埃利斯的《爱与美德》写于 1922 年，那也是美国人交口称赞的繁荣时期。也许埃利斯对 7 年后即将到来的大萧条有所预感,他写道:"所有文明时不时都会发展到革命性风暴一触即发的程度。"1967—1968 年,这就是大家最担心的噩梦。对跨国公司来讲,小马丁·路德·金是头号公敌。在他们毫不留情巩固权力的路上,金博士成了拦路虎。假如金博士和之前以及之后的同行一样出牌,也许时至今日,他还活在我们中间,生活富足、受人景仰,被尊为国家栋梁。然而,金博士没按常理出牌。如我们所见,作为企业代理人的国家对他滥施淫威。时至今日,美国的基石仍然建立在谎言和贪婪的基础之上,金博士立志要彻底打碎、替换国家的基石。

尽管不承认自私自利,但美国与世界其他国家关系的标志就是单边主义,颇有罗马遗风。在国内,50％的美国人的基本需求被残忍地忽视。在我们的时代,这种单边主义对人性构成了巨大威胁。这意味着,拒绝加入《京都公约》后,不断增加的机动车尾气排放(世界人均之最)将继续恶化。美国拒绝加入国际刑事法院,因而有机会根据自身利益自行决定国际司法问题。可怕的"9·11事件"导致美国出台了其史上最严厉的立法(包括匆忙通过的《美国爱国者法案》,没经过听证会,没有任何会议讨论和斟酌,就交予表决,以保证国家安全为由,导致基本民权难以得到保障),对阿富汗及准备对伊拉克无辜平民不分男女老幼的空袭屠戮,犯下了反人类的滔天罪行。

更不用说对国防企业进行的万亿注资,以及试图将全世界石油和天然气一劳永逸地纳入以美国石油和天然气跨国公司为主的企业主宰之下的尝试。

为了对付胆敢持有或想要持有"大规模杀伤性武器"、具有威胁的"邪恶"国家,美国退出了 1972 年的《反弹道导弹条约》,为新的核竞赛扫清了道路。与俄罗斯签署的裁军条约,并没有削减核弹头,只是将一些核弹头储备起来,被解读为向降低核战争可能性迈出的重要一步,实际上是为美国推进愚蠢的"星球大战"计划、为维持其世界最大生化武器仓库的地位扫清道路。

马丁·路德·金人生最后的日子里,首要关注的就是穷人的困境。如今,34 年过去了,贫富差距急剧扩大,美国经济导致了生活水准极度不平等,下层社会人口急剧膨胀,越来越难以摆脱贫困,与西欧国家标准比起来,生活在底层的人们没有得到应有的保障。

我们要求上帝保佑美利坚,对精神性的追求却日益衰落,我们盲目崇拜一些人在商场中的无脑消费行为,他们通过购买物品,填充空虚的心灵。随着枪支泛滥,在这种文化中,公民似乎习惯性地互相射杀。对物质的追求以及无处不在、无所不包的娱乐产业分散了人们的注意力,人们不再严肃认真地考虑公共议题,例如丧失自由(以《美国爱国者法案》的通过为证)、公共领域贪污腐败以至今没有解决的种族歧视问题。

因此,自从金博士遭刺以来,我们一直住在一个被贪欲主宰的国度,国家暴力已经失控,甚至超出了个人暴力发展的速度和规模。在我们的文化里,人越来越没有价值,企业和银行机构决定了公共政策,从而导致了人民利益让位于资本利益。

马丁·路德·金的祖国仍然在全世界范围内实行国家恐怖主义,同时又因为"9·11"这样的非国家恐怖主义行为大为光火,而后者比前者造成的死亡人数少得多。相比之下,美国明显已经成了全球最大的国家恐怖主义供应商。如果不信,我们只要想想,美国对危地马拉、伊朗、尼加拉瓜、巴拿马、古巴(持续了 43 年)、智利、乌拉圭、越南、柬埔寨、老挝以及最近委内瑞拉等国家的干涉行为。

在美国，人民群众确实已经同其他无用或过期物品一样，可有可无。最形象生动、触目惊心的例子就是 50 年冷战期间，由政府出资、在毫不设防的美国公民身上开展的医药实验项目。

在医院、监狱甚至孤儿院，几十万美国人在政府研究中充当了小白鼠，测验辐射和放射性化学元素钚的影响，其中大部分人是穷人。他们违背《纽伦堡法案》，将这些物质放入人们体内，或者将人们暴露在这些物质的辐射之下。1993 年，能源部部长黑兹尔 · 奥莱利勇敢地站出来，政府在国内的暴行才露出了冰山一角。[181] 1993 年 12 月 7 日，在《阿尔伯克基论坛报》曝光事件的鼓舞下，奥莱利揭露了几十年来政府如何采取秘密行动，如何掩饰，如何傲慢自大。[182]

殖民过程无论以何种形式伪装都是丧失人性的过程。当今时代，殖民过程又有了技术进步撑腰，人类的命运前景堪忧。450 多年前，哥白尼就设定了科学和享乐的终极目标，新千年，这些目标似乎指日可待。

有人说，到 21 世纪中叶，计算机会比今天强大 100 万倍，并能开始仿生。除此之外，人类身上将被移植越来越多的微型机器设备，并有效地和这些机器融为一体。这样的发展可能将通向机器均质化，在后生物阶段，机器人实现了自我复制，具有和人类相似的机体和认知性能。企业殖民者可能最终将得以甩开效率低下的人类，因为这些人的行为总是捉摸不定、爱憎无常、理性不足，不能时刻在技术上确保平稳运行。

从工业革命开始到现在，技术发展已经和人类进步等同起来。

尽管其中的很多好处不可否认，但是同样不可否认的是，潜在的社会和环境危害很少被提及，以供受影响最深的人们仔细研究和讨论。可能有人认为电视会将这些重要问题告知大众。然而，电视大部分时候并没有起到这个作用。相反，和多数大众传媒一样，电视负责播放麻痹大脑的广告，在世界范围内，通过让人们长期接触标准化思维和同质性文化，导致观看者思维逐渐迟钝。

因此，我很担心马丁·路德·金关心的所有问题仍然存在，并且比以往任何时候对我们生活造成的影响都要严重。假如金博士仍然活在我们中间，在我们让祖国更加人性化的斗争中，他一定是我们宝贵的财富。失去金博士，我们的生活变得更加贫乏。但是作为活着的人呢，我们能奋起反抗吗？我们是不是能有所作为，找回我们正急剧消失的作为人的能力，保护我们的人性，控制我们自己的生活，为家人提供体面的生活，重新夺回对国家，至少是对社区的控制权？

我想，不靠突发事件，阻碍恐怕难以逾越。假如发生 1929 年那样席卷美国和整个世界的经济危机，我们也许有机会通过改革而非革命的方式，用一套全新的价值体系代替旧的社会秩序，让美国再创辉煌。如今我们已经知道，政治革命远远不够，必须进行广泛的社会、经济、文化革命，真正让人类得到发展，提高生活质量。必须从人民大众的视角和利益出发，而不是只顾少数特殊利益集团，对旧秩序进行全面分析后，才能进行这种重建。

严重的经济危机有可能一触即发吗？从最近发生的事情来看，有这个可能。融资余额，即投资股票者向证券公司借钱炒股票的负债总额，2000 年 2 月 29 日已经达到了 1929 年 10 月 1 日华尔街股灾爆发前的水平。[183]我想起最近拜访我 95 岁高龄的前三一学校校长克拉伦斯·布鲁纳-史密斯的经历。我问史密斯,70 年前大萧条是什么境况。他说大萧条犹如晴天霹雳,所有人都措手不及,世界突然之间面目全非。有一天,他一如往常,沿河滨车道步行回家,见人们纷纷持枪出来打鸽子,还有些人在河边垂钓,全都在为填饱家人肚皮找吃的,这让他切实感受到大萧条是真的来了。

阿诺德·汤因比在 1948 年出版的作品《文明经受考验》中写道:

> 我相信,文明的诞生和发展都源于成功应对不断出现的挑战。一旦应对失败,文明便会分崩离析。[184]

万一真的天降大祸,必定是个挑战。在没有马丁·路德·金这样的先驱的带领下,我们能否作为一个整体应对挑战也是一个问题,但是人类不论什么种族和文化、什么身份地位、什么阶层,其适应性之强始终令我惊叹。在战争的帮助下,新政成功应对了上次经济大萧条,在本质上延续了旧的政治经济秩序,但看起来更加人性化,更加仁慈,奠定了制度基石,储备了我们今天的领导类型。杰斐逊先生说,每一代人都必须进行革命,将那些靠吸血为生、榨干人民自由的特殊利益集团彻底清除,而不是清除公共财富。问题是,美国及其文化的转变能否在不实施革命的情况下实现这些社会转变? 这个问题依然存在,在我们有生之年会变得越发明显。

尽管遇刺前马丁·路德·金变得很激进,但他还没有放弃希望对美国政府进行自由化改革的梦想。金博士仍然相信正义和真理终将在国家政策制定中取胜。他身后发生的事情,估计会让他死不瞑目。

马丁·路德·金如今已经成了殉道者,一度有传闻说另一个基督教教会打算行宣福礼并宣布他为圣人。金博士最终被存在主义神学家保罗·田立克的基督教思想感动,或者说从他的思想中受到启发。田立克在代表作《存在的勇气》(*The Courage To Be*)中提出,人类从出生开始,就有了存在,每个人都要自己与决定论的力量做斗争,建立起自己的生命,即个体本质。[185] 实现的根本途径就是,小到进行各种抉择、树立人生价值,大到选择立场、进行至死不渝的许诺,常常都要痛苦地违背环境和基因驱使。

马丁·路德·金献身于社会正义和经济正义。他并非只是巧言令色,而是投入了切实行动。要实现社会各个细枝末节的转型,就得动摇旧的社会基础。无论要动摇哪个方面,最终都得与人们安于所习的价值观和思想观念做斗争,这些价值观和思想观念就是我们每个人真正的决定论。马丁·路德·金为这场卓越的斗争、这个崇高的许诺,殚精竭虑。直到生命最后一刻,他都不曾停止兑现许诺。

这是马丁·路德·金留给我们以及全世界人民的宝贵遗产。

后　记

　　金家的民事审判后,我们又断断续续得到一些消息,这些消息进一步证明了我过去 30 年调查的结论丝毫不差。1977 年我第一次与拉尔夫·阿伯内西认真谈起金博士遇刺案。次年 8 月,我对詹姆斯·厄尔·雷进行了询问。那时,我发现自己已骑虎难下,阴差阳错成了他的律师。在民事审判中我代理马丁·路德·金家人为了正义和真理而战、与把马丁·路德·金从他家人、朋友、同事和美国身旁夺走的势力和个体一决高下的时候,我对此案投入了全部身心和努力。毫不夸张地说,在所有的政治刺杀案中,没有一例像这起一样,按照正式司法程序,在证人宣誓之后,详细讲述了事情发生的来龙去脉、前后因果,并接受了法庭的检验与确认。马丁·路德·金的死是美国政府代理人与马尔切洛犯罪组织在孟菲斯的执行人勾结,一手发起、策划、勾结并实施的。

　　真相触目惊心,但更让人心寒的是军队参与了各环节的协调以及具体行动方案的设计,涉案深度和广度令人咋舌,他们还精心挑选了第 902 军事情报组组长领导下的后备小组。其实,刺杀案还没发生的时候,部队情报机构就开始对金博士及其他美国人进行监控,被锁定为目标的平民惨遭军队狙击手杀害。这清楚表明军队广泛干预美国国内事务和生活至少长达半个世纪之久。军队涉案情况在当时鲜为人知,甚至直到现在人们也被蒙在鼓里。回头观望，我们才得以窥豹一斑，得知 20 世纪 60 年代，在美国以及全世界动荡不安的年代，军队行动在美国国内蔓延之广。之后，军队对平民的干涉变本加厉，甚至得到了法律认可。假如金博士领导的运动没有因为他遭刺而势头大减的话，军队的这一举动可能会激起更多反抗。

魅力型领导要考虑到自己一旦不能继续领导，提前准备好继任者的重要性，因为他们领导的运动太依赖这名领导了。马丁·路德·金的事例前所未有地证明了这个真理。金博士没能找好继任者，他逝世后，和平与社会正义运动戛然而止。拉尔夫·阿伯内西为人和善，但出于各种原因，不足以担此重任。杰西·杰克逊忙于其他事务。安德鲁·扬虽然赢得了全世界的尊敬，是个了不起的人，但没有发动草根阶层积极参与运动的能力。霍齐亚·威廉姆斯与詹姆斯·奥林奇两人都具有潜力，但是始终没得到机会施展才能。资本主义制度的维护者们深谙此道。马丁·路德·金可能会加速人们参与反战的进程，华盛顿有迸发革命火花的危险：孟菲斯之行后，按原计划，金博士接下来要领导人们从密西西比开始，向华盛顿进军，在华盛顿建立一个常驻穷人营区。但有些人不能让金博士活着离开孟菲斯，金博士倒下后，他们就高枕无忧了。

对于领导者来说，想做到人死了思想还能影响后代并非易事。严肃的社会经济变革需要在倡导者去世前制度化，或者需要继任者有效领导才能长存。前者的著名事例是古巴革命，将近 50 年后，影响民众的社会变革，尤其是教育医疗，如今已经制度化，无论菲德尔·卡斯特罗在与不在，都已成了人们的基本权利。查维斯领导的委内瑞拉在政治经济上则没有达到这种程度的制度化，未来一段时间，这些社会变革还要依赖查维斯的领导，因为他是变革的动力。他的资本主义敌人对此了若指掌,对查维斯政府在全民公投中失利幸灾乐祸。在中情局斥巨资暗中破坏下,这是9次大选以来查维斯政府首次败北。

从本书第一版开始,我就与查维斯拉近了关系。查维斯是一名魅力型革命领导人,与马丁·路德·金相似。在这个世上,查维斯是继承发扬金博士精神的典范,为全世界穷苦人民的利益不断奋斗。查维斯是一名革命领导人,和金博士一样,致力于把穷人从一无所有的贫困生活中解放出来。查维斯选择夺取政权,利用民选政府,获得了资源,并让自己的行为合法化。相比之下,金博士则游离在政府之外,把自己定位为独立力量,通过向民选官员施压的方式,促使官员们做出正确决定。查维斯如今侵犯了美帝国主义分子的利益,针对他的未遂刺杀行动至少有两次。然而,和金博士一样,查维斯也没能找到足以担当大任的接班人。金博士逝世后,后继无人,如今查维斯面临同样的尴尬处境。

他们二人共同的敌人是企业资本主义,如今企业资本主义越来越贪得无厌,胃口越来越大,企图控制全世界的自然资源。围绕新自由主义政策形成的《华盛顿共识》,在米尔顿·弗里德曼所谓的"芝加哥男孩",即一群拉丁美洲经济学家运作下,将其强加到发展中国家之上,又被杰弗里·萨克斯强加到东欧国家之上,成功引导了资本主义发展。娜奥米·克莱恩最近把休克主义描述为削减或废除社会福利、私有化、减税、针对富人的激励政策、提高汽油燃油等战略物资价格。休克主义对穷人的影响比对其他社会阶层的影响大得多。金博士看透了资本主义如何让越来越多的人过上了贫困悲惨的生活。金博士面对的挑战,以及查维斯如今面临的挑战,就是如何建立一种人性化的价值体系,如何进行成功的社会和经济革命。

1968年马丁·路德·金遇刺,举国震惊,金博士领导的运动戛然而止。33年后,"9·11恐怖袭击"再次震动全国。政府让惊恐不断延续、不断扩大。在反恐行动的名义下,在保护国家利益需要的驱使下,美国政府包庇了令人发指的残暴行为,并为其披上了合法的外衣。由于害怕再次遭到恐怖袭击,大量美国民众对此装聋作哑,与政府不同意见的人士又势单力孤。在这个背景下,2006年的《军事审判委员会法案》、2007年7月20日的总统行政命令宣布基地组织、塔利班及相关"敌方战斗人员"嫌疑分子,不受《日内瓦公约》保护。美国民众稀里糊涂地接受了对美国公民和外国人一视同仁的限制措施和行为,这在从前简直不可想象。

主流大众传媒自始至终在为强迫所有"美国良民"接受这些严酷的政策摇旗呐喊,我们终于有了"德国良民"的翻版。正如诺曼·所罗门在《战争制造者们》中所说,媒体到处鼓吹美国是高尚的超级大国,发扬民主,真诚对待公民,维护人权,派出的战士完美高尚,与"制造邪恶"的恶魔作战。自金博士那代人开始到现在,大众传媒的舆论导向始终如一。别忘了,金博士反对越战的行为被贴上了叛国的标签,如今各家大众传媒比以前更加团结一致、老奸巨猾、无孔不入,民众面对的是众口一词,积毁销骨。这是前所未有的。戈培尔说,谎言重复一千遍就是真理。无论多么荒诞不经的话,总有办法让主流大众信以为真。

我们已经看到,对国家的威胁消除后,以前的过分行为得到了遏制。在我看来,现在情况已经今非昔比。如今,永恒的主题之一是我们始终处于战争状态,我们有生之年无望结束的战争。他们以这场对假想敌人甚至是无法辨认的敌人的战争为借口,严格限制民权自由、宪法权利,贬损国际法规。如此便建立了无休无止、不断施加压迫的基础。国内外偶尔发生的恐怖袭击可能会加强公众的认知和服从。这些恐怖袭击可能是政府在世界范围内率先挑衅造成的恶果,甚至是本国官员被收买后一手策划实施的暴行。我只须提下诺斯伍兹计划和反谍计划就足以显示这绝非没有可能。随着统治集团越来越急切地需要巩固统治,恐怕这种情形会愈演愈烈。

已经可以称为专制政府的美国,正在这条路上越走越远。国会越来越俯首听命,最高法院也成了"橡皮图章",许多原来定义立法、司法、行政三者关系的分权和制衡已经不复存在。法律应有的程序、人身保护权,几个世纪以来始终是民主国家法律的特色,已经遭到废除。只要总统愿意,美国公民或者非美国公民都可能被归类为"敌方战斗人员",从而遭到逮捕,无限期关押,并无法获得律师的帮助。美国国内外正在织就一张秘密监狱网。准军事化部队或私人雇佣军得到了大力发展,以弥补现有志愿部队人数的不足。企业从世界各地招募雇佣兵,从事实上导致美国军队的私人化。私人部队本身并不听命于指挥系统,完全没人对他们的行为担责。杰里米·斯卡希尔书里写的黑水公司就是这样一个组织,黑水可能是世界上最大的私人保安公司。

暴君的一大特色就是监控公民言行。所有专制国家为了控制民众,都采取了这一行为,力求全面控制民众的极权独裁更是不在话下。国防几乎总是建立在国家安全之上。20世纪五六十年代,对金博士及他身边人的电子监控和人工监控都属非法行为,国会各种委员会,例如丘奇委员会甚至众议院刺杀调查专责委员会都对此行为进行了谴责。如今这些活动全披上了合法的外衣。除此之外，以前这些行为需要司法部长签字核准。J. 埃德加·胡佛做联邦调查局局长的时候，就因为司法部长拒绝签字，大费周章。当时，司法部长拉姆奇·克拉克拒绝批准某项监控行动，结果胡佛不得不把监控任务派给陆军情报部队，导致军队违反法律，参与了国内行动。如今的情形在质量和数量上都今非昔比。电子监控设备威力倍增。此外，以发现深藏不露和未经认定的潜在恐怖分子为由，监控行为已经突破底线，将数量不断增长的持有不满情绪的公民纳入监控对象。政府实施了技术情报处理系统计划，诱导邻居和同事互相监视，互相举报不爱国行为，包括拥有不同政见的行为以及积极参与环境或者动物权利保护的行为。对比法西斯当权时的意大利和东德，有过之而无不及。目前国家监控行为无孔不入，人人自危，大家连使用最基本的搜索引擎或邮箱功能都心有余悸。

民权运动、反战运动发生的时候正是冷战时期。这个时期政府线人无处不在。后来我们得知，马丁·路德·金领导的南方基督教领袖会议也遭到渗透，金博士的一举一动都被汇报给这些线人的上线，即联邦调查局。今天，美国长期处于战时状态，许多情报机构、执法机构私有化，这导致他们搜集的美国公民、民间组织以及活动分子的信息量急剧增长，导致政府进入一种预防性拘留模式。1917 年，《反间谍法》通过后，反战人士常常遭到逮捕并获刑。娜奥米·沃尔夫在《美国末日》中写道，克拉伦斯·沃尔德林牧师因为说战争不符合基督教精神，惨遭 15 年流放，他的遭遇为我们敲响了警钟。今天的《反间谍法》以打击国内恐怖主义为名，其实只是新瓶装旧酒的把戏。

2007 年 10 月 23 日，众议院在部分人没有参加表决的情况下，以 404 票对 3 票的绝对优势通过了《暴力极端化与本土恐怖主义法案》。尽管立法过程中这项法案得到了两党共同支持，最初却由民主党提出并积极倡议。当初，民主党当选就是因为他们许诺要结束伊拉克战争，叫停布什政府实施的侵犯民权自由以及违宪的各种行为。事实上，这项法案出台的目的就是辨识可能导致美国人民走向极端化、煽动不同政见行为的思想。在全国范围内，大批科研人员接到命令投身此项研究。因此，这一法案的作用是弥补《美国国土安全法》的不足，体现的是一种控制人民、预防犯罪的思想。这项法案神不知鬼不觉躲过了众议院两个委员会的审查。虽然这项法案此时还没有把"假想犯罪"等同于实际犯罪，但为未来迈向这一步打下了坚实的基础。其中的899A定义部分暴露了他们这一不可告人的目的。

（2）暴力极端化：指为最终推进政治、宗教或社会变革，以实施建立在意识形态基础上的暴力活动为目的，建立或者宣扬极端主义信仰的过程。

（3）本土恐怖主义：指以推进某种政治或社会目标，通过威胁、胁迫美国政府、美国平民或者以上之一，在美国诞生、发展、总部设在美国本土或海外领土并主要在美国本土或海外领土活动的团体或者个人使用、计划使用或者威胁使用暴力手段的行为。

（4）建立在意识形态基础上的暴力活动：指团体或个人为宣扬团体或个人的政治、宗教或社会信念，使用、计划使用、威胁使用武力或者暴力。

"本土恐怖主义"竟然与"以推进某种政治或社会目标""威

胁""胁迫"政府或美国平民捆绑到了一起,真是让人大跌眼镜。以理服人什么时候上升到了威胁或者胁迫的高度了?难道非暴力和平示威也算在内吗?所谓"建立在意识形态基础上的暴力活动"遵循的是同样的逻辑。他们故意模糊构成"武力"的要素。"暴力行为"这个词相对清晰,而且现存的各项法律条文有了清楚界定。大多数人会认为"武力"意味着运用暴力胁迫,但是官方并没有给出解释。这项法案899B节隐藏的深意暴露了其潜藏的祸心。

899B节决议:

国会决议如下:

(1)为防止暴力极端化、本土恐怖主义以及建立在意识形态基础上的暴力活动,在美国建立实施防护措施和手段,对于抵抗本土恐怖主义十分关键。

(2)在美国存在宣扬暴力极端化、本土恐怖主义以及建立在意识形态基础上的暴力活动,这些活动对美国国土安全构成威胁。

(3)在美国实施暴力极端化、建立在意识形态基础上的暴力活动、本土恐怖主义的过程中,互联网起到了推波助澜的作用,互联网这个渠道让美国公民广泛而持续地接触到与恐怖分子相关的宣传。

(4)美国必须继续勇敢地与国际恐怖主义一决高下,但同时还要加强力量,应对总部设在美国本土并主要在美国本土开展活动的本土恐怖主义。

(5)理解暴力极端化、本土恐怖主义以及建立在意识形态基础上的暴力活动背后的动机,是在美国根除此类威胁的重要步骤。

这一法案是对第一修正案赤裸裸的攻击。根据该法案,杰斐逊先生、威廉·O.道格拉斯大法官、马丁·路德·金可能都得因为他们说的话、他们提倡的信念而锒铛入狱。

我们民选的代表怎么干出了这种事呢?他们为什么显得如此害怕自己的同胞?考虑到一大堆最近几年才出台的其他严苛措施,我猜这有可能与我们的制度存在崩溃的风险有关。很明显,美元正在自由落体。未来12到18个月,企业亏损和信用违约可能超过1万亿美元。加上制造业下滑、房地产市场崩溃,综合各项指标,未来12到24个月里,我们可能陷入严重的经济危机。不要忘了,美国国内生产总值70%依靠的是消费。中产阶级一旦住不起房子、刷爆信用卡、兑现储蓄债券、抛售剩余股票、拖欠个人贷款、无法履约担保,将对他们的消费能力造成什么样的影响,不难想象。一旦中产阶级倒下,整个零售行业就会跟着轰然崩塌。

过去7年间,管理企业国家的各股势力及他们的朋友早已中饱私囊,想必他们如今预感大事不妙。一旦一贫如洗的民众失去了全部或者大部分家当,就会组织起来,走上街头,这让他们惊心不已。因此,他们通过立法机构以及行政命令,出台了各种群体控制措施,为使用武力控制民众扫清道路。在经济下滑、灾难发生期间,不能让政府得到借口,出台戒严法和大规模拘留美国公民的法律。

美国资本主义衰退期有一批受益者,包括跨国能源公司、建筑公司、银行、金融企业、保险公司、国防企业、医药企业以及信息产业。布什/切尼之流则是这些受益者的走卒,他们已经预感到暴风骤雨就要降临,所以才有了《国防授权法案》。这项法案赋予总统不考虑各州州长意愿在国内自由调配国民警卫队的权力,以及宣布戒严令的权力。戒严令将授权逮捕持不同意见的公民。这些人不得寻求律师帮助,无须经法庭审理,可被无限期拘留。这与将美国军事化毫无二致。《2007年约翰·华纳国防授权法案》于2006年10月17日在椭圆形办公室举行的私密仪式上签署。该法案允许总统宣布国家进入紧急状况,在全国各地驻扎国民警卫队,"镇压骚乱"。1807年通过的《叛乱法案》早就禁止了这些行为。《国防授权法案》中有一节标题是"在重大突发公共事件下使用武装力量",本节赋予总统权力,在无须获得州政府同意的情况下,决定是否存在紧急情况,需要动用武装力量。之前的法律规定,是否需要动用武装力量由州长决定。这项法案第333节允许"在任何情况下,为镇压任何叛乱、本土暴力事件、非法联合和串谋行为",行使这项权力。

该法案还允许经过军事训练的警察部队拘留抗议者以及"潜在恐怖分子"。美国正在用实际行动废除1878年的《治安官动员法》。该法规定,任何人动用美国任何部队人员在美国国内执法,都属刑事犯罪。媒体和国会对此一言不发,狼狈为奸。政府部门相互制衡是民主得以维系的灵魂,我们胆大妄为的总统说取消就把这个法律取消了,美国老百姓还浑然不知。如今,《国防授权法案》让总统获得权力,可以宣布戒严令,用军事技术武装军事化的国内警察部队,肆意拘留持不同政见的美国公民。而正在兴建这些监狱并为其提供装修的是凯洛格布朗路特技术有限公司。这些监狱以羁押非法移民为名修建,2007年2月获得了3.85亿美元财政拨款。

此外,大权独揽的总统,还通过 2006 年的《军事审判委员会法案》进一步取得了下令在国外进行绑架、拘留、折磨的权力。这一法案授权总统可以进行非常规引渡。言下之意就是不管总统决定在国外拘留、折磨什么人,都说明此人属非法战斗人员。值得注意的是,总统提名的司法部长迈克尔·穆凯西在参议院司法委员会的听证会上,断然拒绝将水刑定义为折磨虐待。当然,他持这样的态度简直不可思议,不过要是他承认这属于折磨虐待,那他就得以串谋犯下战争罪为由,起诉大批官员。

总统能够将这些法规合理化,大权独揽,正是得益于反恐战争。兹比格涅夫·布热津斯基将反恐战争称为对美国人民的最大谎言。其终极目的十分隐蔽,但随着时间流逝,最终昭然若揭。按照戈培尔的说法,在民众中引发恐惧焦虑、忐忑不安,此时即便减少或取消人们的基本自由和制度保障,他们也不会进行反抗。早在反恐战争开始之前,政府就有此居心。

美国政府变得越来越专制,修建监狱,羁押持不同意见的公民。为此,必然需要拟定秘密羁押名单。还真存在这样一个"监控名单"。娜奥米·沃尔夫多次在机场遭到拦截搜查,这让她疑窦丛生。后经一名美国运输安全管理局员工确认,沃尔夫的确在监控名单上。我也有类似遭遇。最近,一名越南朋友请我做担保人帮忙办理签证。她说,官方拿到我出具的信函,打开电脑搜索了一会儿,旋即走出门去,回来就给了她拒签:似乎都是我名字惹的祸。

的确如此,反战分子、"9·11 真相论者"、环保斗士以及其他此类人员在机场越来越频繁地遭到拦截和检查。城市青年行为稍有不敬就常常招致粗暴对待。时不时地,或许比我们知道的还要频繁,如此这般对个人的随机检查最后导致被检查人遭到拘留、送到海外接受折磨和虐待。当然,近来最著名的事例是加拿大公民马赫·阿拉尔在肯尼迪机场遭到拘捕,被送到叙利亚,惨遭折磨虐待。这种误抓实际已触犯刑法,政府却以涉及国家安全为由拒绝提供信息。阿拉尔事件中,加拿大政府因为错误的起因是他们,不仅道了歉,还支付了赔偿金。美国政府则拒绝道歉,称有不能泄露的秘密信息。

随机扫荡和逮捕使用最多的情形都与移民相关:移民和海关执法局官员突然出现在家门口,带走并拘留大批人员,甚至包括美国公民。有此遭遇的个人数量不断增长,而且不仅限于美国境内。不久之前,他们在意大利某城当街抓人,送到国外刑讯逼供。秘密非常规引渡已进行多时,甚至恐怖袭击发生之前的克林顿时期就已存在。非常规引渡的受害者数量巨大。当然,具体数字不得而知。参与意大利绑架事件的中央情报局探员在意大利遭到刑事起诉,但是这些探员再也不会回到意大利接受审判。如今,政府声称掌握情报,证明自己有理由在没有逮捕证的情况下,闯入民宅、对人们进行拘捕、无限期拘留、施加折磨。

这种伪君子的行为有悖我们的信仰。在金博士时代,尽管个体也会因为非暴力公民不服从被抓,但可以取保候审,最后往往免受起诉。国家如此回应是符合法律规定的表现。当然,某些个体会被咬住不放,有些还被处以极刑,但这些极端行为无论如何都不会取得合法借口。这就是差别所在。

所有政府,民主政府也不能免俗,都有筛选其公民所接收信息的需求。因此,这些政府或多或少都会企图控制我们获得公共事务信息的主要渠道——媒体。我们一次次目睹,政府从恐吓到诛杀,各种伎俩轮番上演,控制措施不断收紧,这令人们在传播关键政府事项的观点和事实的时候无不提心吊胆。比如喜剧演员比尔·马赫由于拒绝将"9·11"劫机犯称为"懦夫",其节目遭到美国广播公司取消,只能转战家庭影院频道,从此再也不谈关于"9·11"的话题。丹·拉瑟因为讲述了布什总统逃避服军役的往事,被迫提前退休。在阿富汗和伊拉克战区,不属于任何一家报社的独立记者过着朝不保夕的生活,美国军队在没有进行审判或者起诉的情况下,羁押了多名他们认为对美国不忠的记者。半岛电视台摄影师萨米-埃尔哈吉在巴格拉姆监狱,最后在关塔那摩监狱遭到拳打脚踢、断水断粮。半岛电视台在伊拉克的办公室遭到炮弹袭击众所周知,但五角大楼把独立记者作为袭击目标的政策却鲜有人听说。

20世纪50年代政府与媒体的联合和对媒体的控制变本加厉,手段不断翻新。他们将中央情报局记者安排进主要报纸、电台、电视台。卡尔·伯恩斯坦列举过大量事例,比如中情局局长杜勒斯和《纽约时报》出版人苏兹贝格之间达成交易,据说后者给中情报局提供了12个职位。20世纪60年代,政府已经实现了对广播网和主流媒体的完全掌控,接下来几年有线电视也没能逃脱魔掌。如今,互联网成了唯一独立信息和表达的阵地,同时也不断遭受着攻击。

马丁·路德·金最活跃的年代,即20世纪60年代,独立媒体已经处处受到压制。之后几十年里,政府对媒体的控制不断强化,美国人客厅里再也看不到越战期间那种释放着言论自由的电视画面了。随着随军记者的出现,战争报道风格大变:美国屈指可数的伟大战地记者玛莎·盖尔霍恩看到独立的战争报道落到这种地步,必定瞠目结舌。如今,这已不只关乎记者能不能保得住自己的饭碗,而且身家性命和人身自由也到了堪忧的程度。在战区,独立媒体办公地点遭袭已经成了家常便饭。在美国国内,一心求得真相的调查记者可能面临遭到解雇、进入黑名单或者收到传票让他们交出信息来源,甚至还会被以违反含糊不清的国家安全信息罪,遭到起诉。

不断变本加厉地压缩剩下的"开放社会"空间是所有独裁政治固有的一部分。最终,为了实现统一意见,由俯首帖耳的编辑操刀,政府通过深入细致的过滤系统对大众信息主要源头进行控制必不可少。其实,大多时候,大众已经麻木,对真相毫无兴趣。允许无足轻重的不同政见人士存在,统治阶层就可以大言不惭地宣称自己兼容并蓄。事实上,这些人士进行的活动无关紧要,并不影响大局。

不断被重复、通过各种特效被放大的"大谎言"是个灵丹妙药。小布什"任务完成"的表演就是活生生的例证。没人对这个谎言提出疑问,除非经济崩溃,民众忍无可忍。政府不仅在现在发生的事件上谎话连篇、混淆视听、颠倒是非,对过去发生的事情也是一样。只有这样,如今的专制政府才能改造历史,为他们的行径寻找遮羞布。当然,教育体系在此过程中大有用处。毕竟,历史由当权者书写,而且必须以热爱祖国及热爱其各种美德为基调。马丁·路德·金在世的时候,这种对信息控制的制度化就已经启动,他遇刺案的真相就是例子,如今这个过程即将大功告成。

从民主到法西斯主义的过渡历来都不仅限于对活跃的不同政见者开刀,同时还伴随着因言或因思想获罪。前文我们讨论的《暴力极端化与本土恐怖主义法案》就是对此的典型写照。这一法案要揪出可能导致美国公民极端化的思想言论,并为该行动披上了合法外衣。为了达到目的，他们把宪法对叛国罪的狭窄定义扩大化，提升到一个崭新的层面。针对总统、政府、国家的不爱国言论或诽谤都成了叛国。原来只能算作诽谤中伤的言论如今升格到了背叛祖国的高度。这跟苏联和纳粹德国有何二致？不过在我看来，这与当年苏格拉底在雅典民主政府时期的遭遇更加相像。雅典的直接民主制被对持有不同政见者在人群中提出的犀利问题"腐化"年轻人的恐惧所取代。如今美国统治阶层用害怕"极端化"年轻人代替害怕"腐化"雅典年轻人，民主价值的没落进程似乎正在重演。

马丁·路德·金挺身而出反对越战的时候，大部分媒体指责他，说他叛国。上文我提到我始终怀疑某人是刺杀金博士的背后主使，我采访此人女儿的时候，他女儿直言不讳，指出她父亲认为金博士已经对美国国家安全构成了明显威胁，时刻都可能造成伤害。也就是说，他们认为金博士已经背叛了美国。她父亲别的时候可能完完全全是个具有良知的好人，但在组织杀死一名叛徒方面则不带一丝悔意。马丁·路德·金试图通过合法手段，挽救美国，重建民主价值的行动，不仅不被赞美，甚至被全盘否定。

金博士死后的 40 年间，我们在法西斯主义的道路上越滑越远。著名右翼评论家们，诸如考特、林堡、萨维奇、哈尼蒂、奥雷利，渐渐将艺术家、环保人士、激进分子的思想和行为等同于恐怖主义和叛国。此类言论一经发现，就可能招来官司。在《暴力极端化与本土恐怖主义法案》下成立的国家委员会，其职责就是发现叛国言论。在此之前，就有了这种把自由言论当成恐怖主义和叛国的苗头。政府早就规定，任何削弱反恐战争的行为或不利于伊拉克重建的行为都属叛国。尽管政府正在努力结束完全不合法的伊拉克战争，但他们并没有停止肆意给他人扣"叛国"帽子的行为。《动物企业场所恐怖主义法案》致使被圈定的动物权利保护积极分子遭到起诉。

随着总统签署的一项项声明和一则则严苛法律的出台，美国的法律正变得面目全非，宪法遭到颠覆。总统使用签署声明的权力宣告他可以不顾国会警告和意愿，自行宣布对现存法律的个人解释，这在美国史无前例。国会无力反对总统僭越，有力宣告了三权分立制度已经名存实亡。同时，美国最近成功退出已经加入数年的多个国际公约和协议，认为《日内瓦公约》"过时"，不值得留恋。同时一边说自己痛恨酷刑，一边违反《联合国反酷刑公约》。此外，他们还退出了与研发和使用生化武器以及其他包括杀伤性武器、集束炸弹、凝固汽油弹、白磷炸弹、贫铀炸弹和导弹等违禁武器相关的国际公约。在美国人人喊打的绑架行为，如今焕发了新生，被盯上的个体在大庭广众之下惨遭逮捕，被送往海外接受严刑拷打。

无论在国内还是在国际上，美国正一次次冲破法律和规则的束缚。2007 年通过的《国防授权法案》授权总统在认为出现国家紧急境况的时候，为了应对，可以在州与州之间调遣国民警卫队。这为总统获得权力宣布戒严令奠定了基础。在我看来，只要再发生一次"恐怖行为"，政府就能获得所需借口。尽管《国家情报评估》得出结论，认为伊朗多年前就已经停止研发核武器，但是攻打伊朗，定能在全世界造成足够负面影响，让总统顺势发布实施戒严令。戒严令的法律框架已经就位，凯洛格布朗路特技术公司负责的监狱等配套设施也在兴建。整个政治图景堪忧：制衡原则已经名存实亡。司法系统已经政治化,司法部及全国各级检察官也已政治化。没了反对声,即便2008年民主党获胜也不太可能改变当前发展趋势或废除已经生效的严苛法律条款。

虽然经历了1917年帕尔默大搜捕、麦卡锡主义、冷战时期的红色恐慌,美国依然屹立不倒。然而,自2001年"9·11事件"以来,自由、法制、美国宪法、代议民主制在各个层面,史无前例地持续受到攻击。在这样暗无天日的时刻,我们当然可以让金博士领导我们,但斯人已逝,我们只能用他的精神和事迹为自己打气,勇敢地面对这漫漫黑夜。

我还无法将金博士遇刺案完全抛诸脑后,有些任务还有待完成。明年我也许能为我历经多年的调查工作画上一个句号。我自作自受,如今一波未平,一波又起。希尔汗因为杀害罗伯特·肯尼迪议员,被判罪入狱。最近,我以希尔汗首席律师的身份进行了到庭登记。我与马丁·路德·金在肯尼迪议员生命最后一年成了志同道合的朋友,最终竟然成了所谓凶手詹姆斯·厄尔·雷的律师,而我始终坚信我是在替雷洗刷冤屈。如今,我斗胆涉足罗伯特·肯尼迪遇刺案。1964年我与罗伯特相识。罗伯特竞选参议员的时候,我是纽约州韦斯切斯特县公民主席。此外,我为全国"9·11"真相组织做顾问,并同意领导纽约市投票选举活动,通过在纽约市选民中进行公投,建立一个调查委员会,调查许多"9·11事件"调查委员会承认他们并未调查的未解之谜。

马丁·路德·金去世后,致力于帮助穷人的委内瑞拉玻利瓦尔革命,在我看来是世界上最重要的社会运动。查维斯全力拥护当年启发金博士的各种价值观,积极帮助穷苦大众和社会边缘群体。大众传媒会持之以恒地曲解委内瑞拉发生的这场社会运动并进行舆论误导,他们对所有非资本主义的合作行为一贯如此。金博士相信自己可以利用美国的制度,通过第三方压力带来翻天覆地的变化。现在仍然有人抱此幻想,而我已经认清了事实。

美国大众必须觉醒,他们的政治立场建立在偏听偏信的基础之上,了解这一点十分重要。一旦出现极端化倾向,其发展速度将让我们瞠目结舌。一旦美国经济崩溃,就有可能走上这条不归路。我认为,如前文所说,这一步并非遥不可及。美国的掌权者们心知肚明,这就是他们要想尽办法挑起事端,以便让他们能够宣布国家进入紧急状态、实施戒严令的原因。毋庸置疑,戒严令的实施,会进一步导致民众走向极端,不过统治阶级有部分人似乎已经发起了一些有悖他们自身利益的不智之举。比如,伊拉克战争就为美国凭空创造出许多虚拟的"恐怖分子"和仇恨。也许,这正是他们的计划:创造并培养一批敌人,好让他们战争持久化的说辞屹立不倒。

马丁·路德·金坚信非暴力公民不服从是获得正义的最佳策略。规模宏大的非暴力公民不服从运动有可能令整个国家陷入瘫痪,从而迫使政府进行实质性的社会、政治、经济和文化改革,最终导致美国以人民的需要为中心而非资本的需要为中心进行重建,这一点我毫不怀疑。这个梦想始终会伴随着那些已经将金博士的梦想内化为自己梦想的人。

我有幸成为金博士的新政治国民会议执行理事,新政治国民会议的口号是:"停止哀悼!组织起来!"每年的 4 月 4 日下午六点零一分,我们都会沉痛哀悼马丁·路德·金的逝世。假如金博士能讲话,我相信他会对美国同胞们再次重复这个口号。如今他的同胞正在失去基本的自由，美国人挚爱的共和精髓则早已不复存在。

不要为丧失这些自由而哀悼！

组织起来！

2008 年 1 月

附　录

附录 1：对司法部报告的深入分析——无视证据,打压真相,正义不得伸张

深入分析司法部报告,我们发现司法部调查组显然由于手边大量证据与官方说法背道而驰,而对这些证据视而不见。这种先入为主的调查让最后的调查报告沦落为向政府表达忠心的意见书。政府坚决认定独行刺客詹姆斯·厄尔·雷应该独自背负所有罪责。

看看报告在考虑金博士刺杀案的各种关键问题上,选择性忽略了什么证据,将让我们深受启发。凡是希望用客观公正态度评价此案的人,看到这么多证据被忽视都会惊愕不已。我共找出 55 处案例。为便于核实,下表对司法部工作组未予考虑的证据进行了归纳。

序号	事　件	司法部报告立场	被忽略的证据
乔尔斯			
1	乔尔斯是否在宣誓的情况下承认自己涉案?	否。	是。乔尔斯 1994 年庭外采证转写本里承认电视审判中的转写内容属实。
2	乔尔斯为什么没有在金诉乔尔斯等案中做证?	据称:没有给出原因。	法院卷宗:病情严重。

序号	事　件	司法部报告立场	被忽略的证据
3	J.C. 哈丁是谁？乔尔斯提到过这个人吗？这人还给雷打过电话吗？	未提及。	联邦调查局认定哈丁是利贝托母亲的姓氏。
4	下午六点前凯利斯牧师是否与金博士在一起并和金博士一起走出了306房间？	是。	否。孟菲斯警察局情报官威利·里士满证言表明答案为否。
5	是否如拉尔夫·大卫·阿伯内西牧师所说，金博士一行到达的时候，306房间有住客？	是。	否。从1968年4月2—3日洛林汽车旅馆房间登记簿可知。
6	灌木丛一带是否"泥泞"，是否留下了足印？	是。	金诉乔尔斯等案中，乔·B.霍奇斯发表证言说灌木丛植被茂密，唯一泥泞的地方是小巷。灌木丛遭砍伐后的照片表明灌木丛仍然长有很厚的草丛，并不泥泞。
7	奥林奇牧师看到有烟升起的地方是否应该有足印留下？	是。	否。原因同上。
8	枪响后，警察兰德斯和霍奇斯以及后来的所罗门·琼斯都看到灌木丛中有警察，在这之前孟菲斯警察局警察是否可能进入了灌木丛中？	是。	否。乔·B.霍奇斯的证言加上此地区的照片和描述表明消防站（特警10分队驻扎在此）和吉姆烧烤店之间有两道栅栏，分别为6英尺和5英尺高。

序号	事　件	司法部报告立场	被忽略的证据
9	枪响后,奥利维娅·卡特林是否看到一人沿赫林路驾车飞速离开?	否。	是。贝尔南方电话公司修理工哈泽尔·赫卡比的证言表明当天他也注意到这样一个人。
10	南主街上是否存在第二辆白色野马车,挂着阿肯色州车牌,在扔掉包裹后开走,且其行动被附近证人看到?	没有表态,但是隐含的意思为否。	是。见查尔斯·赫尔利夫妇证言。
11	詹姆斯·厄尔·雷是否在枪响前 10—15 分钟离开了南主街地区?	否。	是。见里德和亨德里克斯对联邦调查局(302 文件)及孟菲斯警察局所做证言中的不在场证明。
12	灌木丛地带是否在第二天清晨遭到了大规模清理?	没有表态。	是。见梅纳德·斯泰尔斯证言。
13	雷是否选择了一个恰好俯视洛林汽车旅馆的房间?	是。	否。房东太太贝茜·布鲁尔和雷的证言表明,雷想要一间卧室,拒绝了一间能做饭的房间。
14	W.安舒茨是否确认子弹来自洗手间窗户?	是。	否。孟菲斯警察局证言:W.安舒茨说看见有人从詹姆斯·厄尔·雷的房间跑了出来。
15	联邦调查局报告是否表明来复枪瞄准镜不准:距离目标向左偏离 3 英寸,向下偏离 1 英寸?	是。	否。联邦调查局报告表明误差更加厉害:向左偏离 4 英寸,向下偏离 3 英寸。

序号	事　件	司法部报告立场	被忽略的证据
16	乔·布朗法官是否有充足理由证明来复枪不是作案武器？	否。	是。有迹象表明司法部调查组没有对乔·布朗法官进行访谈。
17	窗台上的凹痕是否来复枪留下的？	没有表态。	不是。见联邦调查局报告。
18	弗兰克·利贝托与劳埃德·乔尔斯是否相识？	否。	是。见孟菲斯警察局特遣队警官 S.O. 布莱克本证言。
19	弗兰克·利贝托是否涉案？	否。	是。多名独立证人的共同指证被忽略。
20	拉瓦达·爱迪生是否相信弗兰克·利贝托的话？	否。	是。见审判中的证言和庭外采证。拉瓦达只是不想听利贝托说这些话而已。
21	弗兰克·利贝托跟黑手党有联系吗？	没有。	有。见 S.O. 布莱克本以及拉瓦达·怀特洛克的证言。
22	刺杀案发生后，乔尔斯的生活方式是否有了变化，表明他收到了酬金？	否。	是。档案表明刺杀案发生后一年内，乔尔斯就买下了退伍军人出租车公司。
23	艾达·梅是否看到烤箱里有钱，后来又改了口？	否。	是。见杰克·索尔特曼访谈。
24	金博士是否拒绝接受以前一直为其提供安保工作的孟菲斯警察局黑人安保队的保护？	是。	否。杰里·威廉姆斯的证言表明，警察局没有组织黑人安保队，而是莫名其妙地组织了一支白人安保队。

序号	事　件	司法部报告立场	被忽略的证据
25	金博士一行是否要求把特警 10 分队从洛林汽车旅馆撤到消防站？	是。	否。见菲利普·梅兰森与我对山姆·埃文斯督察的访谈。（说凯利斯提出撤换要求的说法不足信。）
26	撤走雷迪特是否真的是因为雷迪特有生命危险？	是。	否。爆料人是前第 902 军事情报组成员。见 D. 瓦伦丁对玛努尔的访谈。
27	撤走雷迪特是否因为怕泄密？	否。	是。雷迪特的证言表明他是社区关系警察，而非情报特工。
28	撤走黑人消防员是出于正当安全理由吗？	是。	否。见雷迪特以及黑人消防员华莱士和纽瑟姆证言。
29	马雷尔·麦科洛是否见过乔尔斯？	否。	是。马雷尔·麦科洛对美国国家广播公司制片人说自己认识乔尔斯。
30	厄尔·克拉克探长的妻子为他提供的不在场证明是否可信？	是。	否。见干洗店老板儿子的宣誓证明书，1968 年 4 月 4 日他当班；另外司法部调查人员没有调查诸如干洗店打烊时间等基本细节。
31	孟菲斯警察局是否有如克拉克前妻所说的那种对讲机？	有。	没有。他们忽视了对讲机的具体型号。孟菲斯警察局专家的证言表明警察局没有这个型号的对讲机（大小如电视遥控器那种尺寸）。

序号	事 件	司法部报告立场	被忽略的证据
32	路易·沃德是否搞错了,或者是编造了出租车司机看见有人翻过高墙的事实?	是。	否。沃德总是称此人为"巴迪",并误以为此人叫保罗。
33	1995 年乔尔斯是否全在胡编乱造?	是。	否。米尔纳和伊莎贝尔的证言表明乔尔斯 20 年前就讲过同样的话。
威尔逊			
34	威尔逊的陈述是否前后一致?	是。	否。见唐纳德·威尔逊的公开做证。
劳尔			
35	1995 年前詹姆斯·厄尔·雷是否认出过纽约的劳尔?	否。	是。见 1978 年新闻剪报。
36	在洛杉矶想见到詹姆斯·厄尔·雷的那个哈丁是否是乔尔斯说的那个哈丁?	没有表态。	可能也是无法表态。见艾伦·汤普森及杰克·索尔特曼对乔尔斯的访谈。
37	约翰·F. 肯尼迪到达休斯敦的时候,格伦达·格拉博是否看见纽约劳尔带着一把来复枪倚在一辆汽车发动机前盖上?	否。	罗伊·格拉博确认过,其证言证明确有此事。
38	纽约劳尔是否就是一沓刑事辨认照中让大家辨认的那个劳尔?	否。	是。报告忽视了杰克·索尔特曼对纽约劳尔女儿的访谈,她承认照片中的人就是其父。

序号	事　件	司法部报告立场	被忽略的证据
39	詹姆斯·厄尔·雷是否在劳尔的请求下换过第一杆来复枪？	没有表态。	是。提供的解释和购买枪支后不久打到店里的电话记录一致。
40	詹姆斯·厄尔·雷是否移动过停在吉姆烧烤店前面的汽车或者说过自己曾移动过汽车？	是。	否。多名目击证人在联邦调查局留下的 302 文件以及孟菲斯警察局的文件显示，下午三点四十五分到四点以及五点四十五分到五点五十分汽车始终停在吉姆烧烤店门前。
41	声称中央情报局杀死了马丁·路德·金的珀迪先生是否为联邦调查局探员？	没有证据。	是。威廉·B.汉布林的证言说，珀迪先生多年来都是自己的房东，汉布林知道珀迪是联邦调查局探员。
42	1977 年 6 月，詹姆斯·厄尔·雷越狱期间，是否有一支联邦调查局特警部队被派往田纳西州立监狱？	否。见雷·布兰顿州长的证言。	是。见记者 J.J. 马洛尼、狱警史蒂夫·杰克斯、前众议院刺杀调查专责委员会金专门小组主席沃尔特·方特罗伊的证言。
43	阿瑟·鲍德温是否在美国司法部办公室和联邦调查局使用的空港酒店套房给蒂姆·柯克打了电话，向他买詹姆斯·厄尔·雷的人命？	否。	是。见公诉律师及其助手对柯克的访谈、柯克的宣誓证明书以及鲍德温的证言。

序号	事　件	司法部报告立场	被忽略的证据
44	杰克·特雷尔所说的阿尔法 184 特种部队狙击小组军人约翰·希尔是否与那名自称在塞尔玛游行中用瞄准镜锁定马丁·路德·金的约翰·希尔是同一人？	否。	是。第 20 陆军特种作战群花名册的失踪名单里有希尔的名字。
45	心理战行动部二人摄影师小组雷诺兹和诺顿是否对准不同区域进行了拍摄？	没有表态。	是。见布伦纳对史蒂夫·汤普金斯的证言。
46	史蒂夫·汤普金斯是否在百慕大的索内斯塔酒店与自称唐尼上校的人见了面。	否。	是。见以前汤普金斯对威廉·F. 佩珀的陈述。
47	美国陆军保安局或其他联邦机构是否在孟菲斯对金博士进行了监控？	否。	是。见前孟菲斯警察局警员吉姆·史密斯的证言。
48	刺杀案发生的时候，孟菲斯第 111 军事情报组指挥官是否是吉米·洛克？	是。	否。弗兰克·布雷上校是行动指挥官。
49	第 20 陆军特种作战群记录表明该陆军特种作战群在孟菲斯吗？	否。	是。根据史蒂夫·汤普金斯得到的军队记录。

序号	事　件	司法部报告立场	被忽略的证据
50	刺杀案发生当日,卡瑟尔·威登是否斩钉截铁地将军队摄影师部署在消防站楼顶?	否。	是。见卡瑟尔·威登宣誓后的证言。
51	"沃伦"的搭档在狙击小组中是否只负责为狙击手搜寻目标,而非观察现场情况?	否。	是。见史蒂夫·汤普金斯的报告。
52	4月3日之前,马丁·路德·金是否在洛林汽车旅馆过过夜?	是。	否。剪报和南方基督教领袖会议成员以及孟菲斯警察局黑人侦探安保队的证言表明金博士以前始终住在本博将领宾馆、假日宾馆或者皮博迪酒店。
53	马丁·路德·金的房间是否从庭院房换到了306?	否。	是。见利昂·科恩的法庭证言和奥利维娅·海丝、洛林汽车旅馆当班员工的陈述,加上旅馆4月2—4日登记簿。
54	金博士一行4月3日抵达的时候,洛林汽车旅馆306房间是否有人入住导致金博士以及阿伯内西不得不住到别的房间,第二天才搬到306?	是。	否。见金博士一行不同成员及"闯入者"黑人团体的陈述,拉尔夫·大卫·阿伯内西已出版作品《隔离之墙轰然倒塌》中的记录以及表明4月2日306房间无人入住、4月3—4日金博士和阿伯内西入住306房间的洛林汽车旅馆登记簿。

序号	事　件	司法部报告立场	被忽略的证据
55	第 902 军事情报组的任务是否允许他们参与国内情报活动？	否。	是。见 1978 年题为《军队对宪法权利小组委员会、司法小组委员会进行平民政治监控》的报告。

附录 2：佩珀博士对斯坦福大学史学教授克莱伯恩·卡森教授的直接询问，金诉乔尔斯等案，1999 年 11 月 24 日

问：卡森博士，下午好，现在勉强可以算下午。感谢您今天能够出庭做证。您千里迢迢从 3 000 英里之外赶来，我知道您时间十分宝贵，所以下面直奔主题。为方便我们记录在案，能请您说下您的全名和住址吗？

答：克莱伯恩·卡森，加利福尼亚州帕洛阿尔托。

问：您的职业？

答：斯坦福大学历史学教授。

问：您与小马丁·路德·金的作品和生活存在什么关系？

答：我负责编辑马丁·路德·金相关文献，是斯坦福大学马丁·路德·金文献项目主管。

问：这个职位您做了多久？

答：15 年。

问：您就金博士的工作和生活发表过各类作品吗？

答：是的。发表的，我想，编辑或作为作者的有 5 部,共出版

了 5 部关于马丁·路德·金的书。

问：好的。斯坦福大学的马丁·路德·金文献项目仍在进行吗？

答：是的。这是个长期项目，目的是将所有关于马丁·路德·金的具有历史价值的文献出版发表。目前已经进行了 15 年。可能只要我在岗位上，就会一直持续下去。

问：在您的能力范围之内，作为斯坦福大学该项目的一部分，您搜集整理了有关金博士生活、工作甚至包括被刺杀的各种文件和材料吗？

答：是的，先生。这些文献项目就是要将全世界所有档案馆中有历史价值的相关文献全部搜罗到一起。我们联系了差不多 200 多个档案馆以确保没有遗漏。显然，相关文献存储量最多的还是亚特兰大的马丁·路德·金中心以及波士顿大学档案馆。

问：好的。工作中，您从我这里得到过一些关于马丁·路德·金遇刺的文件、报告吗？

答：是的，得到过。

问：法庭和陪审团应该清楚您没有以任何方式参与验证这些信息是否准确，真实与否，但是您只是按照您接到文件的本来面目进行记述；以上属实吗？

答：属实。

问：鉴于以上事实，我们想问您几个与专业相关并与您做马丁·路德·金文献项目编辑和主管工作相关的几个问题。以您的专业和工作背景，卡森教授，我想请您看一下我提供给您的文档中的第一组回答，以及一名知情人士的相关材料，为我们提供信息的这名知情人士目前仍在外旅行。法庭和陪审团对相关操作过程已经有所了解,因此我们可以直接看以下问题和回答。

问题的第二页,至于回答我们先不管。我想请您看 2.1.4 这段。问题是:针对我们目标的行动只有一个还是有其他类似行动存在? 如果有,请尽可能提供细节。请至少找出这些行动属于国内行动、国外行动还是两者兼有。请帮我读一下回答。

答:全国范围内有许多类似行动。以下是我参与过的:1967年夏(1967 年 6 月 12 日到 6 月 15 日)佛罗里达坦帕市。骚乱发生期间,部署了两个阿尔法小组。夏天,7 月 23 日,底特律骚乱。1967 年 10 月,华盛顿骚乱。1967 年马上过圣诞节的时候,芝加哥侦查。1968 年 2 月,洛杉矶。

问:谢谢您。问题 2.1.5:即时行动是什么时候发生的? 即时行动是针对马丁·路德·金的孟菲斯行动。即时行动是什么时候首次提出的,即来龙去脉是什么? 什么地点,什么人提出的?

答:日期不知道。地点在密西西比谢尔比军营。内姆上尉向大家简要介绍了任务。开始是一个侦查行动,不确定什么时候第一次提到杀死金。

问:2.1.6:一开始他听到的行动细节是什么? 目标有名字吗?

答:有,金。还有另外一个人。

问:好的,请说。

答:后来加了扬。

问:第一个是金,后来加了扬。地点是哪里?

答:地点待定,取决于我们的情报和侦查。4 月 4 日我们在洛林汽车旅馆对面下午一点方向高处的屋顶各就各位。不知道情报为什么又是如何传进来的。任务简介中,他们提醒我们说金博士领导的运动要搞垮美国政府,终止越战。我们看了金和扬的近距离照片。不知道——不记得任何人对杀死这两个败类有任何顾虑。

第一小组有名组员,用枪瞄准了金博士的"中心点"(这是个狙击术语,意思是用瞄准镜的十字准线对准胸腔正中),吹牛说在亚拉巴马那次大游行中,就应该干掉金。

(比尔①,我查过我的文件。1965年第20陆军特种作战群部署在亚拉巴马塞尔玛,应付向蒙哥马利进发的游行,其中有个队员叫约翰·希尔。

我采访了曾经参加这次任务的另外两名队员,据他们说,一支狙击小组在金博士转向左边、过桥之前,已经用瞄准镜将金博士锁定。这支部队可能是希尔所在队伍的上级部队。其余人姓名都不符合。)

另外一个名字——(就是我)——问了服装的事情。我们打扮成码头出卖苦力的穷人(我相信他们冒充成白天在总统岛河边干活的劳工,那里停泊着河上行驶的驳船,仓库也在那)。

装备放在公文箱里,从谢尔比军营用汽车和部队一起运出。我记得在孟菲斯唯一用过餐的地方是一家霍华德·约翰逊酒店。他们把我与助手在火车道附近放下,一个叫内姆的人跟我们碰了头,他同一位朋友——(我的一位朋友)——长得很像,所以我记得。他将我们带到消防站大楼。我始终觉得此人是个"幽灵"②。

从此人处,我们得到了一份行动区域细图(不是加油站买的那

---

① 此处"比尔"指称本书作者威廉·F. 佩珀,括号内的内容为克莱伯恩·卡森教授对于其所读材料的解释说明,下同。——编者注
② 军队中称呼中央情报局的俚语。——译者注

种)、金及朋友所开车辆照片以及孟菲斯警察局使用的战术电台频率。可能还有其他东西,但是我不记得了。

问:对此有所解释吗?

答:内姆没有给出解释。

问:有迹象表明这次行动得到了联邦、州或地方层面第三者的许可或者参与吗?

答:除了我兄弟,其余人都在。幽灵、公司(中央情报局)、蠢货(联邦调查局)①、警察,全到齐了。除了公司、内姆之外,我记得与该市一名战术部队首脑(孟菲斯战术)谈过话。我记得他的名字叫山姆。联系人用无线电接入山姆,让他跟我们描述旅馆(洛林汽车旅馆)内部情况。我的确记得他说自己人没打领带。我对此的理解是金阵营里有位线人。

我们还同另外一人见了面,地点是距我们驻扎地几个街区的人行道上。引荐人是内姆。此人自称隶属警察情报部门,说孟菲斯要爆发一场大战,黑人会当街屠杀白人。

几分钟后,我想他是让我发现一旦场面失控,就要态度坚定地对暴乱者格杀勿论。他似乎对我们有所了解,并说之前就见过内姆。

问:行动是纯军事行动,还是有联邦调查局、州警察、当地治安官、平民或金集团内部人参与?

答:我们负责的是军事行动。据我所知,我们与海军航空基地进行了协作。应该是米林顿海军航空基地。

---

① 公司(Company)的首字母与中央情报局(CIA)相同,蠢货(Feebs)首字母则与联邦调查局(FBI)相同,这是军队内部称呼这两个机构的俚语。——译者注

问：好。现在请看第三个问题的回答。他是否知道金博士组织内部、南方基督教领袖会议或与金博士合作的孟菲斯当地团体内部是不是给予了他们里应外合的帮助呢？

答：有传言说第 111 军事情报组（麦克弗森军营的军事情报组）在金阵营里安插了一个内线。

问：现在请看第七个问题。枪响的时候他真的看到了什么吗？他的确切位置在哪里？

答：我以为第一小组抢先动了手。我差不多仍然这么认为。那天之后，我只见过内姆上尉两次。这两次，他都拒绝和我谈论那天的事。听到枪响后，我（用无线电）联系了公司，询问行动指示，等了一会儿（我觉得这意味着内姆让他等待），我们接到命令撤出消防站大楼，向接应点进发。

以下信息不知道有没有用，我听过很多次枪声，我想我记得，我记得当时自己认为那声枪响听起来像军队枪械发出来的。后来我听说刺客是个疯狂的平民，我十分惊诧。

内姆跟我描述过那声枪响，我跟你们说。他说无论是谁开的枪，那都是个专业枪手。即便在 300 米开外，也不是谁都能打出那么一枪。

问：问题八：如果是军队干的，为什么射击头部，为什么没留在原地完成对第二个目标安德鲁·扬的射击？

答：一堆人抢着分一块蛋糕的时候，局面容易失控。在越南是这样，孟菲斯亦然。

问：他们携带了何种武器？

答：标准 0.45 英寸口径随身武器、M-16 狙击步枪、几柄卡巴刀（一种军刀）。还带了一些高爆破片（高爆破片杀伤手榴弹）、两三枚轻型反坦克火箭。

问：问题十：两组人如何进行交流？金博士遭刺前，最后一次联系是什么时间？

答：通过无线电交流。两组刚进行过整点（所谓整点，我猜是指十八点整）战术情况报告，枪就响了。

问：问题十一：请描述他们撤出孟菲斯的细节——方式、去了哪里。

答：步行出城，到达接应船只停靠点。

问：第一部分结束。现在进行第二组问答。我们快速过一遍。问题一：扬在哪里？

答：我只记得他们有一大帮人在楼上。大家全离开后，我的助手发现了扬。扬下了楼。枪声响起的时候，他已经从楼下自己房间出来。在我看来，他似乎正走向一辆汽车。我们正准备做战术情况报告。他绝对出了自己房间。

问：第二页，2.15与2.16：训练属什么性质，是以事实目标为准的训练吗？

答：这是个集侦查、破坏、监控于一体的训练，目的是支持米林顿的主力部队以及可能需要部署的其他重型装甲部队。这种重型装甲部队有几十个之多，在黑人人数众多的城市都有部署。我们在城市街道上行走，发现可能存在的狙击手和伏击点，并寻找在骚乱中可能帮助人们避免丧生的途径。

一旦情况极度失控，应对选项包括消灭目标（他是说杀死扬和金）。我们手头的行动区域里就有一场骚乱。那时，也只有那时才能干净利落地消灭目标。

关于军队任务的执行方式，你需要跟他谈谈（他指的是你）。

后勤、情报、通信构成了一项任务的十之八九。我要说的是,消灭目标要干净利落,但是之前要有骚乱才能实施。

您希望我继续吗?

问:是的。

答:这里,内姆在无线电交流的时候与人在不相关的事上起了争执。他说 PRC－77 甚高频电台不可靠。那天傍晚我们在外面屋顶上进行观察。我锁定了扬,但也只是观察而已。

问:请继续看下一个问题——在此我想问的是心理战行动部此时的摄影侦查活动。请继续。

答:有个大规模心理战行动部计划,他们无所不用其极,诋毁金博士以及金博士集团。我们并没有得知很多关于此计划的内容,但我知道心理战行动部等隶属第五特种部队所在的特种行动项目。军事援助指挥驻越南研究观察组(MACVSOG)长久以来也参与了此计划。我们称此为,引用别人的话,"灰色行动"。这项计划将宣传做到了报纸和无线电台上,经常以没头脑的黑人为宣传对象。虽然我没参与这个计划,但我始终关注时事,另外这个计划声势十分浩大。我们获得的所有有助于推进这项计划的情报都通过情报网汇报给了上头。心理战行动部后备人员我并不知道。但我在越南认识的大部分人都为第四心理战行动小组工作。我知道他们有自己的报纸、广播和电视台。

问:好。2.1.7:是什么时候第一次提到了孟菲斯?

答:不确定。第 20 陆军特种作战群侦查行动最初任务简介中,在提及其他城市时,讲到了孟菲斯。这些城市都是军队到达后可能出现骚乱的城市。(比尔,这是在佛罗里达。)阿尔法小组于 2 月 22 日对孟菲斯进行了侦查,以确定狙击手通信方法和补给站位置。我们成果丰硕,但相比之下,前面就去侦查过的阿尔法小组比我们获取的信息多得多。

我们的所作所为跟在越南差不多:研究地图、地形,解读空中侦察机"黑鸟"拍摄的红外图像(比尔,此处指的是在孟菲斯或者其他可能发生骚乱的城市上空飞行的 SR-71"黑鸟"侦察机,在我的系列作品中有所提及)以及我们能发现的所有信息,然后将信息转给军队情报官员和越南芽庄。

不同的是,孟菲斯行动里,情报通过军队情报官转给了谢尔比军营。至于这些情报从谢尔比军营又转到了哪,就不得而知了。

问:2.1.8:负责训练的是哪位?

答:内姆上尉。

问:历时多久?

答:不记得了。过去太长时间了。另外,之前和之后也执行了太多任务。

问:2.1.13:训练期间,他们告诉你们目标是谁?

答:有人告诉我们这些侦查任务目的是扭转底特律的失控局面,在那里,我们的人甚至连城市交通图都没有。任务就是在重型装甲部队(比尔,此处意指坦克和装甲输送车)到达前,侦查地面情况。训练集中在辨认通信链、补给站以及部队能够安全迅速进入黑人社区的地点。这些黑人社区是黑人教堂所在地以及黑人领导聚集的场所(饭店、教堂等)。

问:2.1.14:小组其他成员以及他们执行任务的地点。

答:其余成员与内姆上尉在坦帕。

问:2.1.15:都是 9—0 秒的行动吗?

答:不知道,也不关心。我所知道的就这些。您开始问了很多关于 9—0 秒（他的发音是 ninety-deuce）的事，您这是自找麻烦。（比尔，他不愿意讨论 9—0 秒。我在访谈中尝试过多次，希望能谈谈这个话题。他拒绝讨论。）

问：2.1.16：指挥训练和实际行动的人是谁？

答：组长以及他的上司。

问：3.2：2 月 22 日参加孟菲斯侦查任务的有谁？

答：我。至于其他名字，保证不公之于众我才能说。

问：3.3：4 月 4 日整个小组一起去了孟菲斯还是分头抵达？请说明。

答：不是，我们每两人分乘不同的车抵达。

问：3.4：什么时间离开谢尔比军营向孟菲斯进发？

答：不记得。

问：3.8：您说的这位叫内姆的人——不好意思。3.8：那名孟菲斯的"幽灵"为谁工作？

答：你说的这个人是在铁路调车场与我们接头的人，叫内姆。好像为"公司"工作。我们有地图，但这家伙又给了我们一份行动区域细图，而非普通加油站那种地图。这份地图看起来像是战场上用的栅格地图，标有街道、建筑物名称。这个内姆让我想起一个叫詹姆斯的朋友。虽然没有证据，但他肯定是个"幽灵"。

问：3.9：对话细节。

答：你开玩笑吧！我们就聊了聊当时的情况、所在地点及无线电网络。

问：那么下面的问题 3.9 到 3.14.1：没有答案吗？

答：（比尔，关于这些问题，他记不得了。）

问：第二部分结束。最后，卡森教授，您手头有份一页的报告,记录的是在原告律师要求下在芝加哥的一次会面,这次会面与孟菲斯消防站楼顶摄影师部署方位有关。能请您读一下这份报告吗?

答:会见内姆之旅,1994 年 12 月 1 日,芝加哥。地点在芝加哥密歇根大街凯悦酒店。早饭在大厅边上的午餐室。样貌描述:身高约 5 英尺 10 英寸,体重 160 到 170 磅,灰白短寸头,穿合体西装(布克兄弟那种典型美式西装)、雕花男鞋,腰杆笔直,明显当过兵。

他说在越南,自己一开始被分到特种作战群基地第 525 心理战行动营。

他拒绝讨论自己的出生地、出生年月及其他个人信息。4 月 3 日和 4 日,周末,9—0 秒行动。内姆新晋升上校军衔,两人有过几次合作。刺杀日,有两名探员在孟菲斯。因此,常规照片和监控信息拷贝后送给内姆,然后内姆——

问:接着说。

答:相信内姆分别转给了其他机构。目的是找出照片中的人,看他们是否属于威胁国家安全人员,针对金博士的监控中对人员情报的收集工作就是一例。金走上阳台的时候,相机持续拍摄。虽未拍到他被射中那一刻,但拍到好几张他倒下的瞬间。与内姆一起的另外一人正观察朝洛林汽车旅馆开来的汽车,听到枪响,见到一名拿来复枪的白人男子。男子逃离过程中,那个人飞快地拍下了几张照片。这名刺客在地面上非常显眼。内姆只看到刺客逃离现场的背影。据说没拍到能辨别身份的面部照片。内姆和消防站楼顶上的另外那人,都配备了 0.45 英寸口径自动武器。另外那人还在后腰枪套里别了把小型左轮手枪。

照片洗出来后送给了内姆上校,但和内姆在一起的另外一人保留了底片。内姆没有副本,但说如果给他 2 000 美元,他愿意去找那人,并提供给我们那个人的名字和地址。

佩珀博士:卡森教授,非常感谢。最后一份文件是 1967 年 1 月 17 日到 4 月 4 日我们收到的重要事件日期表,列出了 1967 年全年政府机构召开会议的日期、时刻、地点、主题。在此,我们不一一阅读,但我想提出动议,请允许把此记录纳入证据。谢谢您出庭做证,我的问题问完了。

附录 3:与沃伦的访谈

我请读者理解我们的难处,以防后续有涉及组长的诉讼,我需要在此为法庭记录保留一些具体的名字和事实。

至于我通过汤普金斯向沃伦的提问以及沃伦的回复,择几则如下。

问:即时行动第一次是什么时候提出的? 在何地,由何人提出?

答:日期:不详。地点:密西西比谢尔比军营。任务简介人:组长(给出了姓名)。开始是侦查行动,不确定何时第一次提到刺杀金。

问:一开始有人告诉你的行动细节是什么?

1. 给出了目标的名字吗?

2. 地点是哪里?

3. 解释了原因吗?

4. 有迹象表明第三者给予了许可或有第三者参与吗?

（1）联邦、州或者地方层面。

（2）名字。

5. 属纯军事行动还是有联邦调查局、州警察、当地治安官或警察、平民参与？金集团内部人有参与吗？

如有可能，请提供名字或给出职位。

答：（对以上所有问题的回答）是的。

1. 是的，金，后来加入了安德鲁·扬。

2. 地点待定。取决于我们的情报和侦查。4月4日下午1点左右我们在洛林汽车旅馆对面的屋顶就位。不知道情报为什么又是如何传进来的。任务简介中，他们提醒我们说金博士领导的运动要搞垮美国政府，终止越战。我们看了金和扬的近距离照片。不记得任何人对杀死这两个败类有任何顾虑。记得组里个朋友夸口说亚拉巴马大游行中他就瞄准了金博士的"中心点"（狙击术语，意思是用瞄准镜的十字准线对准胸腔正中），自己当时就该干掉金。（比尔，我查过我的文件。1965年第20陆军特种作战群部署在亚拉巴马塞尔玛，应付向蒙哥马利进发的游行集会，其中有个队员叫约翰·希尔。我采访了曾参加这次任务的另外两名队员，据他们说，一个狙击小组在金博士向左转身过桥前，已用瞄准镜将他锁定。这支部队可能是希尔所在队伍的上级部队。其余人的姓名都不符合。）

3.（我）问了服装的事情。我们打扮成码头出卖苦力的穷人（我相信他们冒充成总统岛河边白天干活那些劳工，总统岛停泊着在河上行驶的驳船，仓库也在那）。装备放在公文箱里，从谢尔比军营用汽车和部队一起运出。我记得在孟菲斯唯一用过餐的地方是霍华德·约翰逊酒店。他们把我与助手在火车道附近放下，一个叫内姆的人跟我们碰了头。此人同我一个朋友长得很像，所以我记得。他将我们带到消防站大楼。我始终觉得他是个"幽灵"。他给我们提供了行动区域细图（不是加油站买的那种）、金及朋友所开车辆照片以及孟菲斯警察局使用的战术电台频率。可能还有其他东西，但是我不记得了。然后他带我们去了我们部署的大楼。

问：金博士组织内部、南方基督教领袖会议或与金博士合作的孟菲斯当地团体内部是否给予了他们帮助，他是否知情？如有可能，请提供细节和名字。

答：有传言说第 111 军事情报组（麦克弗森军营的军事情报组）在金阵营里安插了一名内线。

问：枪声响起的时候他看到了什么吗？他的准确位置在哪里？

答：我以为第一小组抢先动了手。我仍然这么认为。那天之后，我只见过内姆上尉两次，这两次他都拒绝同我谈论那天的事情。听到枪响后，我（用无线电）呼叫"公司"，询问行动指示，等了一会儿（我觉得这意味着内姆让他等待），公司下令撤出消防站大楼，向接应点进发。以下信息不知道有没有用，我听过很多次枪声，我想我记得，我记得当时自己想那声枪响听起来像是军队枪械发出的。后来我听说是个疯狂的平民干的，我还惊讶呢。内姆跟我描述过那声枪响，我跟你们说。他说无论是谁开的枪，那都是个专业枪手。即便在 300 米开外，也不是谁都能打成那样的。

注　释

1. 参见 Madeleine Duncan Brown，*Texas in the Morning*，Baltimore：The Conservatory Press，1997，p.166。

2. 刺杀案发生第二天上午，乔尔斯跟博比说自己在屋后捡到一杆枪并上交了警察。同日，据说他跟出租车司机麦克劳讲了类似的话。1968 年和 1969 年，他向韦恩·查斯顿指认说商人兼情报人员杰克·扬布拉德就是在吉姆烧烤店被警察带走的神秘陌生人。1972 年，他向查斯顿否认了此事。后来，1978 年众议院刺杀调查专责委员会正准备召见雷的时候，他再次向我证实杰克·扬布拉德确有其事。关于 4 月 4 日几名女服务员到底在不在烧烤店，他的回答前后出入十分大。据我们所知，1982 年他让埃金斯杀死贝蒂，6 年后，他还想方设法阻止我找到贝蒂及其他女服务员。

3. 联邦调查局特工约翰·西蒙斯亲笔写过此事。另外，皮耶罗蒂手下的调查人员马克·格兰科尔是目击者。

4. 乔尔斯认为斯科特街 LL&L 农产品公司为弗兰克·利贝托及其兄弟所有，但乔尔斯不记得利贝托兄弟的名字。

5. 在亨特指示下，公司基金定期抽走，购买商给的回扣也有人收账后转到其他账户，所以卡灵顿觉得 1969 年亨特的两个儿子邦克、赫伯特以及侄子汤姆·亨特指责他与保罗·罗瑟梅尔侵吞财物难以接受。雷以前的律师珀西·福尔曼也做过亨特的律师，珀西·福尔曼为了证明侵吞财物一事,涉嫌对亨特助理卡灵顿和罗瑟梅尔实施窃听,因而遭到起诉。

6. 内森写给我一份书面材料,记述了与弗兰克·利贝托之间的会面,他还给我看了几张利贝托坐在他母亲饭店一张桌子前的照片。

7. 埃米特·道格拉斯是特警 10 分队司机。电视审判的时候他证实,他停车的地方距消防站西北门前的人行道大约 75 到 100 英尺,车前面没停任何车辆。

8. 虽然这明显是华盛顿的指示,但 1978 年鲍德温的上线,那名孟菲斯特工并没按指示办事。当年对雷·布兰顿州长起诉一案中,鲍德温是政府关键证人。

9. 在他们看来,只要雷一死,疑虑就会消除。最终,雷在众议院刺杀调查专责委员会面前进行了陈述,但是并未发现什么关键性的证据。除掉雷、杀人灭口的想法似乎就此烟消云散,再也无人提起。在我看来,相关人士似乎都认为雷将来已不可能为检方提供哪怕是他所知道的无关紧要的信息,或者把各种信息片段串联起来。这些计划遭雷拒绝后,就上演了阿瑟·鲍德温参与的夺命连环杀。

10. 沃德还说当时有司机从逃跑之人并没携带枪支这一点猜测,枪支或许仍藏在吉姆烧烤店,反正其余所有活动都在烧烤店后面进行。

他同意接受催眠看自己是否能记起 58 号车司机以及调度员的名字。后来,接受催眠的时候,他说自己确信司机的名字叫保罗,逃跑那个人坐到孟菲斯警察局交警车副驾驶位后,这辆警车全速向北驶离。

后来,我找到了以前为黄色出租车公司做调度员的普伦蒂斯·珀迪,并进行了庭外采证。1995 年 5 月,普伦蒂斯·珀迪在宣誓后,说他记得有名叫保罗的全职司机。根据他的记忆,保罗几乎只跑机场的单子。4 月 4 日后,他不记得再见过保罗,但并不知道保罗是死是活,如果死了也不知道他是何时死的。

11. 劳尔比阿曼多年轻很多,在阿曼多抵美数年后才到美国。格伦达说阿曼多在洛杉矶住过,为阿尔·卡彭的黑社会组织工作,并以此为荣。

12. 然后,格伦达将装在纸板箱或板条箱里的枪支运到托里诺的房子。在那里,劳尔·佩雷拉、托里诺和他们的同伙组装枪支。格伦达只在某些特定海关官员当班的时候才去取货,那些人会给她开绿灯。

13. 监控小组告诉我,此人非常警觉,难以跟踪,对于如何甩掉尾巴,十分在行。

14. 雷说照片与 1978 年他辨认的那张一模一样。我们有当时媒体对他辨认照片的报道原件。格伦达的弟弟罗伊斯·威尔伯恩后来辨认了照片,说照片上的劳尔就是他在休斯敦一开始认识的"达戈",后来才知道此人叫劳尔·佩雷拉。我请罗伊斯·威尔伯恩宣誓后做了陈述。诉讼的时候,将他的陈述与其他人的陈述一起封印递交上去。劳尔的面孔十分有特点,不同人分别进行辨认是有说服力的。

15. 对话主要内容如下:
(1) 他和以前一样称格伦达为"奥林达"。
(2) 他承认自己仍在贩卖枪支活动中起重要作用。
(3) 回答格伦达问题的时候,他承认自己认识一个叫杰克. V

的人,他还问格伦达有几个孩子,并确认自己的女儿要结婚了。

16. 我们找到劳尔在通用汽车工作的时候认识他的两名主管。我派一名私家侦探前去对他们进行访谈。一名主管说圣诞节劳尔拜访了他。劳尔的用工记录表明他从 1962 年开始工作,1992 年退休。然而,劳尔是按时计酬,并非按月计酬。也就是说,他什么时候想不上班都可以,也可能经常不去上班。通用汽车公司及其他接国防订单的公司常为中央情报局或其他政府部门打掩护,这已经不是秘密了。很快我派去的私家侦探就发现,有人已经通知这名主管不准提供任何信息。她还得知,公司的现场人事记录只能追溯到 1975 年。

17. 前《孟菲斯商业诉求报》记者史蒂夫·汤普金斯认识几个美国陆军情报部队、五角大楼、特种部队的朋友。他们的职位差别很大,最终汤普金斯同意联系这些人。汤普金斯怀疑这些人不会愿意与我会面,一来他们不相信律师,另外,我又是詹姆斯·厄尔·雷的律师,他们如果出手相助,风险直线上升。

18. 20 世纪 60 年代,高度机密的联邦跨部门组织,由陆军情报机构作为先锋(利用其特遣队组织),开展了一系列官方许可的任务,从官方情报活动、盯梢、信息搜集和分析到公然的非法秘密行动。我发现被宣传成完全独立、相互竞争的机构和官员之间在官方层面存在高度合作,令人咋舌。1972 年,参议院司法委员会宪法权下属委员会,即欧文委员会,举行了听证会。听证会中,这个发现得到证实。

19. 在《杀人命令》中,我详细描述了本章的许多信息。本书出版后,我注意到一些新的信息,这些信息让我开始重新审视刺杀过程中军队的所作所为及其扮演的角色。这些新信息有的证实了前面的分析,有的填补了原来的一些空白。这样高度机密、极为敏感的事情,100%的真相总是可遇而不可求,但是谎话最终会被扫入历史的垃圾堆。长远来看,我们需要动态地看待此案,透过昏暗的玻璃,慢慢看清真相。

20. 我得到一份1967年情报副参谋长的指挥组织结构图。

21. 吉姆·凯勒姆是我们雇用的私家侦探之一,他后来汇报说以前在孟菲斯警察局工作过的警员,包括高级警官伊莱·阿金探长在内,都跟他证实在那期间,第111军事情报组一直在警局和他们一起工作。阿金后来跟我证实的确如此。

22. 沃伦提供了一份4月4日孟菲斯行动的指令。虽然他证实这份指令具有权威性,但是我承认其权威性存在几处疑问。它们证实了沃伦以下的证言:

有一组人来到了孟菲斯。

提了凌晨四点半的任务简介。

四点半的任务简介除非另行通知,否则就是行动总纲。"海军航空基地"给予了支持(米林顿海军航空基地在参与之列)。"河畔"提供接应支持。

需要当地情报;下令现场侦查(马丁·路德·金到达之前,电波012通知频道就发出了终止任务的指令)。

指令似乎来自参谋长联席会议办公室,名义是反黑人恐怖分子行动"花园计划"。这项计划是美国攻击司令部的国家司令部防爆乱总体行动中的一部分,一旦爆发任何大型骚乱便会启动。如果以上信息具有权威性,指令明显传达十分畅通,连政府最高层都能接到指令,甚至上至白宫。

"大西洋司令部"命令的来源表明亚特兰大司令部以及美国攻

击司令部一个特别行动部门指导并参与了此事。其中特别提到了凌晨四点半的作战指示（获得了沃伦独立证言的证实）。知情人士说作战指示说得十分明确，行动目的是杀死目标而且还提供了两人的"目标辨认照片"以及他们所在位置。

23. 沃伦不肯说出小组中这名士兵的名字，也不肯透露其他成员名字，只跟我们说了他生活在海外的搭档叫墨菲。墨菲同意并给我们提供了信息。

在前面的记述中，我将从史蒂夫·汤普金斯认识的人那里获得的确凿信息写成来自一个无名氏，这都是为了保护汤普金斯。他认识一个人，是内部知情人士，不可多得。这个人说，阿尔法184小组选人和协调都由第902军事情报组的唐尼负责。进一步研究第902军事情报组的文件，我们的确发现3月在塞尔玛到蒙哥马利的游行之初，有个狙击小组被调派到塞尔玛地区。这个狙击小组中有2人确认金博士是他们的狙击目标，不过后来他转身向左穿过一座桥后，狙击行动终止了。

24. 20年前特雷尔就听说过这事，如今我听到约翰·D. 希尔讲述了同一件事情，这真是太奇妙了。希尔证实1968年4月4日，基地设在谢尔比军营的第20陆军特种作战群阿尔法184狙击小组出现在孟菲斯。这个小组通过抽调第20陆军特种作战群精英后备人才组建而成，以马丁·路德·金为狙击目标。希尔还说有个小组为这个任务训练了7个月。沃伦与墨菲一直不知道我得到了希尔的陈述。这三人之外的一个独立消息人士已经通过汤普金斯将阿尔法184小组每位成员的名字告诉了我。对此，二人以及特雷尔也毫不知情。

沃伦认出一名中央情报局合同制间谍杰克·扬布拉德的照

片。1978 年我第一次遇到扬布拉德。在金博士案中,扬布拉德长久以来始终处于边缘地位。沃伦和扬布拉德在越南一同服过役,当时扬布拉德被分配在高度机密的秘密特别行动小组(第一陆军特种作战群),基地设在芹苴,由中央情报局提供资金,并受控于中央情报局。他们在整个东南亚从事破坏、暗杀和特别行动。沃伦最后一次看见扬布拉德是 1967 年夏或早秋,当时他正往新奥尔良运送走私枪支。

　　沃伦见过扬布拉德跟奇普·奇门托在一起。奇门托是卡洛斯·马尔切洛枪支走私活动的协调人,沃伦也参与了这些走私活动。(从锡德·卡休和格伦达各自的陈述来看)显然劳尔也有参与。我第一次见到并采访杰克·扬布拉德 16 年后,一切似乎已经很明显,尽管扬布拉德自己没有亲自参与,但他至少认识刺杀现场的一个人。我后来想到,1978 年他跟我说可能会获得情报的那些人,可能就是前文说的越战老战友,即沃伦与墨菲。

　　因为扬布拉德说过,他希望我见的人坚信虽然自己多年来忠心耿耿为政府办事,政府却背信弃义,如今他们生活在美国之外的地方。沃伦与墨菲当然对政府不满,他们认定有人要杀人灭口,所以才离开美国。如今,有独立证人佐证了他们的陈述。

　　25. 我还转了一张照片给沃伦,看他是否能辨认出刺杀案发生后不久越墙而下的两个人里的一个。照片里有身穿制服的警察正沿马尔伯里路奔跑。越墙而下的两人都没戴帽子,也穿着某种制服,其中一人腰间似乎别着一个小型随身武器。

　　沃伦很快给我了回应。他认识在墙上弯腰准备跃下、距离照相机最近的那个人。在越南服役的时候,此人被分到芹苴的第一特种陆军特种作战群。沃伦说出了此人的名字,并说自己相信此人在越南时不是同中央情报局就是美国国家安全局有关。1968年,他为美国国家安全局工作。如果沃伦所说属实,那么此人似乎是第902军事情报组抽调并控制的特遣队成员,但此人的确切角色仍然不清楚。

26. 汤普金斯的感觉是,唐尼与沃伦谈过,而且只要还在走法律程序,唐尼就不会与我见面,以免冒收到传票的风险。与其他几人的会面方式一样,汤普金斯将我的问题带过去由唐尼回答。

27. 当时,高尔特在配合第902军事情报组的另一行动。1967年到1968年,真正的艾瑞克·高尔特在多伦多电话簿上的名字是艾瑞克·高尔特,没有中名,也没有中名的首字母缩写。1967年,他已经开始使用"S"这个首字母缩写为中名,完全不再使用中名全拼"圣文森特"。1967年7月,雷使用化名艾瑞克·S. 高尔特的时候,签名方式和真正的高尔特最近采用的签名方式一模一样。

28. 尽管我不知道威廉·亚伯勒少将是否知道这项行动每天都做些什么、具体行动细节,他与唐尼上校之间也很可能需要其他人联系,但我知道那个时候,第902军事情报组接受负责情报工作的副参谋长威廉·亚伯勒少将的直接指挥。

29. 圣诞前夜杰里·雷看望了詹姆斯·厄尔·雷,被后者的病情吓得大吃一惊。杰里相信詹姆斯必定痛苦万分,因此在停止使用维持生命设备的意见书上签了字,任詹姆斯生命终结。他姐姐卡萝尔在圣诞前一天上午探望了詹姆斯,圣诞节当天又来了一次,她见詹姆斯病情有所好转,跟杰里说了这一情况。当天,杰里就通知医院说撤销前面签署的意见书,请医院尽一切可能,挽救詹姆斯的生命。这一决定向媒体进行了通报。

30. 在过去的多年中,我曾两次私下试图联系金的家人,不过他们没给我回复。在我看来,当时他们还没做好准备。

31. 在 6 月的听证会上,田纳西州认为上诉法院发出的禁令仍在有效期内,法官无权发出这样的指令。我回应说上诉法院裁决之后颁布的新《定罪后释放法》让禁令变得毫无意义。9 月我们提交给法庭的提案主要集中在用中子活化法对比死者所中子弹与作为证据丢在卡尼佩娱乐公司门口包裹中其余子弹进行化学成分比较,以及对证据中的来复枪进行武器辨认测试。

32. 如果实验中子弹的膛线刻痕或其中一些膛线刻痕与金博士体内取出的子弹刻痕相同,那么专家就能得出结论,射入金博士体内的子弹来自证据中的来复枪。如果实验中的子弹膛线刻痕与金博士体内取出的子弹刻痕不符,但彼此间一致,那么检测人员就可能得出结论,排除证据中的来复枪是作案武器的可能。如果实验中的子弹膛线刻痕彼此不同,实验就无法得出任何结论。每名小组成员都将独立操作来复枪、独立搜集并标记自己实验中的子弹情况。这样,每名专家就可以进行独立分析,对实验中的子弹痕迹与金博士体内取出的子弹痕迹进行独立评估。然后,专家聚到一起,对所有实验结果与金博士体内取出的子弹痕迹进行比对。

33. 这个阶段,对实验中射出的不同弹头进行装饰性标记,为第二阶段更精确的分析做好准备。第二阶段,用电子显微镜对实验中的弹头与金博士体内取出的弹头进行比较分析。我们使用的电子显微镜比通常武器检测中用的比较显微镜倍数高得多。

34. 根据麦克劳的陈述(尤其是他说枪响前几分钟,他离开出租房,沿南主街开车往北驶去),我已经排除他可能会看见从出租房一侧出现任何人的可能,因为那时出租房已被他甩在几个街区之外。我还相信 4 月 4 日傍晚,他在孟菲斯市中心接的人不是克拉克太太。

35. 尽管我后来遭到指控说我对该案提出了自己的观点，干扰审问，事实上，大部分时间，我都在与柯蓝科勒讨论证据。柯蓝科勒肯定地说我们弄错了劳尔的事。柯蓝科勒说他看了劳尔的劳动用工记录，事情是明摆着的。当时我还没机会看到这份记录，所以无法评价。看到这份记录后，我发现记录根本不能证明柯蓝科勒先生的结论。

36. 我和查斯顿认识了 22 年。在此期间，我对他在所从事的两份职业中的表现进行了调查，一个是记者，一个是律师。因为其职业特点，同时还因为查斯顿一生诚实正直、无可指摘，在两份工作中他都是最优秀的典范。当一个人周围环绕着律师、记者、编辑、出版人，全都为了自己的目的或他们代表的特殊利益体例行公事地打压、歪曲事实，像韦恩·查斯顿这样的人不仅是一缕清风，而且还是年轻媒体从业者和年轻律师的宝贵榜样。他是个人和职业操行的最高标准典范。因为有他这个榜样的存在，在我人生的绝望之际，我得以不断重新燃起对人类未来的希望。韦恩·查斯顿最后做的事情与金博士有关，这与他十分相称，因为他的一生和工作是马丁·路德·金的理想、对人类的希望和遗产的写照。做律师期间，韦恩·查斯顿几乎只做公共利益法，关注最贫苦的孟菲斯百姓的诉求和需要。韦恩·查斯顿身后没留下什么财产，他的遗产中最抢眼的是一座大型人权图书馆。我俩最后一次会面是 1999 年春在门罗大街 60 号他位于孟菲斯的公寓。我叙述了一遍我提出的审判大纲。我儿子肖恩也在场，他被控方举证涉猎范围之广震惊了，说听起来控方想得十分周全。然后，查斯顿带我们来到一组文件柜前，向我们展示了所有相关文件在文件柜中的具体位置。

他希望我知道东西都放在哪儿，因为，尽管我俩谁也没有言明，我们都知道这可能是我们最后一次见面，至少在尘世是最后一次了。

分离的时候我们依依不舍。查斯顿离世后，我内心空落落的。查斯顿的离世让我痛苦万分，面对压制事实、拒绝给予我们公正的势力，我无力阻止、不断受挫，而这同一股势力曾经在马丁·路德·金正值壮年之际，将他置于死地，对他长远的计划和领导的事业釜底抽薪。雷离世的时候，我也因此十分痛苦。

我时常想起韦恩·查斯顿，常常回顾过去 22 年中我们共同经历的成功或失败场景中的他。我会想念他，但和哈姆雷特的绝望不同，我相信我们不时会看到和查斯顿类似的人，这让我满怀希望。

37. 尽管遭受的攻击不断增加，唐纳德·威尔逊仍然毫不动摇。在记者招待会上，有一名金家成员没同我们一起出现，他非常失望。他认为如果那人出现，他的话会显得更加可信。而金家人则认为如果大家都去，会有人认为他们在操纵局面，不仅无助于唐纳德·威尔逊的独立性，反而可能让他受到伤害。

38. 后来，一名《芝加哥论坛报》记者去了这个地区的警察分管区，询问了关于划轮胎案的调查情况。这名记者后来告诉唐纳德·威尔逊，几名当地警察对他说，他们从两名芝加哥办事处特工那里听说联邦调查局对这种操作轻车熟路。

39. 我听说司法部越来越关心审判同其可能出现的结果。说这话的是科瓦尔斯基小组成员访谈过但我没提到的其他人。内森·怀特洛克和出租车司机詹姆斯·米尔纳十分担忧，与唐纳德·威尔逊一样,他们说调查人员对金家人、对我都出言不逊,还有人提到做伪证将受到何等处罚。我一度也写信给司法部投诉他们言论不当。后来,格伦达·格拉博说调查人员给她打电话的时候以为她没在听,在电话那头拿她开玩笑。

40.《孟菲斯商业诉求报》一名律师立即发出动议,要求法官允许媒体旁听陪审团的遴选过程。根据法庭规定,法官可以斟酌决定此事,法官否决了这项动议。记者进行了上诉,法官的裁决最终被推翻,但已经没有了实际意义,因为第一天结束的时候我们已经选出了陪审团,甚至还抓住一名藐视法庭的看客,对其行为施以罚款。

41. 因为控辩双方都赞成遵循英国传统,在审判期间律师不接受媒体采访,所以菲利普·梅兰森教授和迈克·克拉克牧师同意处理所有媒体提出的问题。做出这个决定是为了避免媒体随意编造。虽然这是不可能完成的任务,但我们还想让事实自己说话。小林梨沙子是我的助手,负责协调出示证据及材料同步,并向证人展示证言。马萨诸塞州律师雷蒙德·科尔曼负责法庭后勤、特别调查及紧急关头调查。我的两个儿子,从英国赶来的肖恩和利亚姆,分别负责组织近 70 名证人到庭和离庭时间安排并拍摄法庭程序。

克利夫·达慈负责保安,他为所有金家成员进行了周详的安保布置。正因如此,整个审判过程中金家成员得以全程出庭。

42. 只有他和我此前分别对山姆·埃文斯督察进行了访谈。山姆·埃文斯是特警 10 分队队长,但我不能轻而易举地证明此事,所以请菲利普·梅兰森教授出庭做证。

43. 电视审判制片人杰克·索尔特曼最近向我证实,1992 年贝蒂·斯帕茨单独跟他做过同样的陈述。贝蒂·斯帕茨的确看见乔尔斯面如白纸,双膝沾满泥水,从灌木丛方向拿着来复枪跑来。多年来,贝蒂相信乔尔斯刺杀了金博士,早在 1969 年就想方设法说出自己的所见所闻。贝蒂并不知道乔尔斯的枪是从真正的刺客手中接过来的。

44. 我请律师雷蒙德·科尔曼进行过调查。科尔曼做证说 1967 年孟菲斯波尔克电话簿表明,保罗·巴特勒和贝蒂·巴特勒住在孟菲斯中央大街 2639 号(公寓号是 P1)。保罗·巴特勒职业一栏写的是黄色出租车公司驾驶员,妻子是当地一家烧烤店经理。1968 年电话簿上,贝蒂·巴特勒的身份为:保罗的寡妻。科尔曼律师继续说,似乎没有保罗·巴特勒的死亡证明记录。那次审判后,我们得知"巴迪"并非保罗·巴特勒,而是另外一名开 58号车、总跑机场的司机。

另外,欧内斯廷·坎贝尔在枪响前一两分钟已经开到并右转进入马尔伯里路。金博士中弹后,他在洛林汽车旅馆车道前稍作停留。坎贝尔告诉我她车子开走的时候,从她右侧,即副驾驶那侧的后视镜里看到洛林汽车旅馆车道上一辆黄色出租车的背影。我相信她匆匆一瞥看到的是巴迪开的 58 号出租车。我们非常急切、想方设法请欧内斯廷·坎贝尔出庭做证,虽然一开始她愿意,但最后开始逃避做证,我们甚至连传票也没能送到她手上。

45. 电话簿上撕下来那页(列有 H.L. 亨特家人电话那页)顶端还有一个电话号码,前面写了一个字母。正如前文所讨论的那样,当我得知这个电话号码是杰克·鲁比开的拉斯维加斯俱乐部的电话,将鲁比与劳尔扯在一起的时候,我去达拉斯找到了为杰克·鲁比工作的几名脱衣舞女及马德琳·布朗,并对她们进行了访谈。马德琳为林登·约翰逊当了 21 年情妇。我分别见了贝弗利·奥利弗、沙里·安杰尔和马德琳·布朗。跟每个人见面,我都在她们面前打开那沓照片,每次与我见面的人都毫不犹豫地认出"劳尔"就是 1963 年和杰克·鲁比在一起的人,二人见面通常都在鲁比另外一家俱乐部"旋转木马"。贝弗利·奥利弗说有一次,她记得劳尔交给鲁比 2 万美元,装在一个"小猪扭扭"超市袋里。

46. 美国广播公司不仅没有采纳此次采访,慢慢地我们还开始确信他们很可能将录音带或信息转交给了政府。特雷尔坚持认为他们没有合理理由不播出自己的采访。事实上,美国广播公司前面就不止一次请特雷尔充当他们的消息提供者,就敏感问题对他进行采访,因此他们有足够理由知道特雷尔的话值得信赖。特雷尔听说美国广播公司节目里丝毫没有采用自己的叙述后,决定成为我们的证人。

47. 审判前的庭外采证中,黄色出租车公司老板在证言中说,1968 年太过久远,没有相关记录保存下来,而且自己也记不得听说过这名司机身上发生的这件事。现在这家公司由他儿子掌管。

48. 因此,我写本书的时候,我们只剩下路易·沃德坚定的陈述。由于担心自己及家人的安危,25 年来沃德始终没对外人提起此事。沃德说他的确曾给约翰·皮耶罗蒂打过电话,告诉他自己知道的一切。当时担任谢尔比郡地方检察长的皮耶罗蒂对他极不耐烦。沃德说自己大发雷霆,质问皮耶罗蒂是不是亲自开警车接走了刺客。

49. 杰里对电话进行了录音,证明对这段录音的转写稿真实记录了录音内容,是自己录下的对话。这份转写稿被纳入证据。

50. 米尔纳证实乔尔斯认出了三人：一名是以前做警察时总一起乘车的老同事约翰·巴杰督察；一名是孟菲斯警察局卧底黑人探员马雷尔·麦科洛，这个人是巴杰介绍给乔尔斯的；还有一名是一起打猎的朋友厄尔·克拉克探长。不过乔尔斯坚持说自己并不认识在场的另外两人。

51. 当然，陪审团前面已经从比尔·汉布林那里听说他室友詹姆斯·麦克劳 15 年来始终坚称，乔尔斯在刺杀案发生后第二天将真正的作案武器交给了他，并让他销毁。麦克劳依言行事，把枪从孟菲斯-阿肯色大桥上丢进了密西西比河。在早前庭外采证中，麦克劳只是承认乔尔斯在刺杀案发生后第二天早上给自己展示了真正用于作案的来复枪，并没说其他的。

52. 德克斯特分别参加了与乔尔斯的两次见面。第一次我在场，第二次安德鲁·扬大使在场。乔尔斯两次都由他的律师刘易斯·加里森陪同。

53. 有意思的是，尽管他跟米尔纳说，自己不认识在烧烤店里参加刺杀计划讨论会的另外两人，还说刺杀案发生后第二天劳尔来取走了那杆来复枪，但在德克斯特/安德鲁·扬对他的访谈中，他说出了与会第四人的名字（一名孟菲斯警察局督察），他还说弗兰克·利贝托手下一个人 4 月 5 日上午取走了作案工具。

54. 我们认为德克斯特·金与劳埃德·乔尔斯第一次会面那次是乔尔斯首次听到自己的涉案陈述，之后这项法令才生效。二人会面时间是 1998 年 3 月 2 日，1998 年 10 月 2 日这项法令才提出。没有证据表明原告有机会检验被告是否可信，或有可靠消息得知被告涉案。长时间以来，原告始终积极争取机会，从被告那里了解真相，被告一同意与德克斯特会面，原告立即着手安排。

55. 有医生的信件为证。乔尔斯第一周之后就没出庭,这是事实。我们也考虑过到他家去对他进行庭外采证。但乔尔斯通过律师通知我们他将全程使用第五修正案,所以我们没去他家。

我们提出可能造成无效审判的动议并不合乎时宜,也没有正当理由,因为我们从一开始就公开了我们所有证人的名单以及他们可能会针对辩方给出的证言所涉及的范围。辩方有充足时间进行准备。既然辩方说得很清楚,乔尔斯不愿意在陪审团面前为自己做证,也不愿意进行庭外采证,那么他出庭与否已经没有意义。

56. 在我们的要求下,他阅读了田纳西州针对以下方面的陈述:存在第二辆野马车(当时他们声称那是唯一的一辆,那是个错误);目击证人查尔斯·斯蒂芬斯(实际当时酩酊大醉,什么也不可能看到);在卡尼佩娱乐公司门前丢掉了包裹(陪审团已经听取了韩尼斯法官针对卡尼佩娱乐公司发表的证言);在窗台的凹痕问题上故意歪曲事实,说法医学证据得出了确定性结论,证明凹痕"与作为证据的来复枪枪管上的标志相吻合"(莱萨日律师提供了一份联邦调查局实验室报告,报告说凹痕不可能是作为证据的来复枪枪管留下的,因此上述结论就不可能是真的)。

57. 然后,阿金探长证实环卫工人罢工期间,第 111 军事情报组以他的办公室为据点开展工作。

交叉询问中,阿金拒绝承认刺杀案发生当天在孟菲斯曾见过阿尔法 184 特种部队狙击小组的任何成员,也没跟他们任何人谈过话。

58. 加里森律师读完他那部分的电话庭外采证后,我向法庭提出建议,我方认为这名证人提供了不实信息和虚假证据,我请大家看他庭外采证第 56 页,并读了他在交叉询问中对我提出问题的回答。我问到他到达墙边灌木丛一角他所在的位置。我问从进入停车场区域到上述这个在出租房后灌木丛边的位置他花了多长时间，他回答说就几分钟。我又问到达这一位置的路上有没有遇到阻碍，他说除了得穿过灌木丛之外，没有别的阻碍。

然后我们在屏幕上展示了一张照片，拍摄于刺杀案发生一天前后的样子。照片上是出租房后面的部分，有堵篱笆墙清晰可见，大约 5 英尺高，从出租房北侧向东西一直延伸到墙边。不可想象的是通过这片区域，证人竟没被这道篱笆墙拦住去路。篱笆墙上甚至还有些铁丝网，爬过去肯定得费不少劲。

根据以上细节以及他所做的其他证言，包括金博士身上取出的子弹弹径等也与我们所知道的本案事实不符，我们得出结论：这名证人并不可信。

59. 同时，马尔温·柯蓝科勒在还没轮到自己的时候，带着一名禁毒特遣部队代表一同来到法院。现在柯蓝科勒是禁毒特遣部队负责人。法官要求柯蓝科勒出庭做证，但代表田纳西州的律师和那名禁毒特遣部队官员在法庭会议上争辩起来。柯蓝科勒自己并没上法庭。争辩内容是出庭做证可能会曝光柯蓝科勒的真实身份，破坏他所从事的敏感行动。最后双方达成一致，柯蓝科勒可以出庭做证，但所有照相机都不能展示他的面部，也不能对他的面部进行拍摄。柯蓝科勒宣誓后，开始发表证言。

60. 1543 年哥白尼发表《天体运行论》，过了一些时间这个理论才成了人们的集体共识，变成权威理论。

61. John Donne, *Devotions upon Emergent Occasions*, 1624.

62. 他们本质上是乌隆、塔科里、呵叻、乌汶大型美国空军基地的托管人。

63. 苏哈托是在中央情报局帮助下上的台。

64. 比如,超大军费开支包括爱国者导弹防御系统(10 亿美元)、十字军自走炮系统(14 亿美元)、新海军驱逐舰(20 亿美元)。一架空军 F‑22 战斗机价格就高达 2 亿美元。尽管这种战斗机的设计一直在变化,搭载的电脑也没有经过测试,但还是成了历史上最昂贵的战斗机。

65. 甚至在 1968 年 3 月 31 日华盛顿国家大教堂耶稣受难日布道中,金还要求在场教众尽一切努力,把全世界变成一个互相友爱的大家庭。

66. John Ruskin, *Unto This Last and Other Writings*, London: Penguin Books, 1985, p.226.

67. 同上。

68. 温斯顿·丘吉尔认为劳伦斯是"我们这个时代在世的最伟大的人……和哈姆雷特一样,举世无双"。

69. Clayborne Carson, ed., *Autobiography of Martin Luther King*, New York: Warner Books, 1998.

70. 真有趣,我们发现在卡撒·德洛克和埃德加·胡佛的鼓励和祝福之下,格罗尔德·弗兰克于 1972 年出了书,麦克米兰于 1976 年众议院调查启动前后发表了他的作品。

71. Gerald Posner, *Killing the Dream*, New York: Random House, 1997, p.342.

72. 同上,第 343 页。

73. 不能怪波斯纳,至少对某些人来说,他们先听到了波斯纳的名字,后来才见到了他本人。他关于肯尼迪遇刺案(已经结案)的作品是一本将官方观点合理化的著作。因为这一点,至少一部分对事情经过有较多了解的人并不愿意和他交谈,这并不奇怪。

令人惊讶的是,一些本应知道他庐山真面目的人,例如肯·赫尔曼、杰克·索尔特曼、约翰·比林斯却打心眼里相信自己可以通过将真相和所知道的证据展现给他,就能说服他更加公正地对待本案,结果碰了一鼻子灰。我知道那本书出版后,赫尔曼发现书中仍然保留了他所称的对自己评论的肆意扭曲,十分光火。波斯纳引用赫尔曼的话,说我花了 14 000 美元买了一张照片,另外还支付了 25 000 美元收买军队的消息。我的确付了肯·赫尔曼 20 000 美元作为他搜集劳尔信息的酬劳,但波斯纳的说法却纯属胡编乱造。我的被代理人雷身陷囹圄,假如有材料能帮他洗刷冤屈,我会不计代价。这就是我付出的代价。

74. 起初,波斯纳提到这名服刑犯的时候并不信任他,后来却听信了另外一名所谓犯人的陈述,而这位犯人的消息来源是联邦调查局。犯人陈述形成了他对雷是种族主义者指控的基础。就连众议院刺杀调查专责委员会都没得出雷是种族主义者这个结论。事实上,他们的最终报告明确将种族主义排除在作案动机之外。

75. US House of Representatives, *The Final Assassinations Report*, New York: Bantam, 1979, pp.537 - 538.

76. *Killing the Dream*, p.7.

77. *Orders to Kill*, pp.216 - 217.

78. 2000 年 3 月 13 日,对多拉·麦克唐纳的电话采访。考虑到刺杀案刚刚发生后,贝利跟韦恩·查斯顿和纽约市警察局警探利昂·科恩说 1968 年 4 月 3 日,自己打算安排金博士住进 202 房间,这话就完全说不通了,除非贝利指的是入住登记日。20 世纪五六十年代,金博士实际到访孟菲斯的次数远远少于入住登记的次数。金博士私人秘书多拉·麦克唐纳明确表明她从没为金博士在洛林汽车旅馆订过房。

79. HSCA Vol 1，p.32.

80. 拉尔夫·阿伯内西说他们到达的时候，306 房间还有人住，因此不得不住到隔壁房间，第二天再换到 306。1989 年他的作品《隔离之墙轰然倒塌》(*And The Walls Came Tumbling Down*，New York：Harper Collins，1991) 中根本没提这个细节。事实上，他一度指出"在我们旅馆套房召开了一场会议"（第 429 页）。每次提到都说他们在 306 房间。

81. 同上，第 438 页。

82. *Killing the Dream*，p.19.

83. 同上，第 24—25 页。

84. 同上，第 25 页。

85. 同上。

86. *The Final Assassinations Report*，p.556.

87. *Killing the Dream*，p.25.

88. 在秘密会议中，有人告诉雷迪特，格雷顿·泰恩斯督察 4 月 3 日做证说，雷迪特探员给自己打了电话，表达了对 2 号消防站两名黑人消防员其中一个心存顾虑。雷迪特不记得自己打过任何此类电话，但他承认自己和里士满给泰恩斯写过一张便条，说纽瑟姆是个刺头，让里士满很糟心。无论泰恩斯还是雷迪特都否认雷迪特——用众议院刺杀调查专责委员会报告中的话来说——发了"要求"，或者用波斯纳的话说，"要求调离二人"。即便纽瑟姆同情罢工人员，有点儿讨人厌，遭到调离，那怎么解释华莱士的调离呢，华莱士可一点儿也不愿惹是生非。雷迪特在证言中提出了这个疑问,他说自己只是表达过对纽瑟姆心存顾虑(没要求把他调走),为什么要把两名黑人消防员全都调离呢？根本说不通。

89. 1999 年 10 月对詹姆斯·奥林奇牧师的电话访谈。

90. *Walls Came Tumbling Down*, p.440.

91. Gerold Frank, *An American Death: The True Story of the Assassination of Dr. Martin Luther King, Jr., and the Greatest Manhunt of Our Time*, New York：Doubleday, 1972, pp.100-101.

92. *Killing the Dream*, p.333.

93. 同上,第 230 页。

94. 同上,第 327 页。

95. 同上,第 236 页。

96. 我对杰克·鲁比的两名前雇员,还有一名以前经常光顾鲁比旋转木马俱乐部的常客进行了访谈。三人是贝弗利·奥利弗、沙里·安杰尔、马德琳·布朗。我对她们分别进行了访谈,她们全都认出了劳尔的照片,指出他就是经常在俱乐部与鲁比在一起的人。贝弗利·奥利弗说,她甚至记得劳尔给了鲁比 2 万美元,装在一个"小猪扭扭"的超市袋子里。正如前文所述,她们还证实有时鲁比的确会去休斯敦。

锡德·卡休与我政见当然不同,但我很少会遇到像卡休这样诚实正直、直来直去的人。卡休看到希克曼·尤因将雷对劳尔的叙述比作他母亲给他讲的牙仙子的故事,十分气恼。卡休花了很长时间才找到我。见面后,他跟我讲述了 1967 年夏在蒙特利尔海王星酒吧与劳尔相遇之事。卡休果断地认出了一沓照片中的劳尔。在《杀人命令》中,我详细记录了他的描述。在民事审判中,他的电话庭外采证被纳入了证据。在英国,卡休遭到了一些边缘媒体的攻击,甚至还因为他站出来做证,有人朝他家扔了一枚燃烧弹。我坚信,政见不同并不影响锡德·卡休与我真诚分享他知道的事实。

97. *Memphis Commercial Appeal*, 30 November 1978.

98. *Killing the Dream*, p.300；1999 年 11 月 24 日,金诉乔尔斯等案中杰克·索尔特曼的证言。

99. 索尔特曼的证言,同上。

100. 1999 年 11 月 23 日,金诉乔尔斯等案中芭芭拉·赖斯的证言。

101. "A Report of the Subcommittee on Constitutional Rights, Committee on the Judiciary, United States Senate — 'Military Surveillance of Civilian Politics, 1972'"（后文简称 Military Surveillance of Civilian Politics）, p.5.

102. 同上,第 21 页。

103. 同上,第 17 页,第 53 页。

104. 同上,第 111 页。

105. 同上,第 57 页。

106. *Killing the Dream*, p.314.

107. 同上,第 317 页。

108. 同上,第 315 页。

109. *Billy R. Eidson v. William F. Pepper PhD, Caroll & Graf Publishers, Inc., and Warner Brothers, Inc.*, deposition of Billy R. Eidson on 31 March 1999, p.98.

110. 1998 年贾斯特电视公司（英国纪录片电影制作公司）托

尼·斯塔克对小亨利·H. 科布将军的访谈。

111. *Killing the Dream*, graphic illustration between pp. 178 - 179.

112. 同上。

113. 同上,第 273 页,第 413—414 页注释 12。

114. 我也有 1968 年 8 月施工的照片。当时,在我看来,沃尔特·贝利经劝说在现场竖起一座妻子的纪念碑,他还为这个工程签了合同。实际上 4 月 5 日开始砍伐灌木丛的举动可能会让官方说法出现问题,才有了这一着棋。贝利经人劝说,成了蹩脚的挡箭牌,未来的作家们可以顺理成章地解释灌木丛被砍伐的原因。然而,我相信 4 月到 8 月期间,剩余悬垂在那里的树枝,似乎部分遮蔽了洗手间窗户到目标区域的视线。我相信,8 月的工程就是针对这个问题,前孟菲斯警察局警员爱德·阿特金森庭外采证中提到此事,是他偶然听到厄尔·克拉克同另一名警察谈起的。

刺杀案发生第二天清晨灌木丛被夷为平地这一事实如今已经明确。波斯纳及政府的解释站不住脚。只要梅纳德·斯泰尔斯,或者在凯·布莱克活着的时候问一问,或者问问任何在那个区域上班或居住的人,事实就清楚了。

115. 这里,和其他承受压力的证人一样,卡尼佩的故事也曾变来变去。不过,正如他跟韩尼斯法官讲的那样,他愿意做辩方证人,宣誓后发表证言,有力证明他的记忆没有偏差。事实上,正如第一章我们详细说的那样,司法部的报告漫不经心地确认包裹是在枪响前几分钟被抛弃的。

116. 贝蒂·斯帕茨坚称赫尔曼和索尔特曼希望她能改变说法,改称自己见到一名黑人男子把枪交给了乔尔斯。贝蒂拒绝了。

波斯纳攻击贝蒂说她不可信的时候，指出检察长和田纳西调查局调查人员拜访了贝蒂，贝蒂公开撤回原来的说法，并承认说自己将枪递给她兄弟的说法并不属实。这一点的确不属实。

波斯纳还说贝蒂的妹妹博比·鲍尔弗否认跟我说过乔尔斯曾告诉她作案武器在自己那里。我从没说博比跟我说过以上的话。我说的以及博比在民事审判证言中说的，是乔尔斯跟她说警方在烧烤店房后找到了作案武器。贝蒂经受了巨大的压力，她的陈述严重偏离了事实，但我相信 2000 年和 1969 年，当她竭尽全力想说出真相帮助雷洗刷冤屈的时候，她的陈述基本真实可信。我想贝蒂的可信度受到怀疑，一部分是受到为我工作的人的连累，另一部分是因为田纳西州公检法人员一心一意想要诋毁她。

117. 1978 年我第一次对他进行访谈，到现在已经认识他 22 年。他的叙述始终如一。

118. *Killing the Dream*，p.287.

119. 同上，第 291 页。

120. "United States Department of Justice Investigation of Recent Allegations Regarding the Assassination of Dr Martin Luther King, Jr., June 2000"（后文简称 DOJ 2000），p.10.

121. 同上。

122. 同上，第 12 页。

123. 同上，第 22 页。

124. 宣誓后，实际谈话内容如下：

佩珀博士："我想指出，律师，需要记录在案的是，第五修正案并不适用，乔尔斯已承认节目转写稿内容无误，这篇转写稿已纳入证据。"

加里森律师:"好的,佩珀博士。已有人问过乔尔斯这些问题,并且他已给出了答案。我们把这些作为条件约定在证据中吧。"

佩珀博士:"好的,接受约定。"

125. 1997年4月,由于乔尔斯努力想将事实公之于众,他的家人给了他巨大压力。形形色色的人与他的家人取得联系,从媒体到调查人员都有。家人竭力要求他采取一切手段停止那些人无休无止的骚扰。一天傍晚,乔尔斯灰心丧气,多喝了几杯,他打电话给谢尔比郡地方检察长调查人员马克·柯蓝科勒,抱怨调查人员干扰了他亲属的生活。为了不再受到骚扰,乔尔斯在走投无路的情况下,跟柯蓝科勒说证据中的来复枪就是作案工具。乔尔斯始终都在声明,那天深夜打完电话后,他以为如果自己表现有所让步,那些人会放过他的家人。同样,由于乔尔斯清楚自己交代事实致使很多人前来骚扰家人,他可能一度跟一位亲属说,自己没参与刺杀,但我并没有得到过这件事的任何信息。尽管这位亲属为一己私利进行了这样的陈述,但并没有证据表明乔尔斯说过这话。很不幸,乔尔斯鲁莽冲动,还常常饮酒,导致他做出了一些削弱自己可信度的事情。自从1993年我们得知他涉案到2000年他去世,我们一直不得不忍受这个事实。

126. 他们不让乔尔斯及他的律师获取美国广播公司的测谎结果,这违反了田纳西州法律,然而司法部工作组却能得到结果,真是荒唐可笑、肆无忌惮。谁知道美国广播公司的人给司法部工作组看了什么呢?

127. 出于私人原因,乔尔斯说刺杀案发生后第二天他将来复枪交给了一名男子:劳尔或者其他什么人。他从没有机会明确否认威廉·汉布林在审判中的证言,即詹姆斯·麦克劳跟他说他把枪从旧孟菲斯-阿肯色桥上扔下去了。我们发现汉布林是可信的，他完全没有说谎动机。多年来，乔尔斯的确经常变换说法，企图与此案摆脱直接联系，掩盖可能出现的结果。比如，他以为贝蒂·斯帕茨会把自己 4 月 4 日晚上六点后不久所见到的一切告诉妹妹博比·鲍尔弗，因此第二天上午跟博比说，孟菲斯警察局已经在烧烤店屋后找到了来复枪。乔尔斯叙述的最终版本说刺杀案发生后的第二天上午，劳尔取走了来复枪。因此，言外之意就是，他否认詹姆斯·麦克劳关于此事的记忆，包括汉布林的指控，即他承认处理了来复枪。乔尔斯和麦克劳是亲密伙伴，以前每次庭审都一起参加。

128. 和报告所说相反，乔尔斯坚称他欠利贝托一大笔债。开始我以为他那"一大笔债"可能是赌桌上输的钱，但最终，我开始相信在皮博迪公寓，贝蒂同一个墨西哥人被乔尔斯捉奸在床，乔尔斯杀死奸夫后，可能找利贝托帮忙处理尸体，欠下了人情。那名墨西哥铁路工人，在贝蒂从餐馆下班后，跟贝蒂回了家。贝蒂工作的餐馆就在火车站对面。由于这层关系，贝蒂抚养的一个男孩就是这个墨西哥人留下的。多年前，有次贝蒂告诉我，乔尔斯曾跟男孩说："孩子，你知道我杀了你爸爸，是不是？"

129. 报告指出乔尔斯早些时候还用了"哈丁"这个名字指代劳尔。这真奇怪，因为哈丁这个姓出现了不止一次。事实上，虽然很少有人知道，但弗兰克·利贝托的母亲就姓哈丁。利贝托有个侄子姓哈丁，有证据表明一个叫 J.C. 哈丁的人曾经试图与在洛杉矶的雷取得联系并可能真的联系上了他。

130. 事实上，据我们所知并且被司法部工作组忽视的是，凯利斯牧师于下午五点五十分敲响了金的门，的确把他叫了出去。金随后关上门，但几分钟后再度出来。凯利斯牧师下午五点五十分敲响了306房间的门，和他始终坚称的一样，没在房间里和金、阿伯内西牧师待在一起。这个事实被司法部工作组忽视了，而且报告里没有一处提到。

131. 因此，孟菲斯警察局警官兰德斯与霍奇斯黎明时分找到的唯一足印出现在出租房两翼之间的小巷泥地上。民事审判中，霍奇斯描述了灌木丛及地上的植被异常茂盛：与报告给出的印象完全相反，吉姆烧烤店后面并不"泥泞"。草皮覆盖毋庸置疑，唯一泥泞的是小巷。

132. DOJ 2000，p.37.

133. 同上，第37页。

134. 同上，第40页。

135. 同上，第42页。我们查了1967年8月2日去世的保罗·巴特勒的年龄，发现与路易·沃德所说不符。沃德说巴特勒1968年4月4日死于所谓的谋杀。报告说沃德提供的司机是"巴迪"，并非巴特勒。而事实上，这与沃德最初的记忆相一致。沃德只知道此人的昵称。

136. 同上，第43页。

137. 同上。

138. 同上，第45页。

139. 报告在这件事上的结论，加上多年来所做出并被接受的其他声明一起，让我们得以查明真相。吉姆·道格拉斯神父给我指出了这一点，他在整个审判过程中始终坚持出席。

140. DOJ 2000，p.47.

141. 报告说了很多关于约翰·麦克弗林的事，"古怪的行为和怪诞未经证实的断言……"(同上,第53页),但是对于麦克弗林作为民权运动领导人在田纳西州种族歧视最严重的费耶特县,领导黑人为了获得投票权斗争,并为此于20世纪60年代早期建立帐篷城,其中实实在在表现出来的勇气,只字未提。同时报告也没提麦克弗林遭遇的骚扰致使他遭到枪击、入院、公司产品成了抵制对象,以及从1968年至今,始终遭受威胁和攻击这些事实。在这种情况下,40年来始终是当地成功商人的约翰·麦克弗林,正直的人格远远超过了那些多年来竭力诋毁他的调查人员。他们必须诋毁他,因为一旦不诋毁他,那他就能证明劳埃德·乔尔斯对孟菲斯农产品经销商弗兰克·利贝托的指控,即利贝托是当地刺杀串谋主使。

142. 同上,第55页。

143. *Orders to Kill*,p.238.

144. DOJ 2000,p.56.

145. 报告还忽略了以下事实:尽管菲利普·玛努尔获得了相关记录,但他曾经是第902军事情报组成员,也许当时还是。几年前,他向道格·瓦伦丁承认了这件事,瓦伦丁是一名军事史专家,采访过玛努尔。有段时间,玛努尔宛如人间蒸发。1999年年末或者2000年年初,瓦伦丁得到了一个地址和电话,写信给他,希望对他进行访谈,没有收到回音。蹊跷的是,信发出去不久,玛努尔的电话号码就接不通了。

报告得出结论说,调离两名黑人消防员纽瑟姆和华莱士,原因是两名监控人员——雷迪特和里士满——的身份有遭到曝光的风险。我在别处详细讨论了这件事,这根本就没有事实根据。尤其是调离华莱士完全没办法用这个理由说通。尽管纽瑟姆积极支持罢工人员,华莱士当时却没有卷入任何这种黑人社区活动。据说是雷迪特申请将他们调离,但雷迪特始终否认提出过这个申请,并且有理有据。

146. DOJ 2000, p.63.

147. 同上,第 65 页。

148. 报告指出丽贝卡·克拉克"提供了重要信息,反驳乔尔斯。在一篇对我们调查人员的访谈中,以及在金诉乔尔斯等案件的证词中,她叙述道,自己在刺杀案发生当日下午四点下班到家。克拉克稍后一些到家,然后小睡了一会儿,洗了个澡,换了衣服。因为按照计划,他和其他警察对由于罢工而发生的混乱情况进行了跟踪,已经有段时间没回家了。大约到家 45 分钟后,他前妻丽贝卡听到他的对讲机传来最新消息,称金博士遭到枪击,便立即叫醒了克拉克"。

149. DOJ 2000, p.65.我就是那名律师。当时,孟菲斯警察局事实上还没配备我们现在这种便携对讲机,只配备了大块头对讲机,有两个砖头大的午餐盒大小,且只是配给了一部分警察。尽管克拉克可能也有一个,但他肯定还没吉姆·道格拉斯牧师 2000年 2 月拜访丽贝卡的时候,丽贝卡讲的那种对讲机。丽贝卡说的对讲机大小和形状类似当前我们使用的电视遥控器。1968 年孟菲斯警察局还没有这种对讲机(可能哪儿也没有)。

150. 其他所有支持乔尔斯的人都被称为乔尔斯的"朋友",这个称呼清楚地表明他们讲的那些无根无据的故事怀有个人目的。内森·怀特洛克被称为"受经济利益驱使",路易·沃德被描述成一个"和乔尔斯共事过的人"(沃德从来没跟乔尔斯一起共事过,甚至不认识他)。他们和米尔纳(米尔纳是个煲电话粥的高手)、麦克劳、伊莎贝尔、汉布林归在一起，每个人都在更早些时候和不同时间掌握不同的信息。

151. 报告甚至不可思议地将贝蒂·斯帕茨同一个串谋联系在一起，以支持乔尔斯的说法。贝蒂一开始的叙述，将乔尔斯放到了一个他显然不希望出现的场合，乔尔斯害怕自己被牵连进他长久以来都不敢说的行为里去。乔尔斯对出租车司机麦克劳的曝料非但不开心，我记得他因为麦克劳这个老朋友火上浇油而大发雷霆。

152. 奥利弗·斯通对购买我这个故事的版权很感兴趣，我们谈了很长一段时间。最后，他开出了一个据他说如果我接受就能让我变成富人的条件（与我第一个出版商给出的条件类似）。

这些条件是：（1）电影除了不会把我描绘成瘾君子，可以任意对我进行刻画。（2）他们可以任意描述我与我的被代理人詹姆斯·厄尔·雷的关系。（3）他们可以自由决定将雷描述成有罪抑或无罪。

斯通以及哈珀柯林斯出版集团多年前提出的条件被我以同样的方式拒绝了。

153. DOJ 2000，p.86. 作为离题话，虽说与野马车里的证据没有关系，但是报告宣称唐纳德·威尔逊参与了一次"黑袋"（非法）行动。行动内容是刺杀案发生前闯入位于第十四大街上出租房雷的房间，进行搜查。具体执行人是约翰·雷诺兹和唐·伯格斯。那天夜里，正当威尔逊值班。行动完成后，伯格斯在一个公共电话亭留下一些材料，通知威尔逊取回办事处。威尔逊照办了。这就是威尔逊"参与"的部分，他根本没闯入雷的房间。我相信这里有误会。威尔逊说发现野马车后，他们找到了雷下榻的房间，威尔逊参与了监控。他还说，有一次，刺杀案发生后不久，他和搭档看见一个男人,他们以为是雷,并用无线电通知了基地办公室,请求给予指令。他以为办公室会要求把那人抓起来。恰恰相反,有人告诉他们返回基地,忘掉此事。报告没有讨论这件事,甚至提都没提。

154. 同上,第 85 页。

155. 同上,第 92 页。

156. 同上,第 93 页。

157. 同上。

158. 同上,第 101 页。

159. 同上。

160. *Memphis Commercial Appeal*,30 November 1978.后来,我认识到有些势力通过为雷提供真正劳尔的照片加上一个显而易见的假身份,希望让雷难堪,最终证明雷的陈述不实。雷只是证实那张照片看起来明显就是他认识的那个叫劳尔的人。17 年后我们得到了这张照片的副本。雷把照片交给兄弟约翰·雷妥善保管。一次警察对约翰住的公寓进行搜查的时候,将其没收。

161. 乔尔斯在早先对杰克·索尔特曼的陈述中说,有个男子找他,一开始他称此人为哈丁,这很有意思。男子来找乔尔斯的时间并没有精确记述。另外,我注意到,同样有趣的是,有个叫 J.C. 哈丁的人和弗兰克·利贝托有关,利贝托母亲出嫁前姓哈丁。我们不确定这表明了什么,或者是否有任何意义,但司法部工作组有那么多资源,却没弄清其中的关系,真是匪夷所思。

162. DOJ 2000,p.105.

163. 即便格伦达关于两人这番对话的叙述有人一个字也不相信,那么两个完全陌生的人在电话上交谈这么久,也太难以置信了。格伦达说此人一如既往把她的名字读错("奥林达"),这番通话得以让格伦达提供了一份语音鉴定,证明此人就是自己在休斯敦认识的劳尔。

164. 我不知道司法部工作组得到的劳动用工记录是否全面,但密歇根州萨斯菲尔德市通用汽车掌管记录的主管说,我得到的用工记录和他们得到的一模一样。通过分析那些记录,我们发现劳尔在"受雇"期间,长时间不在岗,一天到晚请事假和病假。另外,有的时候他还自愿接受裁退,接受临时下岗、工时缩减等。对比之下,现在信息被输入了电脑,他后期的劳动用工记录更加容易获得。20 世纪 60 年代,劳尔到底多么频繁地离开工作岗位,我们已然无法得出确切的结论。但是,如果像我雇用的私家侦探们所说,这只是一个"与人方便"的工作,企业(据我们所知这是美国企业的经常行为)在政府要求下,提供雇佣身份作掩护,无论如何,这种劳动用工记录都是毫无意义的。

165. DOJ 2000,p.121.

166. 同上,第 122 页。

167. 同上,第 123 页。

168. 同上,第 125 页。

169. 同上。

170. 同上,第 127 页。

171. 同上,第 126 页。

172. *Military Surveillance of Civilian Politics*,p.25.

173. 报告还说刺杀案发生后,约瑟夫·洛不知于何时拍的照片显示,并没有任何可见迹象表明屋顶有人,这些照片并不能表明刺杀案发生时候的情形。洛的一张著名照片中,安德鲁·扬等人站在阳台上,指点着什么。照片是枪响后几分钟后拍摄的。消防站的照片显示有人在墙头兜来兜去,还有几个人正从墙上下到马尔伯里路。这张照片可能比前一张照片的拍摄时间还晚些,具体时间不详。如果心理战行动部摄影师真去过那里的话,可能已经撤离,消失在人们视线之外了。一名军队监控摄影师跟我雇用的私家侦探讲,监控行为应该使用三脚架,架设在距离屋顶边缘相当远、更靠近屋顶中心的位置,肉眼完全看不到。摄影师如果在屋顶实施监控,他们偷偷摸摸的行为即使没被拍到,也很容易被人看见,达不到监控的目的,完全失去意义。

174. 汤普金斯的确提出过一些问题,质疑沃伦得到的"命令",但是他从来没像报告中声称的那样指出这些命令出于伪造。如果他这么认为,那为什么我们一开始还要去获得这些信息?另外,这名职业士兵、"越战老兵"有能力伪造这么专业的电报吗?

事实上,在给我的一封信中,汤普金斯强调,自己相信第 20 陆军特种作战群的任务主要是进行侦查。他专门引用了《杀人命令》中的语言,仿佛这样就能显示他的信合乎逻辑、具有权威性一样。他说:"这是一项侦查任务。命令特别注明任务目的:侦查。金事件前孟菲斯骚乱地点:部署主要部队必须有本地情报。"然后他写道:"这支小组唯一目的是发生大规模骚乱的情况下进行狙击。"

175. DOJ 2000,p.135.

176. David C. Korton, *When Corporations Rule the World*, West Hartford, CT: Kumarian Press, Inc., 1996, pp. 220 - 222.

177. 同上,第 246 页。

178. Emma Lazarus, "The New Colossus: Inscription for the Statue of Liberty," New York Harbor, 1883.

179. Benjamin Disraeli, "The Two Nations," *London 1845*, Book 2, Chapter 5.

180. James Boswell, *Life of Johnson*, July 21, 1763.

181. Eileen Welsome, *Plutonium Files*, New York: Dial Press, 1999.

182. 同上,第 424 页。

183. *New York Times*, April 9, 2000, News of the week in Review section, p.4.

184. Arnold Toynbee, *Civilization on Trial*, New York: Oxford University Press, 1948, Chapter 4.

185. Paul Tillich, *The Courage To Be*, New Haven, CT: Yale University Press, 1952.

图书在版编目（CIP）数据

阴谋：刺杀马丁·路德·金 /（美）威廉·F. 佩珀著；
王晓平译. — 上海：上海教育出版社，2022.11
ISBN 978-7-5720-1773-5

Ⅰ.①阴… Ⅱ.①威… ②王… Ⅲ.①金(King, Martin
Luther 1929-1968) – 生平事迹②民权运动 – 历史事件 –
美国 Ⅳ.①K837.127=533②D771.25

中国版本图书馆CIP数据核字(2022)第249136号

上海市版权局著作权合同登记号：图字09-2019-396号
An Act of State: The Execution of Martin Luther King ©William F. Pepper, 2018
First published by Verso 2018
Simplified Chinese translation edition ©2023 Shanghai Educational Publishing House Co., Ltd.
All rights reserved.

责任编辑　林凡凡
装帧设计　斐杨文化

阴谋：刺杀马丁·路德·金
Yinmou: Cisha Mading Lude Jin
[美] 威廉·F. 佩珀　著
王晓平　译

出版发行	上海教育出版社有限公司
官　　网	www.seph.com.cn
地　　址	上海市闵行区号景路159弄C座
邮　　编	201101
印　　刷	上海昌鑫龙印务有限公司
开　　本	890×1240　1/32　印张 12.25
字　　数	280 千字
版　　次	2023年4月第1版
印　　次	2023年4月第1次印刷
书　　号	ISBN 978-7-5720-1773-5/D·0017
定　　价	68.00 元

如发现质量问题，读者可向本社调换　电话：021-64373213